THOMAS HERTZ

Das Verhalten des Täters nach der Tat

Ein Beitrag zu § 13 StGB und zu den Straftheorien

NEUE KÖLNER RECHTSWISSENSCHAFTLICHE ABHANDLUNGEN

HERAUSGEGEBEN VON
DER RECHTSWISSENSCHAFTLICHEN FAKULTÄT
DER UNIVERSITÄT ZU KÖLN

HEFT 74

1973

DE GRUYTER · BERLIN · NEW YORK

Das Verhalten des Täters nach der Tat

Ein Beitrag zu § 13 StGB und zu den Straftheorien

Von

Thomas Hertz

Köln

1973

DE GRUYTER · BERLIN · NEW YORK

ISBN 3 11 004266 5

Printed in Germany.

Satz und Druck: Saladruck, 1 Berlin 36.

INHALTSÜBERSICHT

LITERATURVERZEICHNIS

Arndt, Adolf — Rechtsprechende Gewalt und Strafkompetenz. In: Festgabe für Carlo Schmid zum 65. Geburtstag. Tübingen 1962. S. 5 ff.

Badura, Peter — Generalprävention und Würde des Menschen. JZ 1964, S. 337 ff.

Baumann, Jürgen — Das Verhalten des Täters nach der Tat. NJW 1962, S. 1793 ff.

— Eine Auseinandersetzung zum allgemeinen Teil eines künftigen StGB. GA 1964, S. 193 ff.

— Zum Entwurf eines StGB. In: Kleine Streitschriften zur Strafrechtsreform. 10 Beiträge. Bielefeld 1965. S. 42 ff.

— Der Schuldgedanke im heutigen deutschen Strafrecht und vom Sinn staatlichen Strafens. In: Kleine Streitschriften zur Strafrechtsreform. 10 Beiträge. Bielefeld 1965. S. 135 ff.

— Strafrecht. Allgemeiner Teil. 5. Aufl. Bielefeld 1968. Zitiert: AT.

— Resozialisierungsgedanke und Rechtsgüterschutz im 1. und 2. Strafrechtsreformgesetz. DRiZ 1970, S. 2 ff. Zitiert: Resozialisierungsgedanke und Rechtsgüterschutz.

— Strafrechtsreformgesetz. Ergänzung zum Lehrbuch Strafrecht Allgemeiner Teil. Bielefeld 1970. Zitiert: Strafrechtsreformgesetz.

Beling, Ernst — Die Lehre vom Verbrechen. Tübingen 1906.

— Urteilsanmerkung. JW 1928, S. 2993.

Binding, Karl — Die Normen und ihre Übertretung. Eine Untersuchung über die rechtmäßige Handlung und die Arten des Delikts. Zweiter Band. Zweite Aufl. Erste Hälfte. Leipzig 1914. Zitiert: Normen.

Birkmeyer, Karl — Beiträge zur Kritik des Vorentwurfs zu einem Deutschen Strafgesetzbuch. Zweiter Beitrag. Strafe und sichernde Maßnahmen im Vorentwurf. Leipzig 1910. Zitiert: Strafe und sichernde Maßnahmen.

Bockelmann, Paul — Studien zum Täterstrafrecht. 1. Teil. Abhandlungen des Kriminalistischen Instituts an der Universität Berlin. 4. Folge. 4. Bd., 4. Heft. Berlin 1939.

— Wie würde sich ein konsequentes Täterstrafrecht auf ein neues Strafgesetzbuch auswirken? In: Materialien zur Strafrechtsreform. 1. Band. Bonn 1954. S. 29 ff.

— Schuld und Sühne. Göttinger Universitätsreden 19. Göttingen 1957.

Bohne, Gotthold Psychoanalyse und Strafrecht. ZStW Bd. 47, S. 439 ff.

Bruns, Hans-Jürgen Zum gegenwärtigen Stand der Strafzumessungslehre. NJW 1956, S. 241 ff.

— Die Strafaussetzung zur Bewährung. Ein Rückblick auf Rechtsprechung und Lehre seit dem Inkrafttreten der §§ 23 ff. StGB (n. F.). GA 1956, S. 193 ff. Zitiert: Die Strafaussetzung zur Bewährung.

— Die „Generalprävention“ als Zweck und Zumessungsgrund der Strafe? Eine Analyse der Rechtsprechung. In: Festschrift für Hellmuth von Weber. Bonn 1963. S. 75 ff.

— Strafzumessungsrecht. Allgemeiner Teil. Köln, Berlin, Bonn, München 1967. Zitiert: Strafzumessungsrecht.

Child, I. L. Stichwort „Sozialisation“. In: Wörterbuch der Soziologie. Herausgegeben von Wilhelm Bernsdorf. Stuttgart 1969. S. 1028 ff.

Dallinger-Lackner Jugendgerichtsgesetz. 2. Aufl. München, Berlin 1965.

Daniel, Gerhard Gefährlichkeit und Strafmaß im Sinne der Positiven Kriminalistenschule. Kriminalistische Abhandlungen. Heft 4. Leipzig 1927.

Dreher, Eduard Über die gerechte Strafe. Eine theoretische Untersuchung für die deutsche strafrechtliche Praxis. Schriften der Süddeutschen Juristenzeitung. Heft 5. Heidelberg 1947. Zitiert: Über die gerechte Strafe.

— Die erschwerenden Umstände im Strafrecht. ZStW Bd. 77, S. 220 ff. Zitiert: Die erschwerenden Umstände.

— Strafgesetzbuch mit Nebengesetzen und Verordnungen. 32. Aufl. München 1970. Zitiert: StGB.

— Urteilsanmerkung. JR 1970, S. 228 ff.

Drost, Heinrich Das Ermessen des Strafrichters. Zugleich ein Beitrag zu dem allgemeinen Problem Gesetz und Richteramt. Berlin 1930. Zitiert: Ermessen.

Dünnebier, Hanns Die Strafzumessung bei Trunkenheitsdelikten im Straßenverkehr nach dem Ersten Gesetz zur Reform des Strafrechts als Beispiel für die Verwendung der kurzen Freiheitsstrafe. JR 1970, S. 241 ff.

Eickhoff, Rudolf — Das Verhältnis von Fahrerlaubnisentziehung und kurzfristiger Freiheitsstrafe. NJW 1971, S. 272 ff.

Engisch, Karl — Die normativen Tatbestandsmerkmale im Strafrecht. Festschrift für Edmund Mezger zum 70. Geburtstag. München, Berlin 1954. S. 127 ff.

— Zum Begriff des Mordes. GA 1955, S. 161 ff.

— Bietet die Entwicklung der dogmatischen Strafrechtswissenschaft seit 1930 Veranlassung, in der Reform des Allgemeinen Teils des Strafrechts neue Wege zu gehen? ZStW Bd. 66, S. 339 ff.

— Der Unrechtstatbestand im Strafrecht. Eine kritische Betrachtung zum heutigen Stand der Lehre von der Rechtswidrigkeit im Strafrecht. In: Hundert Jahre Deutsches Rechtsleben. Festschrift zum hundertjährigen Bestehen des Deutschen Juristentages 1860—1960. Karlsruhe 1960. S. 401 ff. Zitiert: Der Unrechtstatbestand im Strafrecht.

Feuerbach, Anselm von — Lehrbuch des gemeinen in Deutschland gültigen Rechts. Hrsg. von C. J. A. Mittermaier. 12. Aufl. Gießen 1836.

— Revision der Grundsätze und Grundbegriffe des positiven peinlichen Rechts. Teil 2. Neudruck der Ausgabe Chemnitz 1800. Aalen 1966.

Feuerbach, Ludwig — Anselm Ritter v. Feuerbachs Leben und Wirken. Veröffentlicht von seinem Sohn Ludwig Feuerbach. Bd. 1. Leipzig 1852.

Fiedler, Herbert — Vorhaben und Versuch. Über ein Handlungsmodell der strafrechtlichen Versuchslehre. Baden-Baden 1967. Zitiert: Vorhaben und Versuch.

Friedrichs, Karl August — Homosexualität und Strafvollzug. Probleme der Straf- und Strafvollzugszwecke. München 1971. Zitiert: Homosexualität und Strafvollzug.

Gallas, Wilhelm — Kriminalpolitik und Strafrechtssystematik unter besonderer Berücksichtigung des sowjetrussischen Rechts. Abhandlungen des Kriminalistischen Instituts an der Universität Berlin. Folge 4. Bd. 4. Heft 1. Berlin, Leipzig 1931. Zitiert: Kriminalpolitik und Strafrechtssystematik.

— Zum gegenwärtigen Stand der Lehre vom Verbrechen. ZStW Bd. 67, S. 1 ff.

Geerds, Friedrich — Zur Lehre von der Konkurrenz im Strafrecht. Kieler Rechtswissenschaftliche Abhandlungen Nr. 2. Hamburg 1961.

Gerland, Heinrich B. — Kritische Bemerkungen zum Allgemeinen Teil des Strafgesetzentwurfs 1919. Tübingen 1921.

Gleispach, W. Graf — Strafbemessung. In: Aschrott/Kohlrausch. Reform des Strafrechts. Berlin, Leipzig 1926. S. 186 ff.

Glück, Helmut Das Prozeßverhalten des Angeklagten als Strafzumessungsgrund. Diss. München 1963.

Goldschmidt, James Die Lehre vom unbeendigten und beendigten Versuch. Strafrechtliche Abhandlungen. Heft 7. Breslau 1897.

— Normativer Schuldbegriff. In: Festgabe für Reinhard von Frank zum 70. Geburtstag. Bd. I. Tübingen 1930. S. 428 ff.

Goltdammer Die Materialien zum Straf-Gesetzbuche für die Preußischen Staaten. Theil I. Berlin 1851.

Graßberger, Roland Psychologie des Strafverfahrens. 2. Aufl. Wien, New York 1968.

Grünhut, Max Anselm v. Feuerbach und das Problem der strafrechtlichen Zurechnung. Hamburgische Schriften zur gesamten Strafrechtswissenschaft. Heft 3. Hamburg 1922.

— Gefährlichkeit als Schuldmoment. MonKrimPsych. Beiheft 1. Zugleich Festgabe zum 60. Geburtstag von Georg Aschaffenburg. Heidelberg 1922. S. 87 ff.

— Methodische Grundlagen der heutigen Strafrechtswissenschaft. In: Festgabe für Reinhard von Frank zum 70. Geburtstag. Bd. I. Tübingen 1930. S. 1 ff.

Grünwald, Gerald Tatrichterliches Ermessen bei der Strafzumessung? MDR 1959, S. 808 ff.

Haag, Karl Rationale Strafzumessung. Ein entscheidungstheoretisches Modell der strafrichterlichen Entscheidung. Schriftenreihe Annales Universitatis Saraviensis. Rechts- und Wirtschaftswissenschaftliche Abteilung. Bd. 51. Köln, Berlin, Bonn, München 1970. Zitiert: Rationale Strafzumessung.

Hardwig, Werner Tat- und Täterstrafrecht im Lichte der Strafrechtsreform. MonKrim. 1959, S. 1 ff.

— Personales Unrecht und Schuld. MonKrim. 1961, S. 194 ff.

— Die Gesinnungsmerkmale im Strafrecht. ZStW Bd. 68, S. 14 ff.

— Über die unterschiedlichen Unrechtsgehalte und die Abgrenzung von Unrecht und Schuld. JZ 1969, S. 459 ff.

Heinitz, Ernst Der Strafzweck bei der richterlichen Strafbemessung mit besonderer Berücksichtigung der deutschen Entwürfe. Archiv für Rechts- und Wirtschaftsphilosophie. XXII. Band (1928/1929). S. 259 ff.

— Strafzumessung und Persönlichkeit. ZStW Bd. 63, S. 57 ff.

v. Hippel, Ernst — Untersuchungen zum Problem des fehlerhaften Staatsakts. Beitrag zur Methode einer teleologischen Rechtsauslegung. 2. Aufl. Berlin, Göttingen, Heidelberg 1960.

v. Hippel, Fritz — Richtlinie und Kasuistik im Aufbau von Rechtsordnungen. In: Rechtstheorie und Rechtsdogmatik. Juristische Abhandlungen. Bd. 2. Frankfurt am Main 1964. S. 184 ff.

v. Hippel, Reinhard — Untersuchungen über den Rücktritt vom Versuch. Zugleich ein Beitrag zur allgemeinen Versuchslehre. Neue Kölner Rechtswissenschaftliche Abhandlungen. Heft 46. Berlin 1966. Zitiert: Untersuchungen.

v. Hippel, Robert — Deutsches Strafrecht. Erster Band. Allgemeine Grundlagen. Berlin 1925.

— Deutsches Strafrecht. Zweiter Band. Das Verbrechen. Allgemeine Lehren. Berlin 1930.

Horn, Karl — Die Entwickelung der Strafzumessungsbestimmungen in den Entwürfen eines Deutschen Reichsstrafgesetzbuches. Diss. Gießen 1930.

Horstkotte, Hartmuth — Der Allgemeine Teil des Strafgesetzbuches nach dem 1. September 1969. NJW 1969, S. 1601 ff.

— Die Vorschriften des Ersten Gesetzes zur Reform des Strafrechts über die Strafbemessung (§§ 13 bis 16, 60 StGB). JZ 1970, S. 122 ff.

Jäger, Herbert — Strafgesetzgebung und Rechtsgüterschutz bei Sittlichkeitsdelikten. Eine kriminalsoziologische Untersuchung. Beiträge zur Sexualforschung. Heft 12. Stuttgart 1957.

Jagusch, Heinrich — Die Praxis der Strafzumessung. Systematische Darstellung der Strafzumessungsgründe anhand der höchstrichterlichen Rechtsprechung. Sonderausgabe aus dem „Leipziger Kommentar zum Strafgesetzbuch". 8. Aufl. Berlin 1956. Zitiert: Die Praxis der Strafzumessung.

Jescheck, Hans-Heinrich — Schweizerisches Strafrecht und deutsche Strafrechtsreform. Schweizer Zeitschrift für Strafrecht. Jahrgang 78. S. 172 ff.

— Die kriminalpolitische Konzeption des Alternativ-Entwurfs eines Strafgesetzbuches (Allgemeiner Teil). ZStW Bd. 80, S. 54 ff.

— Lehrbuch des Strafrechts. Allgemeiner Teil. Berlin 1969. Zitiert: AT.

Kaufmann, Arthur — Tatbestand, Rechtfertigungsgründe und Irrtum. JZ 1956, S. 393 ff.

— Das Schuldprinzip. Eine strafrechtlich-rechtsphilosophische Untersuchung. Heidelberger Rechtswissenschaftliche Abhandlungen. Neue Folge.

9. Abhandlung. Heidelberg 1961. Zitiert: Das Schuldprinzip.

— Dogmatische und kriminalpolitische Aspekte des Schuldgedankens im Strafrecht. In: Programm für ein neues Strafgesetzbuch. Der Alternativ-Entwurf der Strafrechtslehrer. Hrsg. von Jürgen Baumann. Frankfurt am Main 1968. S. 56 ff.

Kaufmann, Hilde Grammaticas System der Difesa Sociale und das deutsche Schuldstrafrecht. In: Festschrift für Hellmuth von Weber. Bonn 1963. S. 418 ff.

Kern, Eduard Grade der Rechtswidrigkeit. ZStW Bd. 64, S. 255 ff.

Kitzinger, F. Randbemerkungen zum Vorentwurf eines Reichsstrafgesetzbuches. ZStW Bd. 31, S. 341 ff.

Klug, Ulrich Die zentrale Bedeutung des Schutzgedankens für den Zweck der Strafe. Berlin 1938.

— Abschied von Kant und Hegel. In: Programm für ein neues Strafgesetzbuch. Der Alternativ-Entwurf der Strafrechtslehrer. Hrsg. von Jürgen Baumann. Frankfurt am Main 1968. S. 36 ff.

Koffka, Else Welche Strafzumessungsregeln ergeben sich aus dem geltenden Recht? JR 1955, S. 322 ff.

Köhler, August Studien zum Vorentwurf eines deutschen Strafgesetzbuches. Nürnberg, Leipzig 1910.

Kohlmann, Günter Der Begriff des Staatsgeheimnisses (§ 93 StGB und § 99 Abs. 1 StGB a. F.) und das verfassungsrechtliche Gebot der Bestimmtheit von Strafvorschriften (Art. 103 Abs. 2 GG). Köln 1969.

Kohlrausch-Lange Strafgesetzbuch mit Erläuterungen und Nebengesetzen. 43. Aufl. Berlin 1961. Zitiert: Kohlrausch-Lange.

Krämer, Rudolf Die Regelung des schweren Diebstahls durch das 1. StrRG unter besonderer Berücksichtigung der sogenannten Regelbeispieltechnik. Diss. Köln 1970.

Krauß, Detlef Erfolgsunwert und Handlungsunwert im Unrecht. ZStW Bd. 76, S. 19 ff.

Kunert, K. H. Kurze Freiheitsstrafe und Strafaussetzung zur Bewährung nach den Vorschriften des Ersten Gesetzes zur Reform des Strafrechts. MDR 1969, S. 705 ff.

Lackner, Karl Strafrechtsreform und Praxis der Strafrechtspflege. JR 1970, S. 1 ff.

Lackner-Maassen Strafgesetzbuch mit Erläuterungen. 6. Aufl. München 1970. Zitiert: StGB.

Lampe, Ernst-Joachim Das personale Unrecht. Schriften zum Strafrecht. Bd. 7. Berlin 1967.

Lange, Richard — Probleme des § 1 StGB. MDR 1948, S. 310 ff.

— Die Schuld des Teilnehmers, insbesondere bei Tötungs- und Wirtschaftsverbrechen. JR 1949, S. 165 ff. Zitiert: Die Schuld des Teilnehmers.

— Grundfragen der Bereinigung des Strafgesetzbuches unter besonderer Berücksichtigung der Strafzwecke, der Strafzumessungsnormen und der Tatbestandstechnik. Verhandlungen des 39. Deutschen Juristentages. Teil C. Tübingen 1952. S. 3 ff. Zitiert: Grundfragen der Bereinigung des Strafgesetzbuches.

— Literaturbericht. Strafrecht — Allgemeiner Teil. ZStW Bd. 63, S. 456 ff. Zitiert: Literaturbericht.

— Die Systematik der Strafdrohungen. In: Materialien zur Strafrechtsreform. 1. Bd. Bonn 1954. S. 69 ff.

— Grundfragen der deutschen Strafrechtsreform. Schweizer Zeitschrift für Strafrecht. 70. Jahrgang. S. 373 ff.

— Der Strafgesetzgeber und die Schuldlehre. Zugleich ein Beitrag zum Unrechtsbegriff bei den Zuwiderhandlungen. JZ 1956, S. 73 ff. Zitiert: Der Strafgesetzgeber und die Schuldlehre.

— Urteilsanmerkung. JZ 1958, S. 671 f.

— Gesetzgebungsfragen bei den Rechtfertigungsgründen. In: Festschrift für Hellmuth von Weber. Bonn 1963. S. 162 ff.

— Der Strafanspruch des Staates und die Grenzen der Strafbarkeit. In: Probleme der Strafrechtsreform. Stuttgart 1963. S. 75 ff.

— Erziehung und Strafe im heutigen Jugendstrafrecht. In: Festschrift für Karl Olivecrona. Stockholm 1964. S. 359 ff.

— Das Rätsel Kriminalität. Was wissen wir vom Verbrechen? Frankfurt am Main, Berlin 1970. Zitiert: Das Rätsel Kriminalität.

— Strafrechtsreform. Reform im Dilemma. München, Wien 1972. Zitiert: Strafrechtsreform.

Lang-Hinrichsen, Dietrich — Zur Frage der Zurechnung von Folgen der Straftat bei der Strafzumessung. GA 1957, S. 1 ff.
Probleme der strafrechtlichen Schuld und der Kriminologie. Civitas II (1963). S. 206 ff.

— Diskussionsbeitrag. In: Zur österreichischen Strafrechtsreform. Schriftenreihe der Vereinigung Vorarlberger Akademiker. Heft 7. Bregenz 1965. S. 111 ff. Zitiert: Zur österreichischen Strafrechtsreform.

—	Bemerkungen zum Begriff der „Tat" im Strafrecht unter besonderer Berücksichtigung der Strafzumessung, des Rücktritts und der tätigen Reue beim Versuch und der Teilnahme (Normativer Tatbegriff). In: Festschrift für Karl Engisch zum 70. Geburtstag. Frankfurt am Main 1969. S. 353 ff. Zitiert: Bemerkungen zum Begriff der Tat.
Larenz, Karl	Methodenlehre der Rechtswissenschaft. 2. Aufl. Berlin, Heidelberg, New York 1969.
Leipziger Kommentar	Strafgesetzbuch. Erster Band. 8. Aufl. Berlin 1957.
—	Strafgesetzbuch. 9. Aufl. 7. Lieferung. Berlin, New York 1971.
Lenckner, Theodor	Der rechtfertigende Notstand. Zur Problematik der Notstandsregelung im Entwurf eines Strafgesetzbuches (E 1962). Tübinger Rechtswissenschaftliche Abhandlungen. Bd. 14. Tübingen 1965. Zitiert: Der rechtfertigende Notstand.
Liepmann, M.	Die Reue vom kriminalistischen Standpunkt. ZStW Bd. 22, S. 72 ff.
v. Liszt, Franz	Der Zweckgedanke im Strafrecht. In: Strafrechtliche Aufsätze und Vorträge. Erster Band. Berlin 1905. S. 126 ff.
—	Nach welchen Grundsätzen ist die Revision des Strafgesetzbuches in Aussicht zu nehmen? In: Strafrechtliche Abhandlungen und Vorträge. Zweiter Band. Berlin 1905. S. 356 ff.
—	Strafbemessung. In: Aschrott/Liszt. Die Reform des Reichsstrafgesetzbuches. Bd. 1. Berlin 1910. S. 374 ff.
Maihofer, Werner	Der Unrechtsvorwurf. In: Festschrift für Theodor Rittler zu seinem 80. Geburtstag. Aalen 1957. S. 141 ff.
Martin	Anmerkung zu BGH 4 Str. 519/61. LM Nr. 17 zu § 142 StGB.
Maurach, Reinhart	Deutsches Strafrecht. Allgemeiner Teil. 4. Aufl. Karlsruhe 1971. Zitiert: AT.
Mayer, Hellmuth	Resozialisierungsbedürftigkeit, -Willigkeit und -Fähigkeit der Straftäter. Zeitschrift für Strafvollzug 1966, S. 323 ff.
Mayer, Max Ernst	Das Leugnen des Angeklagten als Strafschärfungsgrund. ZStW Bd. 27, S. 921 ff.
Melzer, Michael	Die Neue Sozialverteidigung und die deutsche Strafrechtsreformdiskussion. Tübingen 1970.
Mezger, Edmund	Der Deutsche Strafgesetzentwurf von 1919. MonKrimPsych. 1922, S. 47 ff.

—	Strafzumessung im Entwurf. ZStW Bd. 51, S. 855 ff.
Milletat, Wolfgang	Die „besonders schweren Fälle" im Entwurf eines Strafgesetzbuches (StGB) E 1962. Diss. Berlin 1965.
Mittermaier, W.	Wie sind besonders schwere und besonders leichte Fälle im Sinne des Entwurfs zu einem deutschen Strafgesetzbuch in der künftigen Strafprozeßordnung zu behandeln? In: Verhandlungen des 32. Deutschen Juristentages. Erster Band. Berlin 1914. S. 246 ff. Zitiert: Gutachten.
Müller-Dietz, Heinz	Grenzen des Schuldgedankens im Strafrecht. Freiburger Rechts- und Staatswissenschaftliche Abhandlungen. Band 26. Karlsruhe 1967.
—	Strafbegriff und Strafrechtspflege. Schriften zum Strafrecht 8. Berlin 1968.
Müller-Emmert/Friedrich	Die Strafrechtsreform. Das Zweite Gesetz zur Reform des Strafrechts (2. StrRG) vom 4. 7. 1969. DRiZ 1969, S. 273 ff. Zitiert: Die Strafrechtsreform.
Müller-Sax	Kommentar zur Strafprozeßordnung und zum Gerichtsverfassungs- u. Ordnungswidrigkeitengesetz. 6. Aufl. Darmstadt 1966.
Nagler, Johannes	Die Strafzumessung nach dem Amtlichen Entwurf eines Allgemeinen Deutschen Strafgesetzbuches. GS Bd. 94, S. 83 ff.
—	Die Strafe. Eine juristisch-empirische Untersuchung. Hälfte 1. Leipzig 1918. Zitiert: Die Strafe.
Naucke, Wolfgang u. a.	„Verteidigung der Rechtsordnung". (§§ 14, 23 StGB). Kritik an der Entstehung und Handhabung eines strafrechtlichen Begriffs. Schriften zum Strafrecht. Band 13. Berlin 1971. Zitiert: Verteidigung der Rechtsordnung.
Nowakowski, Friedrich	Das Ausmaß der Schuld. Schweizer Zeitschrift für Strafrecht. Jahrgang 65. S. 301 ff.
—	Freiheit, Schuld, Vergeltung. In: Festschrift für Theodor Rittler zu seinem 80. Geburtstag. Aalen 1957. S. 55 ff.
Noll, Peter	Die ethische Begründung der Strafe. Tübingen 1962.
—	Übergesetzliche Rechtfertigungsgründe, im besonderen die Einwilligung des Verletzten. Schweizerische criminalistische Studien. Vol. 10. Basel 1955. Zitiert: Übergesetzliche Rechtfertigungsgründe.
Oehler, Dietrich	Das objektive Zweckmoment in der rechtswidrigen Handlung. Berliner Juristische Abhandlungen. Band 1. Berlin 1959.

Oske, Ernst-Jürgen — Der besonders schwere Fall des Totschlags im Sinne des § 212 Abs. 2 StGB. MDR 1968, S. 811 ff.

Peters, Karl — Die kriminalpolitische Stellung des Strafrichters bei der Bestimmung der Strafrechtsfolgen. Berlin 1932. Zitiert: Kriminalpolitische Stellung.

— In welcher Weise empfiehlt es sich, die Grenzen des strafrichterlichen Ermessens zu regeln (Ermessensfreiheit oder gesetzliche Bindung des Richters bei der Verhängung der Strafe und sonstiger Unrechtsfolgen)? In: Verhandlungen des 41. Deutschen Juristentages. Band I. Tübingen 1955. S. 1 ff. Zitiert: Gutachten.

— Die strafrechtsgestaltende Kraft des Strafprozesses. Tübingen 1963.

— Beschränkung der Tatbestände im Besonderen Teil. ZStW Bd. 77, S. 470 ff.

Payer, Werner — § 14 StGB in der Fassung des Ersten Gesetzes zur Reform des Strafrechts. Juristische Studien. Band 31. Tübingen 1971.

Rebhahn, Axel — Franz von Liszt und die moderne défence sociale. Kriminologische Schriftenreihe. Band 8. Hamburg 1963.

Rosenfeld, Ernst Heinrich — Strafzumessung. In: Vergleichende Darstellung des Deutschen und Ausländischen Strafrechts. Allgemeiner Teil. III. Band. Berlin 1908. S. 93 ff.

Roxin, Claus — Sinn und Grenzen staatlicher Strafe. JuS 1966, S. 377 ff.

Sauer, Wilhelm — Allgemeine Strafrechtslehre. Eine lehrbuchmäßige Darstellung. 3. Aufl. Berlin 1955. Zitiert: Allgemeine Strafrechtslehre.

— Strafbemessung und Persönlichkeit. Zur kriminalbiologischen Revision strafrechtlicher Grundbegriffe. ZStW Bd. 50, S. 679 ff. Zitiert: Strafbemessung und Persönlichkeit.

Sax, Walter — Kriminalpolitik und Strafrechtsreform. JZ 1957, S. 1 ff.

— Dogmatische Streifzüge durch den Entwurf des Allgemeinen Teils eines Strafgesetzbuches nach den Beschlüssen der Großen Strafrechtskommission. ZStW Bd. 69, S. 412 ff.

— Grundsätze der Strafrechtspflege. In: Die Grundrechte. Handbuch der Theorie und Praxis der Grundrechte. Dritter Band. 2. Halbband. Berlin 1959. S. 909 ff.

Schäfer, Leopold — Strafbemessung. In: Das kommende deutsche Strafrecht. Allgemeiner Teil. Bericht über die Arbeit der amtlichen Strafrechtskommission. Berlin 1934. S. 106 ff.

Schleutker, Freya	Das prozessuale Verhalten des Angeklagten als Strafzumessungsgrund. Diss. München 1960.
Schmidhäuser, Eberhard	Gesinnungsmerkmale im Strafrecht. Tübingen 1958. Zitiert: Gesinnungsmerkmale.
—	Vom Sinn der Strafe. Göttingen 1963.
—	Der Unrechtstatbestand. In: Festschrift für Karl Engisch zum 70. Geburtstag. Frankfurt am Main 1969. S. 433 ff.
—	Strafrecht. Allgemeiner Teil. Tübingen 1970. Zitiert: AT.
Schmidt, Eberhard	Strafzweck und Strafzumessungsregeln in einem künftigen Strafgesetzbuch. In: Materialien zur Strafrechtsreform. 1. Band. Bonn 1954. S. 9 ff.
—	Lehrkommentar zur Strafprozeßordnung und zum Gerichtsverfassungsgesetz. Teil II. Göttingen 1957. Zitiert: Lehrkommentar.
—	Vergeltung, Sühne und Spezialprävention. ZStW Bd. 67, S. 177 ff.
—	Kriminalpolitische und strafrechtsdogmatische Probleme in der deutschen Strafrechtsreform. ZStW Bd. 69, S. 359 ff.
Schönke-Schröder	Strafgesetzbuch. Kommentar. 13. Aufl. München, Berlin 1967.
—	Strafgesetzbuch. Kommentar. 14. Aufl. München 1969.
—	Strafgesetzbuch. Kommentar. 16. Aufl. München 1972.
Schröder, Horst	Gesetz und Richter im Strafrecht. Veröffentlichungen der Schleswig-Holsteinischen Universitätsgesellschaft. Neue Folge. Nr. 4. Kiel 1953.
—	Gesetzliche und richterliche Strafzumessung. In: Festschrift für Edmund Mezger zum 70. Geburtstag. München und Berlin 1954. S. 415 ff.
—	In welcher Weise empfiehlt es sich, die Grenzen des strafrichterlichen Ermessens im künftigen Strafgesetzbuch zu regeln (Ermessensfreiheit oder gesetzliche Bindung des Richters bei der Verhängung der Strafe und sonstiger Unrechtsfolgen)? In: Verhandlungen des 41. Deutschen Juristentages. Band I. Tübingen 1955. S. 57 ff. Zitiert: Gutachten.
—	Zur Verteidigung der Rechtsordnung. Anmerkung zu zwei Entscheidungen des Bundesgerichtshofes. JZ 1971, S. 241 ff. Zitiert: Zur Verteidigung der Rechtsordnung.
Schüler-Springorum, Horst	Was stimmt nicht mit dem Strafvollzug? Hamburg 1970.
Schwalm, Georg	Der Stand der Strafrechtsreform. MDR 1959, S. 797 ff.

— Schuld und Schuldfähigkeit im Lichte der Strafrechtsreformgesetze vom 25. 6. und 4. 7. 1969, des Grundgesetzes und der Rechtsprechung des Bundesverfassungsgerichts. JZ 1970, S. 487 ff. Zitiert: Schuld und Schuldfähigkeit.

Sina, Peter Die Dogmengeschichte des strafrechtlichen Begriffs Rechtsgut. Basler Studien zur Rechtswissenschaft 62. Basel 1962.

Spendel, Günter Zur Lehre vom Strafmaß. Frankfurt am Main 1954.

— Die Begründung des richterlichen Strafmaßes. NJW 1964, S. 1758 ff.

— Zur Entwicklung der Strafzumessungslehre. ZStW Bd. 83, S. 203 ff.

Spohr, Ludwig Rücktritt und tätige Reue beim versuchten und vollendeten Verbrechen im amtlichen Entwurf eines Allgemeinen Deutschen Strafgesetzbuches. Strafrechtliche Abhandlungen. Heft 215. Breslau 1926. Zitiert: Rücktritt und tätige Reue.

Stöger, Fritz Versuch des untauglichen Täters. Zugleich ein Beitrag zur strafrechtlichen Lehre vom Unrecht. Neue Kölner Rechtswissenschaftliche Abhandlungen. Heft 19. Berlin 1961. Zitiert: Versuch des untauglichen Täters.

Stratenwerth, Günter Urteilsanmerkung. JZ 1961, S. 95 ff.

— Handlungs- und Erfolgsunwert im Strafrecht. Schweizer Zeitschrift für Strafrecht. 79. Jahrgang. S. 233 ff.

— Tatschuld und Strafzumessung. Tübingen 1972.

Stree, Walter Deliktsfolgen und Grundgesetz. Zur Verfassungsmäßigkeit der Strafen und sonstigen strafrechtlichen Maßnahmen. Tübingen 1960. Zitiert: Deliktsfolgen und Grundgesetz.

— In dubio pro reo. Tübinger Rechtswissenschaftliche Abhandlungen. Bd. 5. Tübingen 1962.

Sturm, Richard Die Strafrechtsreform. Zum allgemeinen Teil des Strafgesetzbuches nach dem Ersten Gesetz zur Reform des Strafrechts (Fassung 1. April 1970). JZ 1970, S. 81 ff. Zitiert: Die Strafrechtsreform.

Tröndle, Herbert Die Rechtsprechung des Bundesgerichtshofs in Strafsachen. Materielles Recht. GA 1966, S. 1 ff.

Volk, Klaus Der Begriff der Strafe in der Rechtsprechung des Bundesverfassungsgerichts. ZStW Bd. 83, S. 405 ff.

Wach, Adolf Legislative Technik. In: Vergleichende Darstellung des Deutschen und Ausländischen Strafrechts. Allgemeiner Teil. VI. Band. Berlin 1908. S. 1 ff.

Wachenfeld — Bemerkungen zum Allgemeinen Teil des Entwurfs zu einem StGB von 1919. Archiv für Rechts- und Wirtschaftsphilosophie. Band 15 (1921/22). S. 73 ff.

Wahle, Eberhard — Die Rechtsnatur der „besonders schweren Fälle" im Strafrecht. Diss. Heidelberg 1966.

— Zur strafrechtlichen Problematik „besonders schwerer Fälle", erläutert am Beispiel der Verkehrsunfallflucht. GA 1969, S. 161 ff.

Waider, Heribert — Die Bedeutung der Lehre von den subjektiven Rechtfertigungselementen für Methodologie und Systematik des Strafrechts. Berlin 1970.

Warda, Günter — Dogmatische Grundlagen des richterlichen Ermessens im Strafrecht. Köln, Berlin, Bonn, München 1962. Zitiert: Dogmatische Grundlagen.

Welzel, Hans — Studien zum System des Strafrechts. ZStW Bd. 58, S. 491 ff.

— Das Deutsche Strafrecht. Eine systematische Darstellung. 11. Aufl. Berlin 1969. Zitiert: Lehrbuch.

Wimmer, August — Die Strafzumessungstatsachen im Prozeß. NJW 1947/48, S. 126 ff.

— Gestehen und Leugnen im Prozeß. Seine Bedeutung für Strafzumessung und Anrechnung der Untersuchungshaft. ZStW Bd. 50, S. 538 ff. Zitiert: Gestehen und Leugnen im Prozeß.

Wolf, Erik — Die Stellung der Verwaltungsdelikte im Strafrechtssystem. In: Festgabe für Reinhard von Frank zum 70. Geburtstag. Band II. Tübingen 1930. S. 516 ff.

Würtenberger, Thomas — Die geistige Situation der deutschen Strafrechtswissenschaft. Freiburger Rechts- und Staatswissenschaftliche Abhandlungen. Band 7. 2. Aufl. Karlsruhe 1959.

— Zur Phänomenologie der richterlichen Erfahrung bei der Strafzumessung. In: Festschrift für Gerhart Husserl zum 75. Geburtstag. Frankfurt am Main 1969. S. 177 ff.

— Kriminologie und Strafrechtsreform. In: Kriminalpolitik im sozialen Rechtsstaat. Ausgewählte Aufsätze und Vorträge (1948—1969). Stuttgart 1970. S. 53 ff.

Zipf, Heinz — Die Strafmaßrevision. Münchner Universitätsschriften. Reihe der Juristischen Fakultät. Band 11. München 1969.

Entwürfe — Materialien — Niederschriften

Vorentwurf zu einem Deutschen Strafgesetzbuch. Bearbeitet von der hierzu bestellten Sachverständigen-Kommission. Berlin 1909. Dazu: Begründung. Allgemeiner Teil. Berlin 1909. Zusammenstellung der gutachtlichen Äußerungen über den Vorentwurf zu einem Deutschen Strafgesetzbuch. Berlin 1911.

Gegenentwurf zum Vorentwurf eines deutschen Strafgesetzbuchs. Aufgestellt von Kahl, v. Lilienthal, v. Liszt, Goldschmidt. Berlin 1911.

Entwurf der Strafrechtskommission (1913). In: Entwürfe zu einem Deutschen Strafgesetzbuch. Berlin 1920.

Entwurf von 1919. In: Entwürfe zu einem Deutschen Strafgesetzbuch. Berlin 1920. Dazu: Denkschrift zu dem Entwurf von 1919. In: Entwürfe zu einem Deutschen Strafgesetzbuch. Berlin 1920.

Entwurf eines Allgemeinen Deutschen Strafgesetzbuchs (1922). Von Gustav Radbruch. Tübingen 1952.

Amtlicher Entwurf eines Allgemeinen Deutschen Strafgesetzbuchs nebst Begründung. Berlin 1925.

Entwurf eines Allgemeinen Deutschen Strafgesetzbuchs nebst Begründung. Ausgegeben am 19. Mai 1927.

Entwurf eines Deutschen Strafgesetzbuchs (nach dem Stand vom 15. Juli 1935).

Entwurf eines Deutschen Strafgesetzbuchs (Kabinettsvorlage 1938).

Materialien zur Strafrechtsreform. 1. Band. Gutachten der Strafrechtslehrer. Bonn 1954.

Niederschriften über die Sitzungen der Großen Strafrechtskommission. Zitiert: Niederschriften.

Entwurf eines Strafgesetzbuches (StGB) E 1962 (mit Begründung).

Entwurf eines Strafgesetzbuches. Allgemeiner Teil. Von Jürgen Baumann. Recht und Staat 274/275. Tübingen 1963.

Beratungen des Sonderausschusses „Strafrecht“ in der 4. Wahlperiode. Zitiert: SondAusProt. IV.

Beratungen des Sonderausschusses für die Strafrechtsreform in der 5. Wahlperiode. Zitiert: SondAusProt. V.

Alternativ-Entwurf eines Strafgesetzbuches. Allgemeiner Teil. Vorgelegt von Jürgen Baumann u. a. Tübingen 1966.

Alternativ-Entwurf eines Strafgesetzbuches. Besonderer Teil. Straftaten gegen die Person. Erster Halbband. Vorgelegt von Jürgen Baumann u. a. Tübingen 1970.

Erster Schriftlicher Bericht des Sonderausschusses für die Strafrechtsreform. Deutscher Bundestag. 5. Wahlperiode. Drucksache V/4094.

Zweiter Schriftlicher Bericht des Sonderausschusses für die Strafrechtsreform. Deutscher Bundestag. 5. Wahlperiode. Drucksache V/4095.

EINLEITUNG

Mezger stellte im Jahre 1931 fest, das Problem der Strafzumessung — von der Wissenschaft in früheren Zeiten vernachlässigt, von der Praxis in ein lebensfremdes Schema gepreßt — sei zu einem zentralen Problem des ganzen Strafrechts geworden[1], und *Spendel* schloß noch im Jahre 1954 seine Monographie über die Lehre vom Strafmaß mit dem Satz: „In der Lehre vom richterlichen Strafmaß steht die kriminalistische Dogmatik jedenfalls ungefähr da, wo sich die Lehre vom Verbrechen zur Zeit eines Feuerbach befand"[2]. *Bruns* unterzog nur wenig später diesen Satz einer kritischen Würdigung und sprach von einer „Renaissance"[3] der Strafzumessungsliteratur. Seit diesem Zeitpunkt hat die Diskussion über Fragen der Strafbemessung — insbesondere im Blick auf die Beratungen der Großen Strafrechtskommission — immer mehr zugenommen[4]. Die gesetzgeberische Arbeit hat mit § 13 StGB in der Fassung des Ersten Gesetzes zur Reform des Strafrechts vom 25. Juni 1969 (1. Strafrechtsreformgesetz) und § 46 des Zweiten Gesetzes zur Reform des Strafrechts vom 4. Juli 1969 (2. Strafrechtsreformgesetz) ihren vorläufigen Abschluß gefunden.

Welche Bedeutung der Gesetzgeber in diesem Zusammenhang der Normierung von Richtlinien für die Strafbemessung beigemessen hat, zeigt die Aufnahme des § 13 in das 1. Strafrechtsreformgesetz; denn dessen Aufgabe war es, diejenigen Reformen im Allgemeinen und Besonderen Teil des Strafgesetzbuches zu verwirklichen, die kriminalpolitisch besonders bedeutsam und daher vordringlich erschienen[5].

Die Aufgabe dieser Untersuchung ist es, das Ergebnis der gesetzgeberischen Arbeit in einer einzelnen Frage — der Bedeutung des Strafbemessungsgrundes „Verhalten nach der Tat" — einer kritischen

---

[1] *Mezger*, Strafzumessung im Entwurf, ZStW Bd. 51, S. 855.

[2] *Spendel*, Zur Lehre vom Strafmaß, S. 240.

[3] *Bruns*, Zum gegenwärtigen Stand der Strafzumessungslehre, NJW 1956, S. 241 ff.

[4] *Bruns*, Strafzumessungsrecht, S. 39, spricht von der „in letzter Zeit ungestüm vorwärtsdrängenden Strafzumessungslehre"; vgl. auch *Würtenberger*, Zur Phänomenologie der richterlichen Erfahrung bei der Strafzumessung, in: Festschrift für Gerhard Husserl, S. 177: „In einem Zeitalter, das sich um eine wahrhaft soziale Strafrechtspflege bemüht, gewinnt die richterliche Strafzumessung erhöhte Aktualität."

[5] So der Erste Schriftliche Bericht des Sonderausschusses für die Strafrechtsreform, BT-Drucksache V/4094, S. 2.

Würdigung zu unterziehen; denn „gefährlich ist auch, daß viele Einzelfragen aus dem Problemkreis der Strafzumessung einfach, die Antworten auf sie selbstverständlich erscheinen"[6].

Der Gang der Erörterungen wird erweisen, ob und inwieweit dieser Satz auf die Normierung des Verhaltens nach der Tat als Strafbemessungsgrund zutrifft. Ein Indiz für die Unterschätzung der Schwierigkeiten, die bei der Einbeziehung von Nachhandlungen des Täters in die Strafbemessung entstehen, ist der Amtlichen Begründung des Entwurfs 1962 zu entnehmen: Die Begründung beschränkt sich bei der Rechtfertigung der Berücksichtigung von Nachhandlungen im wesentlichen auf den Hinweis, die Verwertung von außerhalb der Tatbestandsverwirklichung liegenden Umständen bei der Feststellung der Schuld des Täters sei rechtlich anerkannt[7]. Das ist zwar, wie sich zeigen wird, zutreffend. Doch herrscht in Rechtsprechung und Literatur ein erheblicher Streit darüber, unter welchen Voraussetzungen eine Einbeziehung der Nachhandlungen in die Strafbemessung möglich ist[8]. Deshalb auch bietet sich unter den zahlreichen Strafzumessungsgesichtspunkten des § 13 Abs. 2 Satz 2 StGB gerade die Untersuchung des Verhaltens des Täters nach der Tat an.

Zwei wesentliche Gesichtspunkte bei der Behandlung von Fragen der Strafzumessung sind bereits an dieser Stelle hervorzuheben:

1. Einerseits läßt sich nur von dem jeweiligen Strafzweck und dem jeweiligen Strafmaßprinzip her die Frage beantworten, „welche Tatsachen für die Strafzumessung überhaupt relevant werden, ob sie sich schärfend oder mildernd auswirken und wie sie sich gegenseitig beeinflussen"[9].

2. Andererseits kann gerade die Aufnahme einer Strafzumessungstatsache in die Richtlinien für die Strafbemessung Aufschluß über den dem Gesetz zugrunde liegenden Strafzweck oder das bei der Strafbemessung erhebliche Strafmaßprinzip geben.

Diese — hier zunächst als Thesen aufgestellten — Grundsätze

---

[6] *Dreher,* Über die gerechte Strafe, S. 17.

[7] Amtliche Begründung, S. 181; vgl. dazu *Bruns,* Strafzumessungsrecht, S. 493. Die Fragen, ob damit eine Erweiterung des Begriffs der Tat über die Tatbestandsverwirklichung hinaus eintritt oder aber eine Erweiterung des Begriffs der Schuld über die Tatschuld hinaus, hat die Begründung ausdrücklich offen gelassen, vgl. S. 180 f.

[8] Man vgl. nur das 5. Kapitel des Strafzumessungsrechts von *Bruns,* S. 492—533.

[9] *Bruns,* Strafzumessungsrecht, S. 34; ebenso schon *Rosenfeld,* Die richterliche Strafzumessung, in: VDA III. Bd., S. 93 ff., 104. Vgl. auch *Dreher,* Niederschriften, Bd. XII, S. 44: „Ein jeder Autor entwickelt seine private Zumessungslehre, je nachdem, wie er für sich selbst die Kernfrage des Strafrechts beantwortet."

bedeuten für das Verhalten des Täters nach der Tat als Strafbemessungsgrund:

Es soll der Versuch unternommen werden, aus den Grundsätzen für die Strafzumessung, die das 1. Strafrechtsreformgesetz normiert hat, Klarheit über die Tragweite und die Auslegung des Strafbemessungsgrundes „Verhalten nach der Tat“ zu gewinnen. Dabei stehen im Vordergrund die Fragen, unter welchem Strafzweck oder Strafmaßprinzip ein Nachtatverhalten strafzumessungsrelevant ist und gegebenenfalls welche Anforderungen an die Einbeziehung von Nachhandlungen in die Strafbemessung zu stellen sind.

Führt dieser Weg nicht zum Erfolg, so bedarf es einer grundlegenden Auseinandersetzung mit dem Verhältnis zwischen Strafzwecken, Strafmaßprinzipien und der Berücksichtigung von Nachhandlungen des Täters bei der Strafbemessung. Dabei wird sich zeigen, ob die Aufnahme des Strafbemessungsgrundes „Verhalten nach der Tat“ in den Katalog der Strafbemessungsrichtlinien Aufschluß über das Ziel der Strafbemessung gibt.

Ist die Verwertung von Nachhandlungen des Täters bei der Strafbemessung mit verschiedenen Strafzwecken und unterschiedlichen Strafmaßprinzipien vereinbar, erweist sich also auch dieser Weg als nicht gangbar, muß der Versuch gemacht werden, aus Entwicklungen und Tendenzen der Strafrechtsreformgesetze zu einem Vorschlag für die Auslegung zu gelangen, damit § 13 StGB jedenfalls in diesem Punkt das wird, wozu er offenbar dienen soll: dem Richter eine klare Leitlinie für die Zumessung der Strafe an die Hand zu geben[10].

---

[10] Vgl. den Ersten Schriftlichen Bericht des Sonderausschusses für die Strafrechtsreform, BT-Drucksache V/4094, S. 5.

VORBEMERKUNGEN

Bisher ist, ohne weitere Unterscheidung, von dem Verhalten des Täters nach der Tat als Strafbemessungsgrund die Rede gewesen. Dies gilt es nun zu präzisieren.

Dem Richter steht bei der Festsetzung der Folgen einer Straftat häufig mehr als ein Strafrahmen zur Verfügung, und zwar dann, wenn das Gesetz eine Abwandlung des Regelstrafrahmens durch „besonders schwere Fälle", „schwere Fälle", „minder schwere Fälle" oder „mildernde Umstände" vorsieht. Das bedeutet für das Verhalten des Täters nach der Tat:

1. Nach Inkrafttreten des 1. Strafrechtsreformgesetzes unterliegt es keinem Zweifel, daß Nachhandlungen des Täters strafzumessungsrelevant sein können. Es bedarf der Untersuchung, unter welchen Voraussetzungen das Verhalten nach der Tat die Festsetzung der Strafe innerhalb eines Strafrahmens beeinflußt.

2. Nicht ohne weiteres kann dagegen davon ausgegangen werden, daß § 13 StGB auch im Bereich der Strafänderungsgründe uneingeschränkt zur Anwendung kommt. Noch der Entwurf 1962 hatte die „Grundsätze der Strafzumessung" von den Begriffsbestimmungen der „besonders schweren" und „minder schweren Fälle" scharf getrennt. Es wird zu erörtern sein, ob und gegebenenfalls unter welchen Voraussetzungen das Verhalten des Täters nach der Tat allein oder im Zusammenhang mit weiteren Umständen die Annahme eines der genannten Strafänderungsgründe zu rechtfertigen in der Lage ist.

Der erste Teil der Untersuchung wird sich daher mit dem Nachtatverhalten und der richterlichen Strafzumessung im engeren Sinne, also mit der Festsetzung der Strafe innerhalb des gesetzlichen Strafrahmens, und nur mit dieser, befassen; im zweiten Teil wird zu erörtern sein, ob und inwieweit sich die gewonnenen Ergebnisse auf die richterliche Tätigkeit bei der Auswahl des Strafrahmens — der Strafrahmenbestimmung — übertragen lassen.

ERSTER TEIL

Das Verhalten des Täters nach der Tat als Strafzumessungsgrund

ERSTES KAPITEL

Der Versuch einer Auslegung des § 13 Abs. 2 Satz 2 letzte Alternative StGB

Nach § 13 Abs. 2 Satz 1 StGB hat das Gericht bei der Strafzumessung die Umstände, die für und gegen den Täter sprechen, gegeneinander abzuwägen. In Satz 2 dieses Absatzes ist ein Katalog von Strafzumessungsgesichtspunkten enthalten, die bei der Strafzumessung „namentlich in Betracht“ kommen. Das Gesetz führt in diesem Zusammenhang als letzten Gesichtspunkt das Verhalten des Täters nach der Tat, besonders sein Bemühen, den Schaden wiedergutzumachen, auf.

Auf den ersten Blick erscheint die Bedeutung der Textstelle eindeutig: Bei der Strafzumessung kann der Richter das Verhalten des Täters nach der Tat in die Bewertung einbeziehen. Es gibt jedoch praktisch keine Stelle, die nicht der Auslegung bedarf. „Auch die Behauptung, es liege ein klarer, eindeutiger Wortlaut vor, ist streng genommen erst das Ergebnis einer Auslegung. Ein solcher Fall würde letztlich nichts anderes besagen, als daß über die Interpretation dieser Stelle Einigkeit herrscht“[11].

Im folgenden Teil der Untersuchung soll daher der Versuch unternommen werden, über die Bedeutung des Strafzumessungsgrundes „Verhalten nach der Tat“ Klarheit zu gewinnen. Als Methoden, die bei der Auslegung verwendet werden, bieten sich die grammatische, die systematische, die historische und die teleologische Methode an[12].

A. Die Auslegung nach dem Wortlaut

Nach § 13 Abs. 2 StGB kommt bei der Strafzumessung das Verhalten des Täters nach der Tat als Strafzumessungsgrund in Betracht. Eine Anweisung des Gesetzes an den Richter, nun auch in jedem Fall

---

[11] *Waider*, Die Bedeutung der Lehre von den subjektiven Rechtfertigungselementen für Methodologie und Systematik des Strafrechts, S. 64 m. w. N.; vgl. auch *Larenz*, Methodenlehre der Rechtswissenschaft, S. 301 f., 320.

[12] Vgl. *Waider*, Die Bedeutung der Lehre von den subjektiven Rechtfertigungselementen für Methodologie und Systematik des Strafrechts, S. 64 m. w. N.

Nachhandlungen des Täters zu berücksichtigen, läßt sich dem Wortlaut nicht entnehmen — im Gegenteil, die Fassung „kommen namentlich in Betracht" deutet auf zweierlei hin: es handelt sich nicht um einen abschließenden Katalog von Strafzumessungsgesichtspunkten, dem Richter steht es also frei, auch andere, in dem Katalog nicht enthaltene Gesichtspunkte zu berücksichtigen; nicht jede der angeführten Strafzumessungstatsachen ist auch im Einzelfall von Bedeutung, so daß der Richter auch Nachhandlungen des Täters bei der Strafzumessung außer Betracht lassen kann.

Das Gericht hat die Umstände, die für und gegen den Täter sprechen, gegeneinander abzuwägen. Das Gesetz geht also davon aus, daß es Strafzumessungsgesichtspunkte gibt, die sich positiv, und solche, die sich negativ bei der Strafzumessung auswirken. Das Bemühen des Täters um die Wiedergutmachung des Schadens soll offenbar ein Umstand sein, der für den Täter spricht. Das Bemühen um Wiedergutmachung ist aber nur eine der möglichen Verhaltensweisen des Täters nach der Tat. Da zunächst allgemein auf „sein Verhalten nach der Tat" abgestellt ist, schließt die Fassung des Textes nicht aus, daß Nachhandlungen in den Strafzumessungsvorgang einbezogen werden, die sich negativ auf die Bewertung auswirken. Ferner wird durch die Hervorhebung des Bemühens um Wiedergutmachung die Berücksichtigung weiterer positiv zu bewertender Nachhandlungen nicht verwehrt. Der Strafzumessungsgrund „Verhalten nach der Tat" erweist sich damit als ambivalent.

Aus dem Wortlaut läßt sich ferner entnehmen, daß strafmindernder Gesichtspunkt nicht die Wiedergutmachung des Schadens, sondern das Bemühen um sie ist. Entscheidend ist also nicht der objektive Erfolg, sondern die subjektive Seite, der betätigte gute Wille.

Wenden wir uns nun denjenigen Fragen zu, für deren Beantwortung dem Wortlaut nichts entnommen werden kann, allerdings ohne daß bereits an dieser Stelle alle mit dem Verhalten des Täters nach der Tat zusammenhängenden Probleme aufgeworfen werden sollen.

Unklar bleibt nach dem Wortlaut das Verhältnis zu dem Strafzweck oder zu den Strafzwecken. Das Problem, unter welchen Gesichtspunkten der Richter das Verhalten nach der Tat zu sehen hat, ob Schuldgesichtspunkte maßgebend sind, ob er im Zusammenhang mit dem Verhalten nach der Tat general- oder spezialpräventive Erwägungen anzustellen hat oder anstellen darf, bleibt also unberührt.

Unklar bleibt ferner die Relevanz des Strafzumessungsgrundes „Verhalten nach der Tat". Wirken sich Nachhandlungen des Täters auf Unrecht und Schuld der Tat aus, gegebenenfalls unter welchen Voraussetzungen; ist ein Rückschluß auf die Gesinnung des Täters bei Begehung der Tat möglich und erforderlich; kann und soll das Nachtatverhalten selbständig bewertet werden?

Unklar ist letztlich, ob das Verhalten nach der Tat im Zusammenhang mit der Tat stehen muß. Nach dem Wortlaut scheint ein solches Erfordernis nicht zu bestehen[13]. Damit bleibt gleichzeitig die Frage unbeantwortet, welche Kriterien der Richter bei der Abgrenzung von beachtlichen und unbeachtlichen Nachhandlungen des Täters anzulegen hat.

Betrachtet man diesen Katalog von offen gebliebenen Problemen, so verwundert es nicht, daß *Güde*, der Vorsitzende des Sonderausschusses für die Strafrechtsreform, während der Beratungen in der 5. Wahlperiode erklärt hat, „auf den ersten Blick sei ihm die Formulierung ‚Verhalten nach der Tat' etwas zu weit erschienen, weil darunter alles Mögliche verstanden werden könne"[14].

B. Die Auslegung nach dem Bedeutungszusammenhang

§ 13 Abs. 2 StGB steht inhaltlich in bezug zu Abs. 1 dieser Norm, in dem die Grundsätze für die Strafzumessung niedergelegt sind. Welche Folgerungen sich hieraus für die Auslegung des Strafzumessungsgrundes „Verhalten nach der Tat" ergeben können, verdeutlicht die bereits angeklungene Frage nach dem Verhältnis zwischen Strafzweck und Strafzumessungstatsache.

I. Die Beziehung zwischen finalen und realen Strafzumessungsgründen

Während *Spendel* in seiner Monographie feststellte, die Strafrechtswissenschaft kenne keine exakte Bestimmung des grundlegenden Begriffs des „Strafzumessungsgrundes"[15], kann heute — vor allem auf Grund der Untersuchungen *Spendels*[16] — die Begriffsbestimmung und die Einteilung als abgeschlossen bezeichnet werden.

---

[13] Vgl. dagegen den Vorschlag von *Lange* im Zusammenhang mit der gleichgelagerten Problematik bei den besonders schweren und den minder schweren Fällen in Niederschriften, Bd. XII, S. 23: „das mit der Tat zusammenhängende spätere Verhalten des Täters".

[14] *Güde*, Beratungen des Sonderausschusses für die Strafrechtsreform (SondAusProt.), 5. Wahlperiode, V, S. 356. Auch *Lang-Hinrichsen*, Bemerkungen zum Begriff der „Tat" im Strafrecht, Festschrift für Engisch, S. 353 ff., 357 FN 12, kritisiert, daß die Fassung zu weit gehe.

[15] *Spendel*, Zur Lehre vom Strafmaß, S. 191. *Spendel* verweist allerdings zu Recht auf *Wimmer*, Die Strafzumessungstatsachen im Prozeß, in: NJW 1947/48, S. 126 ff., 127, der bereits zwischen „Strafzumessungstatsachen" und „Strafzumessungserwägungen" unterschieden hatte.

[16] Vgl. auch *Spendel*, Die Begründung des richterlichen Strafmaßes, in: NJW 1964, S. 1758 ff., 1759 f.

1. Strafzumessungsgründe im Sinne von Realgründen — „reale Strafzumessungsgründe" — sind die Strafzumessungstatsachen, die tatsächlichen und faktischen Lebenssachverhalte, -vorgänge und -gegebenheiten, die es bei der Strafzumessung zu berücksichtigen gilt.

2. Strafzumessungsgründe im Sinne von Zweckgründen — „finale Strafzumessungsgründe" — sind die mit der Verhängung der Strafe verfolgten Ziele, die Strafzwecke.

3. Strafzumessungsgründe im Sinne von Erkenntnisgründen — „logische Strafzumessungsgründe" — meinen die Verbindung der realen und der finalen Strafzumessungsgründe, die, um die „richtige" Strafzumessung zu erreichen, widerspruchsfrei miteinander in Beziehung zu setzen sind. Der Richter verhängt also eine bestimmte Strafe, weil reale Vorgänge, die in der Sachverhaltsaufklärung festgestellt wurden, in Verbindung mit dem oder den finalen Strafzumessungsgründen diese Strafe rechtfertigen oder erfordern[17].

Zwischen den finalen und den realen Strafzumessungsgründen besteht damit eine enge Verbindung.

Sie wirkt sich einerseits aus auf die Zulässigkeit der Verwertung von realen Vorgängen innerhalb der Strafzumessung. Beispielsweise wird die Auffassung vertreten, dem Richter sei die Berücksichtigung generalpräventiver Zwecke bei der Strafzumessung im Einzelfall verwehrt[18]. Dann aber darf die Tatsache, daß sich Straftaten gleicher oder ähnlicher Art häufen, bei der Zumessung der Strafe nicht ins Gewicht fallen; sonst besteht ein innerer Widerspruch. Oder: haben spezialpräventive Gesichtspunkte kraft Gesetzes außer Betracht zu bleiben, so wird der Umstand, daß nach der richterlichen Wertung bei dem Täter keine oder nur eine sehr geringe Gefahr abermaliger Straffälligkeit besteht, bei der Strafzumessung nicht erheblich sein; ist demgegenüber ein Strafrecht überwiegend spezialpräventiv orientiert, so ist dieser Gesichtspunkt einer der wesentlichen Entscheidungsgrundlagen.

Sie kann sich andererseits auch auf die Frage auswirken, welcher Strafzweck einem Gesetz zugrunde liegt und welches Ziel es mit der Strafzumessung verfolgt. Denn wenn das Gesetz einen realen Vorgang als Strafzumessungsgrund anerkennt und dieser nur mit einem der Strafzwecke widerspruchsfrei in Einklang zu bringen ist, folgt aus

---

[17] Vgl. dazu insgesamt insbesondere *Spendel*, Zur Lehre vom Strafmaß, S. 191 ff.; *Bruns*, Strafzumessungsrecht, S. 40 f.

[18] So u. a. *Badura*, Generalprävention und Würde des Menschen, JZ 1964, S. 337 ff.; *Eb. Schmidt*, Strafzweck und Strafzumessung in einem künftigen Strafgesetzbuch, in: Mat. Bd. 1, S. 9 ff., 18; *ders.*, Vergeltung, Sühne und Spezialprävention, ZStW Bd. 67, S. 177 ff., 193 f.; *Warda*, Dogmatische Grundlagen des richterlichen Ermessens im Strafrecht, S. 163 ff.

der Normierung des realen Strafzumessungsgrundes auch die (Mit-) Anerkennung des finalen Strafzumessungsgrundes.

II. Die Bedeutung der Beziehung für die Auslegung des § 13 StGB

Für die Bewertung des Verhaltens nach der Tat ergeben sich damit zunächst zwei Möglichkeiten:

Wenn das Gesetz in § 13 Abs. 1 StGB eine eindeutige Antwort auf die „Kernfrage des Strafrechts"[19] nach dem Sinn und dem Zweck staatlichen Strafens gegeben hat und der jeweilige Zweck nur eine ganz bestimmte Art und Weise der Berücksichtigung von Nachhandlungen des Täters zuläßt, vermag dieser Zusammenhang verläßliche Kriterien für die Auslegung des Strafzumessungsgrundes „Verhalten nach der Tat" zu geben.

Macht das Gesetz in diesem Punkt keine Aussage, enthält es aber eindeutige und klare Leitgesichtspunkte für den Strafzumessungsvorgang und lassen diese Prinzipien nur eine Auslegung im Zusammenhang mit dem Verhalten nach der Tat zu, gilt gleiches.

1. § 13 Abs. 1 und die Strafzwecke

Es besteht im wesentlichen Einigkeit darüber, daß sich das Gesetz eines ausdrücklichen Bekenntnisses für einen der in Betracht kommenden Strafzwecke oder für eine Rangfolge der Strafzwecke enthalten hat[20]. Erörtert wird die Frage, ob und gegebenenfalls welche Rückschlüsse aus den in § 13 Abs. 1 StGB aufgeführten Grundsätzen für die Strafzumessung und den weiteren Bestimmungen des 1. Strafrechtsreformgesetzes auf die Grundhaltung des Gesetzes zu ziehen sind. Hierzu hat *Baumann*, nach Erörterung der Beratungen des Sonderausschusses für die Strafrechtsreform, festgestellt: „Was an Gewißheit bleibt, ist allenfalls dies: Der Gesetzgeber hat es für ganz

---

[19] *Dreher*, Niederschriften, Bd. XII, S. 44.

[20] Vgl. u. a. *Baumann*, Resozialisierungsgedanke und Rechtsgüterschutz im 1. und 2. Strafrechtsreformgesetz, DRiZ 1970, S. 2 ff., 4; *Dreher*, StGB, § 13, 2); *Eickhoff*, Das Verhältnis von Fahrerlaubnisentziehung und kurzfristiger Freiheitsstrafe, NJW 1971, S. 272; *Lackner-Maassen*, StGB, § 13, Anm. 2; *Koffka*, Leipziger Kommentar, § 13, Rdn. 5; *Horstkotte*, Die Vorschriften des Ersten Gesetzes zur Reform des Strafrechts über die Strafbemessung (§§ 13—16, 60 StGB), JZ 1970, S. 122ff., 124. Vgl. auch die Ausführungen in der 230. Sitzung des Bundestages in der 5. Wahlperiode, Prot. S. 12703 ff., und zur Entstehungsgeschichte des § 13 StGB *Horstkotte*, a. a. O., S. 122 ff. sowie *Baumann*, a. a. O., S. 4.

schön gehalten, wenn neben der Schuld auch die Auswirkungen der Strafe auf den Täter beachtet würden. In welcher Weise, in welchem Verhältnis zum Schuldgrundsatz, das alles ist so offen geblieben, daß man in der Tat aus dem gesamten Abs. 1 des § 13 nichts erfahren kann. Alles läßt sich vertreten"[21]. Und es wird alles vertreten: So folgert *Schröder* aus § 13 Abs. 1 StGB, die Schuld sei Grundlage nicht nur in dem Sinne, daß die Rechtfertigung für eine Strafe in der Feststellung einer schuldhaften Tat liege, sondern es sei zugleich anerkannt, daß Schuld und Strafe in ein Gleichgewichtsverhältnis zueinander zu bringen seien; die Strafe sei als gerechte Sühne zu verstehen, die präventiven Aufgaben der Strafe seien nur in diesem Rahmen zu verwirklichen[22]. *Horstkotte* meint, der Ausgleich der Schuld habe keinen Vorrang vor spezialpräventiven Gesichtspunkten, vielmehr lege es die Summe der in den Reformgesetzen getroffenen Entscheidungen nahe, daß im Konflikt zwischen den Zielen des Schuldausgleichs und der Spezialprävention der letzteren ein besonderes Gewicht zukomme[23]. Der Bundesgerichtshof hat sich auf den Standpunkt gestellt, dem 1. Strafrechtsreformgesetz liege der Gedanke zugrunde, daß die Strafe nicht die Aufgabe habe, Schuldausgleich um ihrer selbst zu üben, sondern nur gerechtfertigt sei, wenn sie sich zugleich als notwendiges Mittel zur Erfüllung der präventiven Schutzaufgabe des Strafrechts erweise; es sei eine bedeutsame Schwerpunktverlagerung auf den spezialpräventiven Gesichtspunkt zu erkennen[24].

Bereits diese Nachweise[25] zeigen, daß die Unsicherheit über den Zweck staatlichen Strafens und das Ziel des Strafzumessungsvorganges durch das 1. Strafrechtsreformgesetz nicht beseitigt, sondern eher verstärkt worden ist. Eine eindeutige Aussage über die Auslegung des Strafzumessungsgesichtspunktes „Verhalten nach der Tat" läßt sich auf diese Weise nicht gewinnen, zumal sich gerade aus der von dem Gesetz vorgeschriebenen Berücksichtigung der Nachhandlungen Rückschlüsse auf das Ziel des Strafzumessungsvorganges ergeben können, beispielsweise dann, wenn die Berücksichtigung von Nachhandlungen nur unter spezialpräventiven Gesichtspunkten möglich ist.

---

[21] *Baumann*, Resozialisierungsgedanke und Rechtsgüterschutz, a. a. O., S. 5.

[22] *Schönke-Schröder*, Vorbem. § 13 Rdn. 6, 4; ebenso *Schwalm*, Schuld und Schuldfähigkeit im Lichte der Strafrechtsreformgesetze vom 25. 6. und 4. 7. 1969, des Grundgesetzes und der Rechtsprechung des Bundesverfassungsgerichts, JZ 1970, S. 487 ff., 489, 490.

[23] *Horstkotte*, Die Vorschriften des Ersten Gesetzes zur Reform des Strafrechts über die Strafbemessung, a. a. O., S. 123.

[24] BGHSt. 24, 40 ff., 42; vgl. auch *Müller-Emmert/Friedrich*, Die Strafrechtsreform, DRiZ 1969, S. 273 ff., 276.

[25] Vgl. ferner u. a. *Koffka*, Leipziger Kommentar, § 13, Rdn. 12 ff.; *Dreher*, StGB, § 13, 2); *Lackner-Maassen*, StGB, § 13, Anm. 2; Maur*ach*, AT, S. 835 ff.; *Stratenwerth*, Tatschuld und Strafzumessung, S. 8 ff., 13 f.

2. § 13 Abs. 1 StGB und die Strafmaßprinzipien

Wenn das Gesetz auch keine eindeutige Aussage über den Strafzweck oder die Rangfolge der Strafzwecke gemacht hat, so kann sich aus den Grundsätzen für die Strafzumessung doch ein Strafmaßprinzip oder eine Rangfolge von Strafmaßprinzipien ergeben und damit eine Auslegung des Strafzumessungsgrundes „Verhalten nach der Tat" ermöglichen.

Die Schuld des Täters ist nach § 13 Abs. 1 Satz 1 StGB Grundlage für die Zumessung der Strafe. Hier kann unerörtert bleiben, wie die Schuld als „Grundlage" des Strafzumessungsvorganges zu verstehen ist; entscheidend ist die Tatsache, daß der Schuldgrundsatz gesetzlich verankert worden ist. Es stellt sich damit die Frage, ob aus der Verankerung des Schuldgrundsatzes zwingend Folgerungen für die Bewertung von Nachhandlungen gezogen werden können. Das setzt voraus, daß Einhelligkeit über den Inhalt des in § 13 Abs. 1 StGB normierten Schuldbegriffs besteht; denn es versteht sich von selbst, daß etwa bei Zugrundelegung des Täterschuldgedankens andere Strafzumessungstatsachen in die Bewertung einbezogen werden können als dann, wenn von einem strengen Tatschuldprinzip ausgegangen wird.

Das 1. Strafrechtsreformgesetz hat — anders als der Alternativ-Entwurf, §§ 2 Abs. 2 und 59 — den Begriff der „Tatschuld" nicht in das Gesetz aufgenommen. Das mag dafür sprechen, daß hier ein anderer Schuldbegriff zugrunde gelegt worden ist[26]. Doch geht beispielsweise *Maurach* weiterhin davon aus, sowohl die Einordnung der Strafzumessungstatsachen als auch die systematische Reihenfolge der einzelnen Zumessungstatsachen lasse erkennen, daß das Strafgesetzbuch die die Zumessung beherrschende Tatschuld zum Ausdruck bringen wolle[27]. Und auch darüber hinaus herrscht keine Einigkeit. Es wird die Ansicht vertreten, die Schuld im Sinne des § 13 Abs. 1 StGB müsse als Tatschuld im weiten Sinne verstanden werden, nicht als Lebensführungsschuld[28]. Dagegen hat *Kaffka* als zuständiger Referent des Sonderausschusses für die Strafrechtsreform in der 5. Wahlperiode ausgeführt, das Tatstrafrecht werde zum Täterstrafrecht, die Tatschuld zur Lebensführungsschuld[29].

Auch hier besteht, ebenso wie bei der Frage der Strafzwecke, ein wechselseitiges Verhältnis zwischen Strafzumessungstatsache und Strafmaßprinzip. Liegt nicht gerade in der Anerkennung des Ver-

---

[26] Vgl. dazu *Koffka*, Leipziger Kommentar, § 13, Rdn. 7; *Dreher*, StGB, § 13, 2) A.

[27] *Maurach*, AT, S. 841 f.

[28] *Horstkotte*, SondAusProt. V, 347.

[29] *Kaffka*, SondAusProt. V, 344; vgl. dagegen *Koffka*, Leipziger Kommentar, § 13, Rdn. 7.

haltens nach der Tat als Strafzumessungsgrund die Abwendung vom Tatschuldgedanken und die Hinwendung zum Täterschuldprinzip[30]? Hierzu hatte bereits die Amtliche Begründung zum Entwurf 1962 ausgeführt: Mit alledem — in diesem Zusammenhang ist auch das Verhalten des Täters nach der Tat erwähnt — „gibt der Entwurf zu erkennen, daß es für das Maß der Schuld nicht allein auf die unmittelbaren Tatumstände ankommen kann. Ob und inwieweit damit für den Bereich der Strafzumessung eine Erweiterung des Begriffes der Tat über die bloße Tatbestandsverwirklichung hinaus eintritt oder aber eine Erweiterung des Begriffes der Schuld über die Tatschuld hinaus, steht nicht zur Entscheidung des Gesetzes, sondern muß der Erörterung in Rechtsprechung und Schrifttum überlassen bleiben“[31].

Die Frage, ob die Verwertung von Nachhandlungen bei der Strafzumessung mit dem Tatschuldgedanken in Einklang zu bringen ist oder ob und gegebenenfalls unter welchen Voraussetzungen sie auf die Anerkennung des Täterschuldprinzips schließen läßt, bedarf eingehender Untersuchungen[32]. An dieser Stelle bleibt als vorläufiges Ergebnis, daß für die Auslegung des Strafzumessungsgrundes „Verhalten nach der Tat“ aus dem Zusammenhang mit § 13 Abs. 1 Satz 1 StGB noch keine zwingenden Folgerungen gezogen werden können.

§ 13 Abs. 1 Satz 2 StGB weist den Richter an, bei der Strafzumessung die Wirkungen der Strafe auf das künftige Leben des Täters in der Gesellschaft zu berücksichtigen. Damit gewinnt die Sozialisierungsfähigkeit und -bedürftigkeit des Täters Bedeutung.

Jedoch ist offen, wie sich die Berücksichtigung dieses unter spezialpräventiven Gesichtspunkten maßgebenden Strafmaßprinzips zu dem in Abs. 1 Satz 1 niedergelegten Schuldgrundsatz verhält. Die Meinungen in der Literatur sind geteilt. Während etwa Horstkotte meint, die Schuld des Täters sei „gedanklicher Ausgangspunkt“ der Strafzumessung, den „Zielpunkt“ nenne das Gesetz in § 13 Abs. 1 Satz 2 StGB[33], vertritt Schwalm die Auffassung, das Wesen der Strafe als Schuldausgleich gebe den Rahmen dafür ab, inwieweit die Wirkungen der Strafe auf den Täter berücksichtigt werden könnten[34]. Hier zeigt

---

[30] So erblickt *Schwalm*, Der Stand der Strafrechtsreform, MDR 1959, S. 797 ff., 798, in der Berücksichtigung von Umständen vor und nach der Tat die Anerkennung einer Persönlichkeitsschuld; vgl. auch *Kaffka*, SondAusProt. V, 344, dagegen *Koffka*, Leipziger Kommentar, § 13, Rdn. 7. Siehe neuerdings *Lange*, Strafrechtsreform, S. 83.

[31] Amtliche Begründung, S. 180 f.

[32] Siehe unten S. 72 ff.

[33] *Horstkotte*, Die Vorschriften des Ersten Gesetzes zur Reform des Strafrechts über die Strafbemessung, a. a. O., S. 124. *Horstkotte* hält daher ein Abweichen von der dem Maß der Schuld entsprechenden Strafe für möglich.

[34] *Schwalm*, Schuld und Schuldfähigkeit, a. a. O., S. 490.

sich, wie unterschiedlich die Formulierung „Die Schuld des Täters ist Grundlage für die Zumessung der Strafe“ verstanden wird[35].

Selbst über den Sinn von § 13 Abs. 1 Satz 2 StGB besteht keine Einigkeit. So wird ausgeführt, das Gesetz anerkenne damit „bestimmte Aspekte der Spezialprävention“, die „auf den Resozialisierungszweck der Strafe hinweisen“[36]; der Erste Schriftliche Bericht des Sonderausschusses für die Strafrechtsreform spricht demgegenüber davon, daß der Inhalt des Satzes sich nicht in einem Hinweis auf die Resozialisierung im Sinne einer Wiedereingliederung des Täters in die Gesellschaft erschöpfe, sondern auch andere Gesichtspunkte — Denkzettelwirkung, Warnfunktion — erfasse[37].

Eine eindeutige Auslegung des Strafzumessungsgrundes „Verhalten nach der Tat“ allein aus dem Zusammenhang mit den nach § 13 Abs. 1 Satz 2 StGB für die Strafzumessung beachtlichen Gesichtspunkten erweist sich angesichts dieser Unsicherheit als nicht möglich, solange nicht grundsätzlich das Verhältnis der Strafmaßprinzipien zu der Einbeziehung des Verhaltens nach der Tat in die Strafzumessung geklärt worden ist.

3. Das Ergebnis für die Auslegung

Damit bleiben zunächst die Fragen unbeantwortet, unter welchem Strafzweck und unter welchem Strafmaßprinzip das Nachtatverhalten Bedeutung gewinnen kann, ob es für Unrecht und Schuld oder für spezialpräventive Erwägungen relevant ist und welche Kriterien für die Einbeziehung von Nachhandlungen maßgebend sind.

C. Die historische Entwicklung

In diesem Zusammenhang bedarf es weniger eines Überblicks über die Entstehungsgeschichte des § 13 StGB selbst, sondern einer Darstellung der Entwicklung in der Gesetzgebung sowie in der Rechtsprechung. Lassen sich hier eindeutige Linien und Tendenzen feststellen, so ist wesentliches für die Auslegung des Strafzumessungsgrundes „Verhalten nach der Tat“ gewonnen. Der Entwurf 1962, auf

[35] Vgl. u. a. auch *Koffka*, Leipziger Kommentar, § 13, Rdn. 11 — spezialpräventive Momente können in den Vordergrund treten — sowie *Dreher*, StGB, § 13, 3 B), der meint, die Schuld sei der Faktor, dem bei der Zumessung das größte Gewicht zukomme; *Dreher* wirft *Horstkotte* einen Verstoß gegen den Gesetzestext vor.

[36] *Koffka*, Leipziger Kommentar, § 13, Rdn. 12; ebenso *Lackner-Maassen*, StGB, § 13, Anm. 4 c.

[37] BT-Drucksache V, 4094, S. 4.

dem insoweit § 13 Abs. 2 Satz 2 StGB beruht, hatte nämlich ausgeführt, durch die Aufnahme von außerhalb der Tatbestandsverwirklichung liegenden Faktoren trete eine Neuerung gegenüber dem gegenwärtigen Rechtszustand nicht ein[38].

Das Hauptanliegen gilt auch hier wiederum der Klärung der Fragen, in Verbindung mit welchem finalen Strafzumessungsgrund das Verhalten des Täters nach der Tat Bedeutung gewinnt und an welche Voraussetzungen die Erheblichkeit des Nachtatverhaltens geknüpft wird.

I. Die Rechtslage vor Inkrafttreten des 1. Strafrechtsreformgesetzes

1. Überblick über frühere gesetzliche Regelungen und über die Vorschläge für eine Strafrechtsreform

a) Vor dem Inkrafttreten des Strafgesetzbuches für das Deutsche Reich hatten bereits Partikularrechte, dem Strafgesetzbuch für das Königreich Bayern aus dem Jahre 1813 folgend[39], Strafzumessungsregeln enthalten, die — teilweise sehr ausführlich — Gründe für eine Straferhöhung oder Strafminderung aufführten[40]. Als eine der Verhaltensweisen des Täters, die strafmindernd zu berücksichtigen waren, findet sich in diesen Gesetzen häufig das Verhalten des Täters nach der Tat[41]: So trat etwa nach Art. 93 VI des erwähnten bayerischen Strafgesetzbuches vom 26. Mai 1813 eine Strafminderung ein, „wenn aus seinem vorigen Lebenswandel oder aus seinem Benehmen bei oder nach der That mit Grund auf einen noch geringen Grad von Verdorbenheit und Verwilderung geschlossen werden kann“[42]; in Art. 94 wurde dies dahingehend präzisiert, daß die Strafe zu mindern sei, wenn der Verbrecher „3) den schon verursachten Schaden wieder zu vergüten aus freiem innerem Antrieb thätig bemüth war; 4) wenn er sich selbst dem Gerichthe angegeben; 5) wenn er in seinem ersten oder zweiten Verhöre sein Verbrechen umständlich und wahr bekannt hat; wenn er andere unbekannte Verbrecher entdeckt, oder aus eigenem

[38] Amtliche Begründung, S. 181.

[39] So *Bockelmann*, Studien zum Täterstrafrecht, 1. Teil, S. 442, FN 2.

[40] Vgl. etwa die Art. 92—95 des Criminal-Gesetzbuches für das Königreich Hannover aus dem Jahre 1840.

[41] Bereits § 62 des Allgemeinen Landrechts für die Preußischen Staaten hatte den Satz enthalten: „Ist der Schaden schon geschehen, aber von dem Thäter ersetzt worden: so findet eine Milderung der sonst verwirkten Strafe statt.“

[42] Vgl. u. a. auch Art. 100 VI des Strafgesetzbuches für die Herzoglich Holstein-Oldenburgischen Lande aus dem Jahre 1814; Art. 94 des Criminal-Gesetzbuches für das Königreich Hannover von 1840.

Antriebe zu deren Habhaftwerdung Mittel und Gelegenheit gegeben hat". In § 66 des Criminalgesetzbuches für das Herzogthum Braunschweig heißt es u. a.: „Die Strafe wird gemindert: ... 6) wenn sein bisheriger Lebenswandel oder sein Benehmen bei Ausführung der That ihn als weniger gefährlich darstellt, insbesondere ... c) wenn er den verursachten Schaden zu vergüten freiwillig bemüht ist."

In derartigen Strafzumessungsrichtlinien wird das Bemühen Feuerbachs deutlich, einen Mittelweg zu finden zwischen dem Bild richterlicher Willkür im gemeinen Recht und der Forderung der Aufklärung, den Richter an den Buchstaben des Gesetzes zu binden[43]: Das Gesetz darf keine richterliche Willkür begünstigen oder möglich machen, muß aber dem vernünftigen richterlichen Ermessen innerhalb bestimmter Grenzen die gehörige Freiheit lassen[44].

Die angeführten Zumessungstatsachen zeigen, daß in diesen generalpräventiv orientierten Gesetzen das Verhalten des Täters nach der Tat keinen unmittelbaren Einfluß auf die Bewertung der Tat hatte; dem Nachtatverhalten kam vielmehr eine Indizfunktion zu: nach dem bayerischen Strafgesetzbuch für den Grad der Verdorbenheit und Verwilderung des Täters, nach dem braunschweigischen Strafgesetzbuch für dessen geringe Gefährlichkeit.

b) Die Verfasser des Strafgesetzbuches für die Preußischen Staaten von 1851 haben dagegen darauf verzichtet, allgemeine Strafzumessungsregeln gesetzlich zu normieren. Zur Begründung wurde u. a. angeführt, man gebe dem Richter die Macht, vieles Tatsächliche selbständig zu ermitteln, wenn man auf derartige Bestimmungen verzichte. Dies sei zulässig. Der Richter befinde sich bei der Strafzumessung in einem ähnlichen Verhältnis wie der Arzt, dem man auch nicht durch Aufzählung aller möglichen Symptome von Krankheiten die richtige Methode für die Behandlung des einzelnen Falles vorschreiben könne[45].

Das Strafgesetzbuch für das Deutsche Reich vom 15. Mai 1871 hat Strafzumessungsregeln ebenfalls nicht enthalten. In der Zeit nach Inkrafttreten dieses Gesetzes ist die Entwicklung der Strafzumessungslehre — soweit es den Bereich gesetzlicher oder geplanter gesetzlicher Regelungen betrifft — den zahlreichen Vorschlägen für eine Strafrechtsreform zu entnehmen.

aa) § 81 des Vorentwurfes 1909 sah die Berücksichtigung aller für eine höhere oder geringere Strafe sprechenden Umstände vor, darunter

---

[43] *Robert v. Hippel*, Deutsches Strafrecht, Erster Band, S. 296; *Grünhut*, Anselm v. Feuerbach und das Problem der strafrechtlichen Zurechnung, S. 183.

[44] *L. Feuerbach*, Anselm Ritter v. Feuerbachs Leben und Wirken. Veröffentlicht von seinem Sohn Ludwig Feuerbach, Bd. 1, S. 215.

[45] Vgl. dazu *Goltdammer*, Die Materialien zum Straf-Gesetzbuche für die Preußischen Staaten, Theil I, S. 397.

„das Verhalten des Täters nach dieser, namentlich die bewiesene Reue und das bewiesene Streben, die Folgen wiedergutzumachen". Die Verfasser des Vorentwurfs gingen in diesem Zusammenhang davon aus, das Ermessen des Richters müsse unter allen Umständen frei bleiben; deshalb könne das Gesetz nichts weiter tun, als bei der Handhabung dieser Freiheit helfen, indem es ihm angäbe, worauf er in der Regel sehen solle. Der Entwurf biete gegenüber dem bisherigen Rechtszustand sachlich nichts neues. Das Gesetz nenne einzelne der in der Praxis häufigsten Zumessungsgründe, zum einen um sie zu kennzeichnen, zum anderen um etwaige Zweifel über die Zulässigkeit einzelner Gründe zu beseitigen[46].

Der Strafzumessungsgrund des Verhaltens nach der Tat erscheint in dieser Aufzählung der häufigsten Gründe gleichberechtigt etwa neben der verbrecherischen Gesinnung, den Beweggründen des Täters, den Folgen der Tat etc.; nach dem Wortlaut jedenfalls beeinflußt das Nachtatverhalten die Strafhöhe unmittelbar, nicht wie in den Partikularrechten über einen Schluß auf die Gefährlichkeit oder die Verwilderung des Täters[47]. Die Berücksichtigung des Verhaltens nach der Tat wurde offenbar als unproblematisch empfunden[48]: „Daß der § 81 ... den Grad der Einsicht des Täters und dessen Verhalten nach der Tat erwähnt, bedarf keiner weiteren Rechtfertigung"[49].

bb) Der von *Kahl, Lilienthal, v. Liszt* und *Goldschmidt* aufgestellte Gegenentwurf aus dem Jahre 1911 hat den § 81 des Vorentwurfs unverändert übernommen.

cc) Der Kommissionsentwurf 1913 und der Entwurf 1919 beruhen, soweit es die Strafzumessung betrifft, auf ihren Vorgängern. Nach § 110 des Kommissionsentwurfs sollen alle Umstände berücksichtigt werden, die für eine höhere oder niedrigere Strafe sprechen, darunter „das Verhalten des Täters nach der Tat, insbesondere ob er Reue be-

---

[46] Vgl. insgesamt die Begründung zu dem Vorentwurf, bearbeitet von der hierzu bestellten Sachverständigenkommission, Allgemeiner Teil, S. 314 f. Dazu *Köhler*, Studien zum Vorentwurf eines deutschen Strafgesetzbuches, S. 16: „..., es werden ihm auch ein paar wenig systematisch ausgewählte Beispiele gegeben". Zur Kritik am § 81 insgesamt vgl. u. a. *Kitzinger*, Randbemerkungen zum Vorentwurf eines Reichsstrafgesetzbuches, in: ZStW Bd. 31, S. 341 ff., 342 ff. Siehe hierzu und zum folgenden auch *Horn*, Die Entwickelung der Strafzumessungsbestimmungen in den Entwürfen eines Deutschen Reichsstrafgesetzbuches.

[47] Siehe aber *v. Liszt*, Strafbemessung, in: Die Reform des Strafgesetzbuches, Bd. I, S. 373 ff., 386: „So gut aus der aufrichtigen Reue des Täters nach der Tat auf eine geringere Intensität seiner verbrecherischen Gesinnung geschlossen werden kann, ..."

[48] So auch *Bruns*, Strafzumessungsrecht, S. 108.

[49] Begründung, S. 317. Vgl. ferner die in der Zusammenstellung der gutachtlichen Äußerungen über den Vorentwurf, S. 208 f., angeführten Nachweise.

wiesen oder sich bestrebt hat, den angerichteten Schaden wiedergutzumachen". § 106 des Entwurfs 1919 enthält gegenüber dieser Fassung nur die sprachliche Änderung „... oder sich bemüht hat, den Schaden wieder gutzumachen, der durch die Tat entstanden ist".

In den Strafzumessungsregeln des Entwurfs 1919 kommt zunehmend das Bestreben zum Ausdruck, nicht der Tat, sondern dem Täter in erster Linie Beachtung zu schenken. Nicht nur das Vorleben des Täters, seine persönlichen und wirtschaftlichen Verhältnisse, die Motive und Zwecke seines Handelns, sondern auch die von ihm nach der Tat bekundete Gesinnung sollen berücksichtigt werden: Die Strafe ist nach Art und Maß der Persönlichkeit des Täters anzupassen[50]. Mit dieser Hinwendung zum Täter tritt auch das Verhalten des Täters nach der Tat in ein deutlicheres Licht: ihm kommt eine eigenständige Bewertung zu, es ist selbständige Erkenntnisquelle bei der Beurteilung der Persönlichkeit.

In der folgenden Zeit wurden zunehmend kritische Stimmen laut. Diese Kritik richtete sich zum einen gegen die Aufstellung von gesetzlichen Strafzumessungsregeln überhaupt[51], zum anderen — wenn auch vereinzelt — gegen die Berücksichtigung des Nachtatverhaltens: So meinte *Wachenfeld*[52], das Vorleben des Täters habe genau so wenig wie das Verhalten nach der Tat mit der Straftat als solcher etwas zu tun; zwar ließen Reue und Bemühungen des Täters, den angerichteten Schaden wiedergutzumachen, einen Schluß auf die verbrecherische Gesinnung des Täters zu, keineswegs aber dürfe Reue an sich schon strafmildernd wirken.

dd) Die Entwürfe 1922—1927 lassen den Gesichtspunkt der Reue als Beispiel für das Nachtatverhalten außer Betracht und stellen — gleichlautend — ab auf „das Verhalten des Täters nach der Tat, insbesondere ob er sich bemüht hat, den Schaden wiedergutzumachen, der durch die Tat entstanden ist"[53]. In diesem Zusammenhang gehen die Entwürfe 1925 und 1927 — entsprechend der spezialpräventiven Orientierung — davon aus, daß die Tat als solche nur

---

[50] Denkschrift zu dem Entwurf von 1919, S. 5 und S. 11.

[51] Vgl. u. a. *Mezger*, Der Deutsche Strafgesetzentwurf von 1919, in: MonKrimPsych. 1922, S. 47 ff., 68; *Gerland*, Kritische Bemerkungen zum Allgemeinen Teil des Strafgesetzentwurfes 1919, S. 96 f.; weitere Nachweise bei *Bruns*, Strafzumessungsrecht, S. 112 f.

[52] *Wachenfeld*, Bemerkungen zum Allgemeinen Teil des Entwurfs zu einem StGB von 1919, in: Archiv für Rechts- und Wirtschaftsphilosophie, Bd. 15 (1921/22), S. 73 ff., 97. Vgl. aber auch *Gerland*, Kritische Bemerkungen zum Allgemeinen Teil des Strafgesetzentwurfes 1919, S. 96 f.: „Und auch die einzelnen Strafzumessungsgründe, die der Entwurf beispielshalber nennt, verstehen sich so von selbst, daß man sie ruhig entbehren kann."

[53] §§ 67 Entwurf 1922, 67 Entwurf 1925, 69 Entwurf 1927. Zur Beurteilung der Strafzumessungsregeln des Entwurfs vgl. etwa auf der einen Seite

über den Strafrahmen entscheide, die im Einzelfall zu verhängende Strafe aber durch die Persönlichkeit des Täters bestimmt werde. Damit seien die einzelnen Strafzumessungsgründe Erkenntnisquellen zur Erkundung der Persönlichkeit des Täters; das Verhalten nach der Tat gebe nicht nur mittelbar, sondern unmittelbar Aufschluß über den Charakter, die sittliche Persönlichkeit[54]. Das Nachtatverhalten steht damit als Erkenntnisquelle gleichrangig neben den eigentlichen Tatfaktoren.

Aus der Fülle von Stellungnahmen zu den Entwürfen sei die von *Nagler* hervorgehoben, der die Tendenz, die in dieser Begründung zum Ausdruck kam, mit scharfen Worten kritisiert hat: Die Persönlichkeit des Täters werde damit zur selbständigen Quelle der Strafzumessung erhoben und höre auf, Erkenntnismittel für die Schuld der Einzeltat zu sein; für die Zumessung sinke das Verbrechen zu eigentlich nur noch symptomatischer Bedeutung herab[55].

ee) In der nationalsozialistischen Zeit trat der Gedanke der Spezialprävention in den Hintergrund: entscheidend wurde das Schutzbedürfnis des Volkes. Die Strafe hatte um so schwerer auszufallen, je mehr die Tat gegen die Lebensbedingungen des Volkes verstieß. Erst von dieser Grundlage aus durfte die Persönlichkeit des einzelnen Täters in Betracht gezogen werden; als Erkenntnisquelle sollte „zu einem gewissen Grade" auch das Verhalten des Täters nach der Tat dienen[56]. Dementsprechend lautete § 53 des Entwurfs eines Strafgesetzbuches nach dem Stand vom 15. Juli 1935 u. a.: „Die Strafe soll nach Art und Maß der Schuld des Täters entsprechen. Bei der Bemessung der Strafe ist der verbrecherische Wille des Täters ... zu berücksichtigen. Auch das Schutzbedürfnis der Volksgemeinschaft, die Gefahr und der Schaden, die der Täter verschuldet hat, sowie sein Verhalten nach der Tat sind zu beachten." Auffällig ist hier, daß das Nachtatverhalten — doch nur eine der zahlreichen Strafzumessungstatsachen — in den Entwurf aufgenommen worden ist, während etwa die Beweggründe des Täters, die Ziele, die er verfolgt hat, oder der Hinweis auf die Berücksichtigung des Vorlebens fehlen; zudem erscheint das Verhalten des Täters nach der Tat als in gleichem Maße

---

Gleispach, Strafbemessung, in: Aschrott/Kohlrausch, Reform des Strafrechts, S. 186 ff., 201: „... der § 67 ist eine der Perlen des E."; sehr kritisch und ablehnend andererseits *Nagler*, Die Strafzumessung nach dem Amtlichen Entwurf eines Allgemeinen Deutschen Strafgesetzbuches, in: GS Bd. 94, S. 83 ff.

[54] Begründung Entwurf 1925, S. 50, Entwurf 1927, S. 52.

[55] *Nagler*, Die Strafzumessung nach dem Amtlichen Entwurf eines Allgemeinen Deutschen Strafgesetzbuches, in: GS Band 94, S. 83 ff., 87. Vgl. auch *Bruns*, Strafzumessungsrecht, S. 131.

[56] Vgl. insgesamt *Schäfer*, Strafbemessung, in: Das kommende deutsche Strafrecht, Allgemeiner Teil, S. 106 ff., 107 f.

bedeutsamer Strafzumessungsgrund wie das in jener Zeit so hervorgehobene „Schutzbedürfnis der Volksgemeinschaft".

Die sogenannte Kabinettsvorlage aus dem Jahre 1938 — § 48 — hat zwar keinen Hinweis auf das Nachtatverhalten mehr enthalten, doch führte die Begründung aus: „Daß auch das Verhalten des Täters nach der Tat, worauf in früheren Entwürfen besonders hingewiesen worden ist, mit zu berücksichtigen ist, ist zwar nicht mehr ausdrücklich hervorgehoben, versteht sich aber von selbst. Soweit es einen Rückschluß auf die Willenseinstellung des Täters zur Zeit der Tat zuläßt, ist es in der Berücksichtigung des verbrecherischen Willens miterfaßt. Aber auch soweit ein solcher Rückschluß nicht möglich ist, bildet es einen wesentlichen Anhaltspunkt für die Führung des Täters, für seine Gesamtpersönlichkeit"[57].

2. Zusammenfassung

Als Ergebnis dieses historischen Überblicks verdient folgendes festgehalten zu werden:

Von gesetzlichen Regelungen, die auf *Feuerbachs* psychologischer Zwangstheorie der Generalprävention aufbauten, bis zu jenen, bei denen die Vergeltung für schuldhaft begangenes Unrecht im Vordergrund stand[58], von Entwürfen, die, wie der Vorentwurf 1909, dem Schulenstreit bewußt neutral gegenüberstanden[59], über solche, die eindeutig spezialpräventiv orientiert waren, bis zu denjenigen, die wiederum von dem Schutz- und Abschreckungsgedanken beherrscht waren, wurde das Verhalten des Täters nach der Tat als realer Strafzumessungsgrund angesehen, ja sogar dessen Zulässigkeit in aller Regel als selbstverständlich empfunden. Das ist einmal deshalb bemerkenswert, weil das Nachtatverhalten nur eine der zahlreichen Strafzumessungstatsachen bildet; zum anderen erschließt es sich nicht ohne weiteres, daß gerade dieser Strafzumessungsgrund ohne nähere Klärung der Voraussetzungen und Beschränkungen bei den unterschiedlichsten Auffassungen von Wesen und Zweck der Strafe von Bedeutung sein soll.

Die Art und Weise, in der das Nachtatverhalten Beachtung findet, ist insoweit einheitlich, als es offenbar den Täter charakterisieren soll. Unterschiedlich ist der Grad der Relevanz; er schwankt zwischen einer — eng umgrenzten — Indizfunktion der Nachhandlungen für bestimmte Charakterzüge des Täters, einem Aufschluß über die Willens-

---

[57] Begründung, S. 50.

[58] Auch zur Zeit der Geltung des Reichsstrafgesetzbuches hat die Rechtsprechung das Nachtatverhalten bei der Bemessung der Strafe berücksichtigt, wie im folgenden darzustellen sein wird.

[59] So *Robert v. Hippel*, Deutsches Strafrecht, Erster Band, S. 360; *Bruns*, Strafzumessungsrecht, S. 109.

richtung des Täters bei der Begehung der Tat und einer selbständigen Erkenntnisquelle für eine umfassende Würdigung der Täterpersönlichkeit.

Insgesamt aber ist keine eindeutige Tendenz bei der Berücksichtigung von Nachhandlungen festzustellen, die eine klare Richtlinie für die Auslegung des § 13 StGB zu geben vermag.

II. Die Stellungnahmen der Rechtsprechung

1. Die höchstrichterliche Rechtsprechung bis zum Jahre 1945

Die Rechtsprechung hat bereits in frühen Entscheidungen das Verhalten des Täters nach der Tat für beachtlich erklärt.

Ein Urteil vom 8. November 1881[60] befaßte sich mit der Frage, welche Umstände der Tatrichter bei der Zubilligung mildernder Umstände zu berücksichtigen hat; es bestehen keine Bedenken dagegen, die Ausführungen auch in diesem Zusammenhang zu verwerten, weil die Rechtsprechung die Feststellung von unbenannten Strafschärfungs- und Strafmilderungsgründen ständig dem Bereich der Strafzumessung zugewiesen hat[61]. Die Entscheidung ging davon aus, bei der Strafzumessung seien „alle in bezug auf diese That vorliegenden Umstände, mögen sie vor, bei oder nach der That eingetreten sein", zu berücksichtigen, begründete allerdings diesen Standpunkt nicht.

Ebenso verhält es sich mit den folgenden Entscheidungen[62], ein Anzeichen dafür, daß die Rechtsprechung diese Frage — wie beispielsweise auch die Verfasser des Vorentwurfes 1909 — für problemlos gehalten hat. Auch diesen Entscheidungen ist nicht unmittelbar zu entnehmen, auf welche Weise das Nachtatverhalten Einfluß auf die Strafe gewinnen soll. In einer Entscheidung vom 24. Februar 1890[63] führt das Reichsgericht aus, die Geschworenen seien dem Mißverständnis ausgesetzt worden, „daß sie nur solche Umstände, welche bei Verübung der That vorlagen oder mit der That in unmittelbarem Zusammenhang stehen, nicht aber Gründe, welche in der Persönlichkeit des Thäters und namentlich auch in einem der That nachfolgenden Verhalten desselben liegen", berücksichtigen dürften; das aber sei rechtsfehlerhaft. Neben einem Rückschluß auf die Gesinnung des

---

[60] RGSt. 5, 155 ff., 156.

[61] Vgl. u. a. RGSt. 9, 98 ff., 100; 20, 411 ff., 412; 59, 214 ff., 218; 68, 294 f., 295; 69, 164 ff., 168 f.; BGHSt. 1, 203 ff., 205; 2, 181 ff., 182 f.; 12, 253 ff., 256; BGH in NJW 1960, 1480 ff., 1481.

[62] RGSt. 20, 266 ff., 267 f.; 38, 207 ff., 208. Soweit diese und folgende Urteile sich mit dem Einfluß des Leugnens und des Geständnisses auf die Strafhöhe befassen, werden die Ausführungen insoweit verwertet, als nicht spezifisch strafprozessuale Probleme angeschnitten werden.

[63] RGSt. 20, 266 ff., 268; die in der Entscheidung enthaltene gesperrte Druckweise ist vom Verfasser aufgehoben worden.

Täters im Zeitpunkt der Tat[64] ist nach dem Wortlaut auch die Beurteilung als Indiz für die allgemeine Gesinnung und kriminelle Energie des Täters in Betracht zu ziehen. Nimmt man eine weitere Entscheidung[65] hinzu, nach der u. a. die der Tat nachfolgenden Umstände „nach ihrer Beziehung zu Tat und Täter und nach ihrem Gesamteindruck zu würdigen" sind, so liegt folgende Bewertung nahe: Das Nachtatverhalten kann zum einen „tatbezogen"[66] sein, etwa als Ausdruck der verbrecherischen Gesinnung des Täters bei der Begehung der Tat, zum anderen aber auch „persönlichkeitsbezogen" als Anzeichen für die Gesamthaltung des Täters gegenüber der Rechtsordnung.

Nach einer Entscheidung vom 7. Mai 1920[67] kann das Gericht das Verhalten des Täters nach der Tat „und die daraus sich ergebende Beurteilung bei der Strafausmessung in Betracht ziehen, und es steht deshalb nichts im Wege, in einem dreisten Leugnen und dem Mangel an Reue Gründe für eine höhere Strafe zu erblicken". Die Ausführungen, insbesondere der Hinweis auf die mangelnde Reue, zeigen die Entwicklung, nicht mehr so sehr nur auf die Tatumstände abzustellen, sondern zunehmend die Persönlichkeit des Täters bei der Strafzumessung zu bewerten, eine Tendenz, die auch in den frühen Entwürfen ihren Niederschlag gefunden hat.

Diese Entwicklung setzt sich fort in den Ausführungen in einem Urteil vom 12. Januar 1922[68], das sich mit der straferhöhenden Wirkung eines hartnäckigen Leugnens befaßt: „Bestraft wird auch in diesem Fall der Angeklagte nur für seine Tat; die Strafe wird aber seiner Persönlichkeit angepaßt, wie sie durch sein Auftreten vor Gericht erkennbar hervorgetreten ist." Diese Ausführungen entsprechen — wenn auch nicht in dieser Schärfe — der Tendenz, die in den Entwürfen 1925 und 1927 ihren Niederschlag gefunden hat: die Tat als solche entscheidet über den Strafrahmen, die Persönlichkeit des Täters über die im Einzelfall zu verhängende Strafe[69]. Weitere Entscheidungen folgen dieser Linie[70].

Wenig später führte das Oberlandesgericht Jena[71] aus, eine Erhöhung der Strafe wegen eines frechen, respektlosen Auftretens in der

---

[64] So *Baumann*, Das Verhalten des Täters nach der Tat, in: NJW 1962, S. 1793 ff., 1794. *Baumann* räumt allerdings ein, daß dieser Gedanke in manchen älteren Entscheidungen nicht immer scharf herausgearbeitet erscheint.

[65] RGSt. 48, 308 ff., 310.

[66] Vgl. dazu *Bruns*, Strafzumessungsrecht, S. 427.

[67] RG in DStrZ, 7. Jahrg. 1920, S. 374.

[68] RG in Recht 1922 Nr. 695.

[69] Vgl. oben S. 19 f.

[70] Einige Urteile sprechen das Problem zwar an, geben aber wiederum keine Begründung, vgl. u. a. RG in JW 1922, S. 1028 und 1916, S. 820.

[71] Urteil vom 2. 10. 1925, JW 1926, S. 2234; die Sperrung ist vom Verfassung aufgehoben worden.

Hauptverhandlung sei nur gerechtfertigt, wenn das Benehmen des Angeklagten dessen Wesensart kennzeichne; „daraus, daß er sich wie in der Hauptverhandlung auch bei der Tat, also überhaupt unangemessen benehme und ein bloßer Hinweis auf gesetzliche Machtmittel nicht ausreiche, seinen Willen zu einem auf gesetzmäßiges Verhalten gerichteten umzustimmen, sei zu schließen, daß auch nur eine schwere Strafe voraussichtlich geeignet sei, ihn von weiteren ähnlichen Rechtsbrüchen abzuhalten". In dieser Entscheidung tritt — soweit ersichtlich erstmalig — im Zusammenhang mit den Nachhandlungen an die Stelle der Anpassung der Strafe an die Persönlichkeit der spezialpräventive Gesichtspunkt, weiteren Taten des abzuurteilenden Täters entgegenzuwirken. Das Nachtatverhalten wird unter diesem Gesichtspunkt Erkenntnisquelle für das Ausmaß der Gefährlichkeit des Täters.

Ebenso klar hat das Reichsgericht in einer Entscheidung vom 30. Mai 1929[72] das Nachtatverhalten mit dem spezialpräventiven Gedanken verknüpft[73]: „Vielmehr entspricht es umgekehrt dem Wesen und dem Zweck der Strafe, die jedenfalls auch, wenn nicht in erster Linie, dazu dienen soll, den verbrecherischen Willen des Missetäters für die Zukunft zu beseitigen oder zu schwächen, wenn der Richter bei der Festsetzung der Strafe zugunsten und zu Lasten des Angekl. eine jede in der Verhandlung zutage getretene Tatsache verwertet, die einen Rückschluß auf die Stärke der bei dem Angekl. bestehenden verbrecherischen Gesinnung gestattet."

Wiederum mehr den Gedanken der Anpassung der Strafe an die Persönlichkeit des Täters betont eine Entscheidung des Hanseatischen Oberlandesgerichts[74], das es für zulässig erachtet, nach Rechtskraft der Schuldfrage begangene Straftaten bei der Strafzumessung zu verwerten[75], und meint, gegen die Einbeziehung eines solchen Nachtatverhaltens bestünden um so weniger Bedenken, als das Gericht nicht so sehr die Tat als den Täter, wie er sich ihm nach seiner Persönlichkeit darstelle, abzuurteilen habe.

In Richtung einer völlig selbständigen Bewertung des Verhaltens nach der Tat scheint eine Entscheidung vom 29. Januar 1943[76] zu gehen[77]. Der Angeklagte hatte einen Obstdieb angeschossen und sich später nicht um ihn gekümmert, obwohl er wußte, daß dessen Verletzungen schwer sein mußten. Das Reichsgericht meinte, die Begleit-

---

[72] RG JW 1930, S. 713.

[73] A. A. *Baumann*, Das Verhalten des Täters nach der Tat, a. a. O., 1794, der dieses Urteil für einen Ausdruck des „Tatschuld-Indizes" hält.

[74] Vom 4. 6. 1931, HRR 1932 Nr. 298.

[75] A. A. RG JW 1928, S. 2993 mit ablehnender Anmerkung von *Beling*.

[76] RG in DR 1943, S. 754.

[77] So ausdrücklich *Baumann*, Das Verhalten des Täters nach der Tat, a. a. O., S. 1794.

umstände stempelten die Tat zu einem Roheitsdelikt ohnegleichen und hielt eine Gefängnisstrafe von drei Monaten „mit Rücksicht auf die gewissenlose Ausführung der Tat und das rohe Verhalten des Täters nach geschehener Tat als eine dem gesunden Volksempfinden völlig ungenügende Sühne". Berücksichtigt man die Tendenz der nationalsozialistischen Zeit, in dem Nachtatverhalten einen wesentlichen selbständigen Anhaltspunkt für die Führung des Täters, für seine Gesamtpersönlichkeit zu sehen[78], so bestehen keine begründeten Zweifel an der Annahme, das Reichsgericht habe das Nachtatverhalten neben der Tat als selbständigen Strafzumessungsgrund verwertet.

Die Übersicht über diese höchstrichterliche Rechtsprechung ergibt daher folgendes Bild:

Das Verhalten des Täters nach der Tat wurde als eine Strafzumessungstatsache angesehen, die Aufschluß über die Gesinnung des Täters, seine Persönlichkeit und über seine Haltung gegenüber der Rechtsordnung zu geben geeignet ist.

Nicht beantwortet aber ist damit die Frage, wie und in welchem Umfang die derart festgestellte Persönlichkeit des Täters sich auf die Höhe der Strafe ausgewirkt hat; denn der auch von der älteren Rechtsprechung häufig aufgestellte Grundsatz, die Strafzumessung erfordere die Berücksichtigung und Wertung von Tat und Täterpersönlichkeit[79], sagt noch nichts darüber aus, in welchem Umfang, mit welchem Ziel und in welchen Grenzen diese Würdigung des Täters zu erfolgen hat.

Unter der Vorherrschaft des strengen Vergeltungsgedankens, der eng mit dem Prinzip der Tatschuld verbunden ist[80], ist Gegenstand des Urteils die Tat, wenn auch als Ausdruck der Persönlichkeit[81]. Wenn aber die Tat nicht nur Anlaß, sondern wesentlicher Grund der Bestrafung ist, dient die Persönlichkeitserforschung nur dazu, „Maßstab und Begrenzung"[82] des Schuldvorwurfes zu geben, Erkenntnismittel für die Schuld der Einzeltat zu sein. In diesem Sinne war die Berücksichtigung des Nachtatverhaltens besonders in den frühen Entscheidungen des Reichsgerichts als Ausdruck der Persönlichkeit des Täters und seiner Gesinnung „tatbezogen"[83]; die Nachhandlungen dienten zur Ermittlung der Tatschuld.

Mit dem Vordringen spezialpräventiver Gedanken und ihrer (Mit-) Berücksichtigung durch die Rechtsprechung gewann die Täterpersön-

---

[78] Vgl. die Begründung zur Kabinettsvorlage 1938, S. 50.

[79] Vgl. u. a. RGSt. 20, 266 ff., 268; 48, 308 ff., 310; 73, 172 ff., 176.

[80] Vgl. dazu neuerdings *Friedrichs*, Homosexualität und Strafvollzug, S. 24 ff.

[81] *Jagusch*, Die Praxis der Strafzumessung, B IV 1; *Maurach*, AT, S. 843 f.

[82] *Sauer*, Strafzumessung und Persönlichkeit, in: ZStW Bd. 50, S. 679 ff., 684.

[83] Vgl. dazu *Bruns*, Strafzumessungsrecht, S. 427 ff.

lichkeit als Komponente der Strafzumessung auch im Bereich des Vergeltungsprinzips einen mehr eigenständigen Stellenwert. Sie war nicht lediglich Erkenntnisquelle, sondern das Ziel der Erkenntnis: Der Richter hatte „nicht so sehr die Tat als den Täter, wie er sich nach seiner Persönlichkeit darstelle“[84], abzuurteilen. Dementsprechend werden dann auch die Nachhandlungen des Täters mehr „persönlichkeitsbezogen“, „täterbezogen“ berücksichtigt; sie sind Ausdruck der allgemeinen Gesinnung des Täters und seiner Haltung gegenüber der Rechtsordnung.

Unter diesem Aspekt werden sie ferner bedeutsam im Zusammenhang mit spezialpräventiven Erwägungen. Sie werden im Einzelfall verwendet, um Aufschluß über den Grad der Gefährlichkeit des Täters zu gewinnen.

2. Die höchstrichterliche Rechtsprechung nach dem Jahre 1945

Die höchstrichterliche Rechtsprechung nach dem Jahre 1945 hat diese Richtung weiter verfolgt, dabei aber jeweils die Akzente deutlicher erkennen lassen.

Der Oberste Gerichtshof für die Britische Zone[85] hat — soweit ersichtlich erstmalig — ausdrücklich betont, das Verhalten des Täters nach der Tat könne das in der Tat enthaltene Schuldmaß nicht verändern, es sei jedoch kennzeichnend für das Maß an Schuld und Gefährlichkeit. Der Hinweis auf die Unveränderbarkeit des Schuldvorwurfs zeigt, daß die Berücksichtigung des Nachtatverhaltens unter dem Schuldprinzip nur insoweit erfolgen soll, als aus ihm ein hinreichender Rückschluß auf die Gesinnung und die kriminelle Energie des Täters bei der Begehung der Tat gezogen werden kann; die Nachhandlungen erscheinen als Indiz für die Tatschuld. Demgegenüber hat das Oberlandesgericht Hamm[86] auf eine „auch jetzt noch bestehende, mangelnde Einsicht in das Unrechtmäßige seines Tuns“ abgestellt, also auf die Gesinnung des Täters im Zeitpunkt der Aburteilung.

Der 4. Strafsenat des Bundesgerichtshofs hat in einem Urteil vom 5. April 1951[87] ausgeführt, „der Angeklagte zeige sich durch hartnäckiges Leugnen noch jetzt uneinsichtig, so daß der Sühne- und

---

[84] Hanseat. OLG, Urt. v. 4. 6. 1931, HRR 1932 Nr. 298.

[85] OGHSt. 2, 219. Vgl. auch OGHSt. 2, 94 ff., 98: „Gewiß wird das Gericht nicht verkannt haben, daß die Tatschuld mit der Tatbegehung abgeschlossen ist und keiner Veränderung durch Zeitablauf unterliegt“, aber auch OGHSt. 1, 119 ff., 121: Nachlassen des Sühnebedürfnisses.

[86] OLG Hamm, SJZ 1949, Sp. 137; vgl. auch das dort folgende Urteil des OLG Hamm und die vorangehenden Entscheidungen des OLG Braunschweig.

[87] BGHSt. 1, 103 ff., 105; vgl. auch BGHSt. 1, 342, sowie BGH in NJW 1952, S. 434 f., 435, und 1961, 85.

Abschreckungszweck der Strafe auch nicht teilweise schon erfüllt sei", und damit ausdrücklich auf dessen gegenwärtige innere Haltung zu der Tat abgestellt.

Der 1. Strafsenat hat in der folgenden Entscheidung[88] dargelegt, aus dem Verhalten nach der Tat könnten Schlüsse auf das Maß der persönlichen Schuld und auf die Gefährlichkeit gezogen werden; er hat dabei betont, durch das Nachtatverhalten könne der Unrechtsgehalt der Tat selbst nicht verändert werden — insoweit anders als der Oberste Gerichtshof, der auf die Unveränderbarkeit der Schuld abgestellt hatte[89]. Der Hinweis auf das Maß der persönlichen Schuld kann nur als Ausdruck des Tatschuldprinzips, als Anzeichen für das Maß der Schuld bei der Begehung der Tat, verstanden werden[90], während die Entscheidung des 4. Strafsenats eine derartige Stellungnahme jedenfalls nicht eindeutig erkennen läßt. Aus der Berücksichtigung der Gefährlichkeit neben der Schuld ergibt sich, daß hier die Gefährlichkeit als schuldunabhängige Größe[91] verstanden wird. Die Gefährlichkeit erweist sich damit als Ansatzpunkt für eine spezialpräventive Betrachtungsweise, was zu einer Bewertung des Nachtatverhaltens auf zwei Ebenen führt: Zum einen ist es Indiz für die Schuld, die Erkenntnisziel der richterlichen Wertung bei der Strafzumessung ist[92], zum anderen erscheint es als Indiz für eine weitere Strafzumessungstatsache, nämlich die Gefährlichkeit des Täters, die dann ihrerseits dem Richter zu der Überlegung Anlaß gibt, mit welchen Mitteln und mit welcher Strafe er die spezialpräventive Bes-

---

[88] Urteil vom 10. 4. 1951, BGHSt. 1, 105 ff., ebenso BGH in NJW 1953, S. 192 f., 193.

[89] OGHSt. 2, 219. Die Entscheidungen beinhalten jedoch keinen sachlichen Gegensatz, gemeint ist wohl in beiden Fällen, daß das Nachtatverhalten weder Unrecht noch Schuld verändern könne.

[90] So auch *Baumann*, Das Verhalten des Täters nach der Tat, a. a. O., S. 1795.

[91] Es wird die Ansicht vertreten, die Gefährlichkeit des Täters sei allgemein im Schuldstrafrecht für die Bestrafung nicht von Bedeutung, indiziere nicht die Schuld (vgl. *Baumann*, AT, § 10, 1 a; *Stree*, Deliktsfolgen und Grundgesetz, S. 59; auch *Dreher*, Die erschwerenden Umstände im Strafrecht, ZStW Bd. 77, S. 220 ff., 222, trennt Unrecht, Schuld und Gefährlichkeit; siehe aber auch *Heinitz*, Strafzumessung und Persönlichkeit, in: ZStW Bd. 63, S. 57 ff., 73). Auf diese Frage kann hier nicht näher eingegangen werden, vgl. aber die Diskussion um die Vereinbarkeit des § 20 a StGB mit dem Schuldprinzip (u. a. *Kohlrausch-Lange*, § 20 a, II 2 „Täterschuld" einerseits, *Schönke-Schröder*, 14. Auflage, § 20 a Rdn. 4 andererseits und insgesamt *Müller-Dietz*, Grenzen des Schuldgedankens im Strafrecht, S. 20 ff. m. w. N.).

[92] Neben der Bedeutung der Tat für die durch sie verletzte Rechtsordnung, vgl. BGHSt. 3, 179; 20, 264 ff., 266. § 13 StGB n. F. muß für diese Entscheidungen außer Betracht bleiben.

serung oder Abschreckung oder die Sicherung der Gesellschaft erreicht — dies erst ist das Erkenntnisziel.

Sehr klar kommen derartige Gedanken in einem Urteil vom 30. Januar 1953[93] zum Ausdruck: Ausgangspunkt dieser Entscheidung des 2. Strafsenats ist der Versuch, einen sachlichen Unterschied zwischen den „minder schweren Fällen" und den „mildernden Umständen" zu machen[94]. Der 2. Senat meint, bei der Zubilligung mildernder Umstände dürften „auch Umstände, die mit der Tat und der Schuld keinen Zusammenhang haben, berücksichtigt werden, wenn hieraus der Richter die Überzeugung gewinnt, daß der Strafzweck auch durch eine mildere Strafe erreicht werden kann"[95]; ob ein Fall als minder schwerer zu werten sei, könne dagegen „nur aus der Gesamtheit der äußeren und inneren T a t s e i t e beurteilt werden"[96]: Die „Umstände nach der Tat werden naturgemäß nur selten die Beurteilung der Schuld beeinflussen. Immerhin vermögen auch sie, vor allem das Verhalten des Täters, so Reue, Anzeichen für das Maß seines verbrecherischen Willens und seiner Schuld zu sein. Lassen sie allerdings einen solchen Schluß nicht zu, sind sie vielmehr nur Folgen der Tat und des Strafverfahrens und Zeichen einer d a d u r c h bedingten Wandlung, so können sie einen minder schweren Fall nicht begründen, sondern dürfen nur innerhalb des ordentlichen Strafrahmens berücksichtigt werden". Das Nachtatverhalten ist also einerseits Indiz für die innere Tatseite, die Verwertung erfordert einen Rückschluß auf die Gesinnung des Täters bei der Begehung der Tat. Aber auch soweit dies nicht möglich ist, das Verhalten nach der Tat also keinen Aufschluß über das Maß der persönlichen Schuld gibt, steht nach Ansicht des 2. Senats einer Verwertung im Rahmen der Strafzumessung nichts im Wege. Die Berücksichtigung von schuldfremden Umständen ist aber nur unter präventiven Gesichtspunkten möglich[97]. Damit erweist sich das Nachtatverhalten andererseits auch als Ansatzpunkt für solche Erwägungen.

Weitere Entscheidungen stellen ebenfalls auf schuldunabhängige Umstände wie die Gefährlichkeit des Täters[98] und die Gefahr künftiger Rechtsbrüche ab und setzen sie in Beziehung mit dem Nachtat-

---

[93] BGHSt. 4, 8 ff.

[94] Vgl. dazu *Lange*, Die Systematik der Strafdrohungen, Mat. Bd. 1, S. 69 ff., 76; *Kohlrausch-Lange*, Vorbem. § 13, IV 2 c.

[95] Vgl. dagegen BGHSt. 10, 259 ff., 263: „Grundsätzlich muß der Schuldgedanke allerdings auch die Strafzumessung beherrschen."

[96] Sperrung vom Verfasser.

[97] Ausdrücklich in Richtung einer Verwertung unter spezialpräventiven Erwägungen u. a. OLG Bremen, JR 1952, S. 484; OLG Köln in NJW 1953, S. 876 f., 877.

[98] Schuldfremd insoweit, als die Gefährlichkeit mit der Gefahr der künftigen Begehung von Delikten gleichgesetzt wird.

verhalten[99]. Auf der anderen Seite wird wiederholt betont, Grundlage der Strafzumessung sei nicht die sonstige — von der Schuld unabhängige — Gesinnung und der allgemeine Charakter des Täters; das Verhalten nach der Tat sei daher nur insoweit zu berücksichtigen, als es Schlüsse auf den Unrechtsgehalt der Tat und die innere Einstellung des Täters zu ihr zulasse[100].

Ein neuer Gesichtspunkt bei der Berücksichtigung des Nachtatverhaltens ist auf den ersten Blick in einer Entscheidung des 4. Strafsenats vom 9. Februar 1962[101] enthalten. Der Bundesgerichtshof befaßt sich in diesem Urteil mit dem Einfluß eines „Nachtrunkes", des Alkoholgenusses nach einer Verkehrsunfallflucht, auf die Strafe und führt in diesem Zusammenhang aus: „Wer ... während oder nach der Flucht weiteren Alkohol zu sich nimmt und durch diesen ‚Nachtrunk' den Strafverfolgungsbehörden und den von ihnen zugezogenen Sachverständigen — zum Nachteil der durch § 142 StGB geschützten Anspruchsberechtigten — die zuverlässige ‚Rückrechnung' des für den Zeitpunkt der Blutentnahme gefundenen Alkoholwerts auf den Unfallzeitpunkt unmöglich macht oder erschwert, fügt dem tatbestandsmäßigen Unrecht ein in derselben Richtung liegendes zusätzliches Unrecht hinzu, das vom Richter als Ausdruck eines sich nicht in der Tatbestandsverwirklichung der Unfallflucht erschöpfenden rechtsfeindlichen Verhaltens gewürdigt werden kann"[102, 103]. Die Entscheidung hat Zustimmung gefunden[104], ist aber auch auf heftige Kritik und Ablehnung gestoßen[105]. Beides wird verständlich, wenn man den jeweiligen Ausgangspunkt der Ablehnung

---

[99] Vgl. u. a. BGH, NJW 1955, S. 1158; BGH in MDR 1954, S. 693; KG in VRS Bd. 18, S. 59 f., 60; OLG Frankfurt in GA 1965, S. 152 f., 153 (strafmindernde Wirkung einer freiwilligen Kastration unter spezialpräventiven Gesichtspunkten, ebenso BGHSt. 5, 124 ff., 131), OLG Frankfurt, NJW 1965, S. 2312 ff., 2313.

[100] Insbesondere BGH in NJW 1954, S. 1416 = MDR 1954, S. 693; vgl. auch BGHSt. 5, 124 ff., 131. Siehe ferner die wohl neueste Entscheidung zu diesem Problem, BGH in NJW 1971, S. 1758.

[101] BGHSt. 17, 143 ff., vgl. auch BGH VRS Bd. 5, S. 367.

[102] Sperrung vom Verfasser. Nach Ansicht des 4. Senats setzt die Straferhöhung nicht voraus, daß der Täter die Absicht hatte, die Ermittlungen zu verhindern oder zu erschweren.

[103] Ebenso OLG Oldenburg mit — ausnahmsweise — ausführlicher Begründung, NJW 1968, S. 1293 f.; das OLG hält den Nachtrunk zudem auch für die vorangegangene Verkehrsstraftat für bedeutsam, zustimmend *Dreher*, StGB, § 316 7).

[104] *Bruns*, Strafzumessungsrecht, S. 523 f.; *Martin*, LM Nr. 17 zu § 142 StGB; *Schönke-Schröder*, § 142 Rdn. 53; *Tröndle*, Die Rechtsprechung des Bundesgerichtshofs in Strafsachen, Materielles Recht, in: GA 1966, S. 1 ff., 31.

[105] Insbesondere *Baumann*, Das Verhalten des Täters nach der Tat, a. a. O., S. 1793 ff.; *Sax* in *Müller-Sax*, StPO, § 267 9 A b IV.

und Zustimmung — die Auslegung der die Entscheidung tragenden Sätze — in Betracht zieht. So verwendet *Baumann* weitgehend nur deshalb scharfe Worte wie Poenalisierungseffekt praeter legem, Degradierung der Straftat und der Tatbestandserfüllung zum bloßen Anknüpfungspunkt strafrechtlicher Sanktionen, Aushöhlung des nullum-crimen-Grundsatzes, weil er der Ansicht ist, in der Entscheidung komme mehr eine Konstruktion des selbständig zu bewertenden und für eine Steigerung des Unrechtsgrades relevanten Nachtatverhaltens als die eines Indizes für die bei Begehung der Tat vorhandene rechtsfeindliche Einstellung des Täters zum Ausdruck[106]. Und *Bruns*[107] stimmt offenbar der Entscheidung nur zu, weil er den Akzent auf den Ausdruck besonderer Rechtsfeindschaft verlagert und die Ausführungen damit in Einklang mit den vom Bundesgerichtshof auch sonst vertretenen Grundsätzen bringt. In der Tat sind nach Wortlaut und Zusammenhang beide Auslegungen möglich. Was bedeutet der Hinweis auf das „in derselben Richtung liegende zusätzliche Unrecht", wenn dieses nicht selbständig im Rahmen der Strafzumessung zu bewerten ist[108] — es sei denn, der 4. Strafsenat wolle die Verwertung des Nachtatverhaltens einschränken, wofür aber keine weiteren Anhaltspunkte bestehen. Auf der anderen Seite stellt der Bundesgerichtshof auf das sich nicht in der Tatbestandsverwirklichung erschöpfende „rechtsfeindliche Verhalten" ab — ein Anzeichen für die Verwendung der Indizkonstruktion, das noch durch den Hinweis auf das hartnäckige Zuwiderhandeln gegen die Feststellungspflicht verstärkt wird. Das Entscheidende aber dieser Ausführungen ist, daß der Bundesgerichtshof das Nachtatverhalten für beachtlich erklärt — abermals —, ohne nähere Angabe der Kriterien und ohne Unterscheidung der möglichen Verwendungsarten[109].

Aus dieser Übersicht über die höchstrichterliche Rechtsprechung nach dem Jahre 1945 ergibt sich, daß auch in ihr ein — freilich häufig wenig differenzierter — Unterschied zwischen einer mehr „tatbezogenen" und einer mehr „täterbezogenen" Bewertung des Nachtatverhaltens gemacht wird. Es überwiegt die Einbeziehung von Nachhandlungen in die Strafzumessung als Indiz für die Tatschuld und als Erkenntnisquelle für die Frage, welche Strafe erforderlich ist, um den Täter von der Begehung weiterer Straftaten abzuhalten.

---

106 So ausdrücklich *Baumann,* Das Verhalten des Täters nach der Tat, a. a. O., S. 1797.

107 Ebenso *Martin,* LM Nr. 17 zu § 142 StGB.

108 Es geht nicht an, diese Frage mit dem Hinweis auf die „sprachlich gedrängte und fallbezogene Diktion der Gründe" vom Tisch zu wischen, wie dies *Tröndle,* Die Rechtsprechung des Bundesgerichtshofs in Strafsachen, a. a. O., S. 31, tut.

109 Vgl. auch *Baumann,* Das Verhalten des Täters nach der Tat, a. a. O., S. 1798; *Bruns,* Strafzumessungsrecht, S. 533.

3. Zusammenfassung

Abschließend muß an dieser Stelle festgehalten werden: Wenn es auch an kritischen und vorsichtig warnenden Stellungnahmen in der Rechtsprechung nicht gefehlt hat[110], so ist doch überwiegend die Tendenz festzustellen, die Berücksichtigung des Nachtatverhaltens mit kurzen Hinweisen auf das Maß der persönlichen Schuld, die Gesinnung des Täters, seine innere Einstellung zu der Tat, auf seine Gefährlichkeit, seine Haltung gegenüber der Rechtsordnung und die Gefahr künftiger Rechtsbrüche ohne nähere Begründung und Differenzierung sowie ohne näheres Eingehen auf die Problematik für zulässig zu halten. Es fehlt an einer eingehenderen Darlegung der relevant erscheinenden Fragen wie die nach dem Verhältnis zwischen Zweck der Strafe und den Nachhandlungen, der Vereinbarkeit der Berücksichtigung des Verhaltens nach der Tat mit dem (Tat-)Schuldprinzip, der These von der Unwandelbarkeit von Unrecht und Schuld durch Handlungen des Täters nach der Tatbestandsverwirklichung und dem Begriff der Tat im Sinne der Strafzumessung. Es ist zu erwarten, daß hieran die Einführung des § 13 StGB wenig ändern wird; es besteht die Gefahr, daß die Praxis nach der gesetzlichen Normierung — trotz der nicht unerheblichen Widersprüche etwa innerhalb der Amtlichen Begründung[111] — den Problemen noch weniger Beachtung zukommen lassen wird.

Eindeutige und klare Kriterien für die Auslegung des Strafzumessungsgrundes „Verhalten nach der Tat" können der Rechtsprechung nicht entnommen werden.

D. Die Auslegung nach Sinn und Zweck der Norm

Die in § 13 Abs. 2 Satz 2 StGB aufgeführten Strafzumessungstatsachen bilden — wenn auch nicht abschließend — „die faktischen Grundlagen für den nach den Leitgesichtspunkten orientierten Bewertungsakt der Zumessung"[112]. Nach Sinn und Zweck des Gesetzes stellen sie damit Konkretisierungen der in § 13 Abs. 1 StGB aufgestellten Grundsätze für die Strafzumessung dar.

Welche Unsicherheit aber hier gerade im Zusammenhang mit dem Verhalten des Täters nach der Tat besteht, machen Äußerungen ein und desselben Mitarbeiters an der Strafrechtsreform deutlich. Wäh-

---

[110] Insbesondere die bereits angeführte Entscheidung BGH in NJW 1954, S. 1416 = MDR 1954, S. 693.

[111] Vgl. dazu *Baumann*, Eine Auseinandersetzung zum allgemeinen Teil eines künftigen StGB, in: GA 1964, S. 193 ff., 202. *Baumann* befaßt sich mit den §§ 62 und 63 Entwurf 1962, die Ausführungen haben jedoch auch in diesem Zusammenhang Gültigkeit.

[112] *Dreher*, StGB § 13 4).

rend zunächst ausgeführt worden ist, alle in dem Katalog des § 60 Abs. 2 Satz 2 — jetzt § 13 Abs. 2 Satz 2 StGB — „aufgezeigten Merkmale zeichnen sich dadurch aus, daß sie unmittelbar oder mittelbar auf die Schuld des Täters bezogen werden können"[113], wird später dargelegt, einzelne Gesichtspunkte — darunter auch das Verhalten des Täters nach der Tat — seien mindestens auch spezialpräventiv zu werten[114], und schließlich heißt es, das Nachtatverhalten habe mit der Schuld unmittelbar nichts zu tun, der Strafzumessungsgrund bezöge sich auf die Resozialisierungsfähigkeit des Täters[115].

Wenn unklar ist, welches Strafmaßprinzip durch den Hinweis auf das Verhalten des Täters nach der Tat konkretisiert werden soll, können insoweit aus dem Sinn und Zweck der Norm keine Folgerungen für die Auslegung des Strafzumessungsgrundes „Verhalten des Täters nach der Tat" gezogen werden.

Selbst wenn man jedoch von einer Schuldrelevanz der Nachhandlungen ausgeht, so bleiben wesentliche Fragen unbeantwortet: Ist das Nachtatverhalten selbständig zu werten oder ist ein Rückschluß auf die Gesinnung des Täters bei der Begehung der Tat erforderlich? Für letzteres tritt beispielsweise *Jescheck*[116] ein, während *Lackner-Maassen* meinen, daß Nachhandlungen jedenfalls in den Fällen der Minderung oder Vergrößerung der Tatauswirkungen unmittelbar strafmindernd bzw. straferhöhend ins Gewicht fallen könnten[117]. Die Auslegung hängt insoweit auch davon ab, welches Schuldprinzip durch den Strafzumessungsgrund „Verhalten nach der Tat" konkretisiert werden soll, sowie davon, ob und unter welchen Voraussetzungen sich Nachhandlungen des Täters überhaupt auf den Schuldgehalt auswirken können. Hier erweist sich wiederum die Schwierigkeit, die besteht, solange weder die Vereinbarkeit der Berücksichtigung von Nachhandlungen des Täters mit den verschiedenen Schuldbegriffen untersucht noch Klarheit über den Schuldbegriff des § 13 Abs. 1 StGB gewonnen worden ist.

E. Das Ergebnis des Auslegungsversuchs

Die bisherigen Lösungsversuche haben nicht zu einer klaren Auslegung des Strafzumessungsgrundes „Verhalten nach der Tat" geführt. Damit scheint sich § 13 StGB in diesem Punkt tatsächlich als ein „Kuckucksei für die Rechtsprechung"[118] zu erweisen.

---

113 *Horstkotte*, SondAusProt. V, 347.

114 *Horstkotte*, SondAusProt. V, 2242.

115 *Horstkotte*, SondAusProt. V, 2242.

116 *Jescheck*, AT, S. 570.

117 *Lackner-Maassen*, StGB, § 13 5 b cc.

118 *Baumann*, Resozialisierungsgedanke und Rechtsgüterschutz, a. a. O., S. 5 FN 23.

ZWEITES KAPITEL

Die finalen Strafzumessungsgründe und das Verhalten des Täters nach der Tat

Zu Beginn der Untersuchung ist darauf hingewiesen worden, daß die Frage, ob und unter welchen Voraussetzungen ein Lebenssachverhalt — hier ein Verhalten des Täters — als Strafzumessungstatsache, als realer Strafzumessungsgrund, der Bewertung durch den Richter unterliegt, davon abhängig ist, welchen Standpunkt man in der „Kernfrage des Strafrechts“[119], der Frage nach Wesen, Sinn und Zweck des staatlichen Strafens vertritt. Nur von hier aus läßt sich klären, welche Umstände bei der Strafzumessung überhaupt berücksichtigt werden dürfen, ob sie sich straferhöhend oder strafmindernd auswirken und wie sie sich gegenseitig beeinflussen.

Es gilt daher, die Berücksichtigung des Verhaltens nach der Tat als Strafzumessungstatsache auf die Vereinbarkeit mit den verschiedenen Auffassungen von den Aufgaben der Strafe[120] zu untersuchen. Dabei steht nicht das geltende Recht im Vordergrund der Überlegungen. Vielmehr geht es darum, anhand eines jeweils konsequent durchgeführten Systems und damit modellhaft die Auswirkungen des Strafzwecks auf das Verhalten des Täters nach der Tat zu erörtern. Dazu bedarf es einer kurzen Darstellung der Strafzwecke und der aus ihnen folgenden Strafmaßprinzipien. Zwar hat Peters bereits im Jahre 1932 gemeint, einer solchen Umschreibung bedürfe es nicht, ihr wesentlicher Inhalt sei bekannt[121]; doch ist eine Klärung dessen, was hier als Inhalt

[119] *Dreher*, Niederschriften, Bd. XII, S. 44.

[120] Dabei wird auch die Vergeltung als Strafzweck zu behandeln sein. Es soll nicht verkannt werden, daß nach den klassischen Straftheorien die Strafe keinen Zweck im engeren Sinne verfolgte (vgl. dazu u. a. *Klug*, die zentrale Bedeutung des Schutzgedankens für den Zweck der Strafe, S. 4 ff.; *Roxin*, Sinn und Grenzen staatlicher Strafe, JuS 1966, S. 377). Doch hat insoweit die Strafe eine Wandlung erfahren — vgl. dazu *Lange*, Das Rätsel Kriminalität, S. 26, 237 f., 338 f. —, die es rechtfertigt, den Vergeltungsgedanken unter dem Oberbegriff des Strafzwecks zu behandeln: „Die Vergeltungsidee ist verweltlicht worden, sie ist eingereiht in die Zwecktätigkeit des Staates“ (*Heinitz*, Der Strafzweck bei der richterlichen Strafbemessung mit besonderer Berücksichtigung der deutschen Entwürfe, ArchRWirtPh. XXII. Bd., S. 259 ff., 262 f.).

[121] *Peters*, Die kriminalpolitische Stellung des Strafrichters bei der Bestimmung der Strafrechtsfolgen, S. 62.

der Strafzwecke angesehen wird, im Hinblick auf den Wandel der Auffassungen in diesem Bereich erforderlich.

A. Die Generalprävention

I. Der Inhalt des Strafzwecks Generalprävention

Der Gedanke der Generalprävention hatte zunächst allein den Inhalt, durch Strafe der Entstehung verbrecherischer Neigungen in der Allgemeinheit entgegenzuwirken und bei bestehender Neigung zur kriminellen Betätigung zur Unterlassung strafbarer Handlungen zu motivieren[122]. Zu unterscheiden sind dabei die Wirkungen, die von der Androhung, der Verhängung und von der Vollstreckung der Strafe ausgehen[123]. Wurde vor *Feuerbach* der Schwerpunkt der — abschreckenden — Strafe in der Vollstreckung gesehen[124], verlagerte sich das Gewicht bei *Feuerbach* auf die Strafdrohung; Verhängung und Vollstreckung der Strafe erschöpften sich darin, die abstrakte Strafdrohung für den Einzelfall zu verwirklichen und damit die Ernstlichkeit der Strafdrohung zu beweisen[125]. Wesentlicher Inhalt der Strafe war die Abschreckung aller Bürger als möglicher Verbrecher vor der Begehung strafbarer Handlungen durch Erregung von Furcht und Unlustgefühlen vor dem Strafübel.

Seither geht jedoch die Tendenz zunehmend dahin, den Gedanken der Generalprävention nicht auf die abschreckende Wirkung der Strafe durch Erzeugung von Furcht zu beschränken, Generalprävention also nicht mehr mit Abschreckung gleichzusetzen[126]. Die Entwicklung zeigt vielmehr, daß neben der Abschreckungswirkung gegenüber den zu Verbrechen neigenden Menschen ein generalpräventives Strafrecht jedenfalls auch dazu bestimmt ist, die Rechtstreue und das Hemmungsvermögen des nicht anfälligen Bürgers durch eine Mah-

---

[122] Vgl. *Drost,* Das Ermessen des Strafrichters, S. 166; *Peters,* Kriminalpolitische Stellung, S. 82.

[123] *Bruns,* Die „Generalprävention" als Zweck und Zumessungsgrund der Strafe?, in: Festschrift für v. Weber, S. 75 ff., 77 f., kritisch *Drost,* a. a. O., S. 167.

[124] *Schmidhäuser,* Vom Sinn der Straße, S. 23.

[125] Vgl. u. a. die Ausführungen bei *Gallas,* Kriminalpolitik und Strafrechtssystematik, S. 25, und *Grünhut,* Anselm v. Feuerbach und das Problem der strafrechtlichen Zurechnung, S. 21, 90.

[126] Schon sehr früh ist gegen die einseitige Betonung des Abschreckungsgedankens bei *Feuerbach* Widerspruch erhoben worden, vgl. die Nachweise und Ausführungen bei *Grünhut,* Anselm v. Feuerbach und das Problem der strafrechtlichen Zurechnung, S. 97.

nung an das Pflichtgefühl zu stärken[127] sowie das Rechtsgefühl der Allgemeinheit zu befriedigen[128].

Wenn hiergegen eingewendet wird, hier handele es sich um die Wirkung der gerechten Vergeltung und nur um diese[129], so verkennt diese Auffassung, daß es zunächst nur um die Wahrung der Rechtstreue des Volkes durch Auferlegung einer staatlichen Sanktion — der Strafe — für den Verstoß gegen das Recht geht, wobei dahinstehen kann, ob diese Sanktion Vergeltung zu üben hat oder nicht. Es handelt sich darum, das „Vertrauen der Bevölkerung in die Unverbrüchlichkeit des Rechts und in den Schutz der Rechtsordnung vor kriminellen Angriffen"[130] nicht zu erschüttern.

Der Gedanke der Generalprävention soll daher im folgenden mit dem zweifachen Inhalt: Abschreckung sowie Stärkung der Rechtstreue und Befriedigung des Rechtsgefühls der Allgemeinheit[131], insgesamt damit als Einwirkung auf die Allgemeinheit, verstanden werden.

II. Das Maßprinzip der generalpräventiven Strafe

Die Frage nach dem Maßprinzip der Strafe meint das Problem, nach welchen Gesichtspunkten in einem generalpräventiven System Inhalt und Umfang der Strafe, Strafart und Strafhöhe festzusetzen sind[132], hier im engeren Sinne das, welches Maßprinzip für die Strafzumessung aus der Generalprävention folgt.

---

[127] *Drost,* Ermessen, S. 167; *Gallas,* Kriminalpolitik und Strafrechtssystematik, S. 32; *Maurach,* AT, S. 62; *Schönke-Schröder,* Vorbem. § 13 Rdn. 12; *Zipf,* Die Strafmaßrevision, S. 108.

[128] BGH in NJW 1955, S. 30; *Kohlrausch-Lange,* Vorbem. § 13, A III 2 c; vgl. neuerdings auch BGHSt. 24, 40 ff., 45; 24, 64 ff., 66.

[129] *Welzel,* Lehrbuch, S. 241 f.

[130] BGHSt. 24, 64 ff., 66.

[131] In diesem Sinne ist auch der Begriff der „Verteidigung der Rechtsordnung" in § 14 Abs. 1 und § 23 Abs. 3 StGB als „Teilaspekt der Generalprävention" verstanden worden, vgl. *Horstkotte,* Der Allgemeine Teil des Strafgesetzbuches nach dem 1. September 1969, in: NJW 1969, S. 1601 ff., 1603, ähnlich *Sturm,* Die Strafrechtsreform, in: JZ 1970, S. 81 ff., 85, und *Kunert,* Kurze Freiheitsstrafe und Strafaussetzung zur Bewährung nach den Vorschriften des Ersten Gesetzes zur Reform des Strafrechts, in: MDR 1969, S. 705 ff., 709. Vgl. ferner KG in JR 1970, S. 227 ff. mit kritischer Anmerkung von *Dreher.* Siehe näher dazu unten S. 121 ff.

[132] Vgl. *v. Liszt,* Der Zweckgedanke im Strafrecht, in: Strafrechtliche Aufsätze und Vorträge, Erster Band, S. 126 ff., 151 ff., ferner *Bruns,* Strafzumessungsrecht, S. 307, und *H. Kaufmann,* Grammaticas System der Difesa Sociale und das deutsche Schuldstrafrecht, in: Festschrift für v. Weber, S. 418 ff., 437 (FN 63).

Da die Strafe unter generalpräventiven Gesichtspunkten auf die Allgemeinheit — nicht auf den Täter — einwirken soll, hat sich die Strafzumessung auf den ersten Blick ausschließlich an Umständen auszurichten, die außerhalb der abzuurteilenden Tat und außerhalb des abzuurteilenden Täters liegen. Es ergibt sich dann das Problem, daß der einzelne Täter zu bestrafen ist, der Blick aber nicht auf ihn, sondern auf die Allgemeinheit gerichtet werden müßte, daß also „das Objekt der Motivation und das der unmittelbaren staatlichen Einwirkung nicht identisch sind“[133].

Art und Umfang der staatlichen Reaktion auf einen Verstoß gegen die Rechtsordnung werden in einem generalpräventiven System durch die „Motivationsbedürftigkeit der Gesamtheit“[134] bestimmt. Es geht nun darum, diesen Maßstab mit der Tat und dem Täter in Einklang zu bringen, eine Beziehung zwischen der Einwirkung auf die Allgemeinheit und der Aburteilung von Tat und Täter herzustellen.

Die Tat, ihre Schwere — die Bedeutung der Tat für die durch sie verletzte Rechtsordnung — wird berücksichtigt, weil ein Mittel zu ihrer Verhütung um so schwerwiegender und wirkungsvoller sein muß, um so größer der Sozialschaden ist, nicht deshalb, weil ein Schaden eingetreten ist, sondern um weiteren — gleichartigen — Schaden zu verhindern. Die Tat ist darüber hinaus „als Ausschnitt der sozialen Wirklichkeit Symptom für die Erziehungsbedürftigkeit. Sie zeigt, wie weit es der Anwendung der Strafe als Gesamterziehungsmittel bedarf, um die generelle Respektierung des in concreto verletzten Rechtsguts für die Zukunft zu garantieren“[135]. Die Strafzumessung orientiert sich damit an der Schwere der Tat, „weil und soweit das begangene Verbrechen ein Indiz für die Notwendigkeit einer wirksameren Verbrechensbekämpfung ist“[136]. Hinzu kommt der Gesichtspunkt der Rücksichtnahme auf die Haltung der Bevölkerung gegenüber der Durchsetzung des Rechts gegenüber dem Unrecht. Bei einer unterschiedslosen Bestrafung kleiner und großer Sozialschädigungen kann von einer Befriedigung des Rechtsgefühls der Allgemeinheit nicht die Rede sein[137]. In diesem Rahmen wird das Maß der Strafe durch die objektive Gefährlichkeit der Tat für die Rechtsordnung beeinflußt.

Damit stellt sich die weitere Frage, ob und wie die Persönlichkeit des Täters in ein generalpräventives System eingeordnet werden kann. Man könnte zunächst meinen, ein solches System sei einer Individualisierung nach der Persönlichkeit völlig feindlich; die äußerlich-

---

[133] *Gallas,* Kriminalpolitik und Strafrechtssystematik, S. 27, vgl. auch *Zipf,* Die Strafmaßrevision, S. 107 f.

[134] *Gallas,* Kriminalpolitik und Strafrechtssystematik, S. 27.

[135] *Gallas,* Kriminalpolitik und Strafrechtssystematik, S. 32.

[136] *Gallas,* Kriminalpolitik und Strafrechtssystematik, S. 33.

[137] Vgl. statt aller *Drost,* Ermessen, S. 168 f.

generelle Bewertung einer Tat allein entscheide insoweit über das Strafmaß[138]. *Gallas* hat überzeugend nachgewiesen, daß der Versuch *Feuerbachs*, den Täter und seine Persönlichkeit als den Repräsentanten eines in der Allgemeinheit verbreiteten gefährlichen Typs aufzufassen, dessen Abschreckung die Strafzumessung im Einzelfall bezwecke, zum Scheitern verurteilt war: „Denn das würde voraussetzen, daß in den Vertretern des durch den konkreten Täter repräsentierten Typs die Vorstellung sowohl von dem Zusammenhang zwischen der Strafhöhe und der subjektiven Gefährlichkeit des Täters als auch der eigenen Typenzugehörigkeit hervorgerufen würde“[139]. Das aber hieße ohne Zweifel die Möglichkeiten der Strafwirkung zu überschätzen[140].

Es fragt sich aber, ob die Täterpersönlichkeit nicht unter dem Aspekt der Rücksichtnahme auf die Rechtstreue der Bevölkerung für die Strafzumessung bedeutsam wird. Die Allgemeinheit differenziert in ihrer Reaktion auf staatliche Maßnahmen auch danach, wer der Täter ist. Das wird immer wieder dann deutlich, wenn die Gerichte nach Auffassung der Bevölkerung beispielsweise zu milde auf Straftaten von Justizangehörigen reagieren[141]. Aber auch darüber hinaus fällt für die Allgemeinheit ins Gewicht, auf welchen Gründen in der Persönlichkeit des Täters die Tat beruht, wie seine Haltung gegenüber der Rechtsordnung ist, wie groß die verbrecherische Intensität und die kriminelle Energie erscheinen, die er durch die Begehung der Tat bewiesen hat, oder wie ausgeprägt die Gleichgültigkeit gegenüber der Verletzung von Rechtsgütern erscheint[142]. Die Bevölkerung wird in ihrer Rechtstreue bestärkt, wenn der gefährlichere Täter eine höhere Strafe erhält als der weniger gefährliche Täter; eine nicht ausreichende Differenzierung ist für das Rechtsempfinden unverständlich. Dementsprechend stellt das 1. Strafrechtsreformgesetz bei der Frage der kurzfristigen Freiheitsstrafe in § 14 StGB innerhalb der „Verteidigung der Rechtsordnung“[143] nicht nur auf die besonderen Umstände

---

[138] So in der Tat *Drost*, Ermessen, S. 168; *Dreher*, Über die gerechte Strafe, S. 118.

[139] *Gallas*, Kriminalpolitik und Strafrechtssystematik, S. 29, vgl. insgesamt S. 27 ff.

[140] Zu der Frage nach dem Zusammenhang zwischen Strafzumessung und Kriminalitätsbewegung vgl. neuerdings *Haag*, Rationale Strafzumessung, S. 137 ff. m. w. N.

[141] Vgl. dazu auch BGH in VRS Bd. 15, S. 412 ff., wo es um das schwerwiegende Verkehrsvergehen eines Verkehrsstaatsanwaltes und die Beeinflussung von Zeugen ging.

[142] Vgl. BGHSt. 24, 40 ff., 47; siehe auch *Bruns*, Die Strafaussetzung zur Bewährung, GA 1956, S. 193 ff., 222 ff.; *Payer*, § 14 StGB in der Fassung des Ersten Gesetzes zur Reform des Strafrechts, S. 77 f.

[143] Für die nach der Rechtsprechung der Gedanke der Erhaltung der Rechtstreue der entscheidende ist, vgl. BGHSt. 24, 64 ff., 66 zu § 23 Abs. 3 StGB und unten S. 121 ff.

der Tat ab, sondern auch auf solche, die in der Persönlichkeit des Täters liegen. Damit erweist sich die Täterpersönlichkeit unter diesem Aspekt als beachtlich für die Strafzumessung in einem generalpräventiven System.

III. Die Folgerungen für das Verhalten des Täters nach der Tat

1. Der maßgebende Zeitpunkt für die Bewertung von Tat und Täter

Die erste Frage, die es zu beantworten gilt, ist die nach dem Zeitpunkt, der für die Beurteilung der generalpräventiven Strafe entscheidend ist. Richtet sich nämlich die Strafzumessung aus an dem Zeitpunkt der Begehung der Tat, so könnte eine Berücksichtigung des Verhaltens nach der Tat mit einem solchen Grundsatz in Widerspruch stehen. Sind dagegen die Verhältnisse zur Zeit der Entscheidung maßgebend, ist es sinnvoll, wenn nicht geboten, die Handlungen des Täters bis zu diesem Zeitpunkt in die Strafzumessung einzubeziehen.

Da in einem generalpräventiven System der Täter nicht mit Rücksicht auf die begangene Tat bestraft wird, sondern im Blick auf die Allgemeinheit, ist die Strafzumessung nicht an der Vergangenheit ausgerichtet; erforderlich ist eine „Zukunftsprognose"[144]. Nicht die Frage, wie erziehungsbedürftig die Gemeinschaft im Zeitpunkt der Tatbegehung war, sondern die, wie erziehungsbedürftig sie jetzt und in Zukunft ist, steht im Mittelpunkt der Überlegungen. Die Strafzumessung hat sich daher an den Verhältnissen zur Zeit der Aburteilung auszurichten[145]. Bedenken gegen die Berücksichtigung des Nachtatverhaltens bestehen insoweit nicht.

2. Die Abstufbarkeit der Strafzumessungskriterien

Voraussetzung für die Berücksichtigung des Nachtatverhaltens ist ferner die Abstufbarkeit der Strafzumessungskriterien, die mit der Tat und dem Täter zusammenhängen, also die Gefährlichkeit der Tat und die Gefährlichkeit des Täters.

Die objektive Gefährlichkeit richtet sich nach der Bedeutung des Verstoßes für die durch ihn verletzte Rechtsordnung, nach der Schwere der Tat. Es unterliegt keinem Zweifel, daß diese Schwere zum einen unterschiedlich ist nach der Bedeutung des angegriffenen Rechtsgutes — das wird bereits aus der Differenzierung der Straf-

---

144 *Stree*, In dubio pro reo, S. 109.

145 Ebenso BGH in NJW 1956, S. 919; *Bruns*, Die „Generalprävention" als Zweck und Zumessungsgrund der Strafe?, a. a. O., S. 78.

drohungen deutlich. Es bestehen aber darüber hinaus keine Bedenken dagegen, auch eine Abstufbarkeit der Gefährlichkeit bei Angriffen auf das gleiche Rechtsgut zu bejahen; dabei spielen insbesondere das Ausmaß der Sozialschädlichkeit und die Begehungsart, also Besonderheiten des Einzelfalles eine Rolle[146].

Der Begriff der subjektiven Gefährlichkeit kann dagegen in einem zweifachen Sinne verstanden werden: im engeren Sinne als Gefahr der künftigen Begehung von Straftaten[147], als in der Persönlichkeit des Täters begründete Rückfallbereitschaft, im weiteren Sinne als Bezeichnung für Eigenschaften des Täters wie kriminelle Energie und seine Haltung gegenüber der Rechtsordnung, insgesamt als Gesinnung des Täters[148]. Beide Begriffe der subjektiven Gefährlichkeit sind der Differenzierung und Abstufung zugänglich. Da es in einem generalpräventiven System auf die Rückfallbereitschaft des einzelnen Täters nicht ankommt, soll hier der Begriff im letzteren Sinne verstanden werden[149].

3. Die Einbeziehung von Nachhandlungen in die Bewertung der Tatschwere und deren Voraussetzungen

Für die Berücksichtigung des Nachtatverhaltens bei der Bewertung der Tatschwere bieten sich im wesentlichen zwei Wege an: Entweder wird das Verhalten des Täters nach der Tat in die Beurteilung einbezogen, es findet also eine Gesamtbetrachtung des Tatkomplexes einschließlich der Vor- und Nachhandlungen statt, oder es ist zunächst die Gefährlichkeit für den Zeitpunkt nach der Vollendung der Tat festzustellen; bei der Bejahung des letzteren Weges wäre dann die Frage zu stellen, ob das Nachtatverhalten geeignet ist, den festgestellten Grad der Schwere zu erhöhen oder zu mindern — eine mehr

[146] Zweifellos kann der Begriff der objektiven Gefährlichkeit auch mit dem Verstoß gegen die Rechtsordnung gleichgesetzt werden. In diesem Sinne ist der Begriff nicht graduierbar; es handelt sich dann um eine formelle, nicht materielle Sozialschädlichkeit.

[147] So etwa *Robert v. Hippel*, Deutsches Strafrecht, Erster Band, S. 517; Zweiter Band, S. 275, Anm. 4.

[148] Vgl. *Grünhut*, Gefährlichkeit als Schuldmoment, in: MonKrim., Beiheft 1, S. 87 ff., 95; *Peters*, Kriminalpolitische Stellung, S. 75 FN 4.

[149] Der weitere Begriff „kriminelle Gefährlichkeit" der sog. Positiven Kriminalistenschule — kriminell gefährlich ist jeder, der ein Delikt begangen oder zu begehen versucht hat; der Grad der kriminellen Gefährlichkeit bestimmt sich nach der Schwere der Tat und der Rückfallbereitschaft des Täters (vgl. *Daniel*, Gefährlichkeit und Strafmaß im Sinne der Positiven Kriminalistenschule, S. 27 ff.) — ist auf ein spezialpräventives System zugeschnitten.

„atomistische“ Betrachtungsweise. Gegen diese spricht jedoch entscheidend die Zukunftsorientiertheit eines generalpräventiven Systems; es kommt gerade nicht darauf an, wie schwer die Tat zu einem in der Vergangenheit liegenden Zeitpunkt zu werten ist, sondern wie sie sich im Hinblick auf die Erziehungsbedürftigkeit und die Rechtstreue der Allgemeinheit im Zeitpunkt der Aburteilung darstellt. Es würde demnach eine Systemwidrigkeit bedeuten, das Urteil über die objektive Gefährlichkeit auf den Zeitpunkt der Aburteilung zu beziehen und erst dann die Frage nach einer möglichen Gefährlichkeitserhöhung oder -minderung durch Nachhandlungen des Täters zu stellen. Es bleibt daher der Weg einer Einbeziehung des Nachtatverhaltens in die Beurteilung der objektiven Gefährlichkeit im Sinne einer Gesamtwertung des Verhaltens.

Dem könnte entgegengehalten werden, der Verstoß gegen die Rechtsordnung sei mit der Begehung der Tat abgeschlossen, die Schwere der Tat stehe in diesem Augenblick als „unerbittliche Tatsache“ fest[150]. Eine solche Meinung aber würde verkennen, daß das Kriterium für die objektive Gefährlichkeit das Ausmaß der Sozialschädlichkeit der Tat ist, das durch Handlungen nach der Tatbestandsverwirklichung verstärkt — etwa durch das Zerstören der Beute oder durch die Verfestigung des durch die Tat entstandenen rechtswidrigen Zustandes — oder vermindert werden kann — so durch die Wiederherstellung des der Rechtsordnung entsprechenden Zustandes: Das Ausmaß dieser Sozialschädlichkeit steht erst im Zeitpunkt der Aburteilung hinreichend fest[151,152].

Diese Auffassung von der Berücksichtigung des Nachtatverhaltens in objektiver Hinsicht bedarf jedoch einer Präzisierung und Einschränkung: Da sich der Grad der Sozialschädlichkeit der Tat nach

[150] Eine solche Ansicht wird für das Urteil über die Rechtswidrigkeit häufig vertreten, vgl. unten S. 90 f.

[151] Daß sich auch nach diesem Zeitpunkt noch Veränderungen ergeben können, muß aus prozessualen Gründen außer Betracht bleiben.

[152] Die Verwendung des Nachtatverhaltens als Strafzumessungsgrund bei *Feuerbach* (vgl. oben S. 16 f.) ergab sich dagegen allein aus der Berücksichtigung der subjektiven Gründe der Strafbarkeit: „Der subjektive Grund rechtswidriger Handlungen liegt in der Sinnlichkeit und in den, durch sie bestimmten, sinnlichen Triebfedern des Menschen, welche mittels des Gefühls der Lust die entgegenstehenden Beweggründe überwinden und das Begehren zu der Tat determinieren. Diese sinnlichen Triebfedern begründen daher die Gefahr für das Recht“ (Revision der Grundsätze und Grundbegriffe des positiven peinlichen Rechts, Teil 2, S. 373). Die Triebfedern unterscheiden sich nach ihrer Intensität oder Stärke, nach ihrer Festigkeit und Inkorrigibilität und nach ihrem Umfang (a. a. O., S. 374, 380 ff.). Je stärker die jeweilige Triebfeder ist, desto gefährlicher und strafbarer ist die Handlung (a. a. O., S. 391). Handlungen aus Gewohnheit, Handlungen, die einem zum Verbrechen geneigten Gemüt entspringen, die auf Schwäche und Stumpfheit

Art und Wert des angegriffenen Objektes richtet, die Schwere der Tat also in erster Linie durch die Erheblichkeit und Schädlichkeit des erzielten oder erstrebten Erfolges bestimmt wird[153], können nur Verhaltensweisen in die Bewertung einbezogen werden, die diese Sozialschädlichkeit betreffen. Darüber hinaus aber erscheint es als weitere Einschränkung konsequent, nicht jedes in diesem Sinne sozialwidrige Nachtatverhalten zu verwerten, sondern nur ein solches, das in Beziehung zu dem betroffenen Rechtsgut steht, das also die Sozialschädlichkeit und damit die objektive Gefährlichkeit der jeweiligen Tat betrifft. Denn wenn diese sich nach der Größe des Sozialschadens und nach dem Verletzungserfolg richtet, können in die Bewertung auch nur solche Verhaltensweisen einbezogen werden, die diese Kriterien beeinflussen; das aber sind solche, die sich auf das gleiche geschützte Rechtsgut beziehen. Entschuldigt sich etwa der Täter nach der Begehung eines Diebstahls bei dem Opfer, so bleibt der Verletzungserfolg dennoch in gleicher Intensität bestehen, sein Verhalten kann also bei der Bewertung der objektiven Gefährlichkeit nicht berücksichtigt werden[154]; anders ist dies dann, wenn der Täter die gestohlene Sache zurückgibt und damit den der Rechtsordnung gemäßen Zustand wiederherstellt[155]. Ebenso verhält es sich mit der Verstärkung der Sozialwidrigkeit durch Nachhandlungen: Wenn der Täter die durch Betrug erlangte Sache vernichtet, ist der Verletzungserfolg größer, der Schaden wird irreparabel; verhöhnt er das Opfer dagegen — etwa durch telefonische Anrufe nach der Tat —, so sagt dies über die Sozialgefährlichkeit des begangenen Betruges nichts aus, sondern kann nur über einen weiteren Tatbestand oder bei der Bewertung der Gefährlichkeit des Täters Bedeutung gewinnen.

---

beruhen etc., begründen eine erhöhte Strafbarkeit (vgl. insgesamt a. a. O., S. 406 ff.). Wenn daher aus dem Nachtatverhalten auf „einen noch geringen Grad von Verdorbenheit und Verwilderung geschlossen werden kann" (Art. 93 VI bay. Strafgesetzbuch von 1813), erscheint die Minderung der Strafbarkeit folgerichtig. Dem widerspricht auch nicht, daß *Feuerbach* an anderer Stelle erklärt hat, die Berücksichtigung von Reue, freiwilligem Geständnis, Schadensersatz usw. als „Milderungsgrund" verstoße gegen die Natur der Sache (Lehrbuch des gemeinen in Deutschland gültigen peinlichen Rechts, § 101); denn *Feuerbach* verstand unter „Milderungsgründen" nur solche, bei denen der Richter die Strafe unter das Minimum der gesetzlich angedrohten Strafe herabzusetzen befugt war (vgl. Revision, Erster Teil, S. 221 f.).

[153] Vgl. *Drost*, Ermessen, S. 169 f.

[154] Anders bei der Bewertung der subjektiven Gefährlichkeit des Täters, vgl. im folgenden.

[155] So auch — allerdings bezogen auf die Rechtswidrigkeit in einem schuldorientierten System — *Kern*, Grade der Rechtswidrigkeit, in: ZStW Bd. 64, S. 255 ff., 287.

4. Die Berücksichtigung von Nachhandlungen bei der Beurteilung des Täters

Nach der Erörterung der objektiven Seite stellt sich nun die Frage, inwieweit das Nachtatverhalten auch bei der subjektiven Gefährlichkeit des Täters berücksichtigt werden kann. Die Beurteilung der subjektiven Gefährlichkeit setzt eine Persönlichkeitswürdigung voraus, für die das Verhalten des Täters nach der Tat aufschlußreich sein kann. Auf die vielfältigen psychoanalytischen Schwierigkeiten, die bei einer solchen Berücksichtigung entstehen können, ist mehrfach hingewiesen worden[156]. Vereinfacht wird die tatrichterliche Würdigung allerdings in diesem Zusammenhang dadurch, daß es nicht auf die Gesinnung des Täters zur Zeit der Tat, sondern auf seine Haltung zum Zeitpunkt der Aburteilung ankommt; es ist daher nicht ein Schluß von dem Nachtatverhalten auf die Gesinnung in einem zurückliegenden Zeitpunkt erforderlich[157], sondern dieses ist ein selbständiger Bestandteil der Gesamtwertung des Ausmaßes der subjektiven Gefährlichkeit. In diesem Sinne ist die Berücksichtigung der Nachhandlungen nicht nur möglich, sondern geboten. Es unterliegt keinem Zweifel, daß beispielsweise die — freiwillige — Schadenswiedergutmachung[158] oder die Reue die Bewertung der Gefährlichkeit des Täters, seiner Haltung gegenüber der Rechtsordnung beeinflussen — immer vorausgesetzt allerdings, die tatrichterliche Würdigung ergibt die Ernsthaftigkeit und Echtheit der dem Nachtatverhalten zugrunde liegenden Beweggründe. Ebenso sagen Indifferenz gegenüber den Folgen der Tat, Schmähungen des Opfers oder Täuschungsversuche gegenüber den staatlichen Verfolgungsorganen etwas aus über die Intensität der kriminellen Energie des Täters.

Bei der Wahrung der Rechtstreue der Allgemeinheit geht es darum, das Recht gegenüber dem vom Täter begangenen Unrecht durchzusetzen und damit die Unverbrüchlichkeit der Rechtsordnung vor der Rechtsgemeinschaft zu erweisen[159]. Damit sind einer umfassenden Persönlichkeitserforschung in einem generalpräventiven System Grenzen gesetzt. Sie darf nicht den Zusammenhang mit dem begangenen Unrecht verlieren, sonst fehlt im Bewußtsein der Allgemeinheit die

---

[156] Vgl. beispielhaft — bezogen auf das Geständnis — *Bohne*, Psychoanalyse und Strafrecht, in: ZStW Bd. 47, S. 439 ff., bezogen auf die Reue *Liepmann*, Die Reue vom kriminalistischen Standpunkt, in: ZStW Bd. 22, S. 72 ff., insbesondere S. 85 ff.; ferner *Rosenfeld*, Die richterliche Strafzumessung, a. a. O., S. 157.

[157] Wie möglicherweise dann, wenn es darum geht, das Maß der Tatschuld festzustellen, vgl. unten S. 72 ff.

[158] Soweit diese nicht bereits bei der objektiven Gefährlichkeit berücksichtigt werden muß.

[159] BGHSt. 24, 40 ff., 44.

Verbindung zwischen dem Ziel, die Unverbrüchlichkeit der Rechtsordnung zu erweisen, und der Zumessung der Strafe. Hieraus folgt für Nachhandlungen des Täters, daß sie nur dann strafzumessungsrelevant sind, wenn sie sich auf die Tat beziehen und damit erkennbar in einem engen Zusammenhang mit ihr stehen.

5. Zusammenfassung

Das Verhalten des Täters nach der Tat ist in einem generalpräventiven System bei der Bewertung der objektiven und subjektiven Gefährlichkeit — mit den dargelegten Einschränkungen — zu berücksichtigen. Insbesondere die Bewertung der subjektiven Gefährlichkeit darf aber nicht dazu führen, daß die Strafe nach Maßgabe der Persönlichkeit individualisiert wird: beide Kriterien dienen nur dazu, dem Richter die Strafzumessung im Blick auf die Allgemeinheit, auf deren Abschreckung und die Befriedigung des Rechtsgefühls, zu ermöglichen.

B. Die Spezialprävention

I. Der Inhalt des Spezialpräventionsgedankens

Eine unter spezialpräventiven Gesichtspunkten verhängte Strafe hat die Aufgabe, den einzelnen Täter von der Begehung weiterer Straftaten abzuhalten; die in diesem Täter begründete Gefahr künftiger Deliktsbegehung soll beseitigt werden[160].

Die Spezialprävention ging nach ihren ursprünglichen Vorstellungen von den Wirkungen der Strafe auf den Verbrecher aus. Diese bestehen nach *v. Liszt*[161] zum einen in der Anpassung des Täters an die Gesell-

[160] Vgl. zum Wesen der Spezialprävention u. a. *Drost,* Ermessen, S. 173; *Dreher,* Über die gerechte Strafe, S. 111 ff.; *Gallas,* Kriminalpolitik und Strafrechtssystematik, S. 17 f.; *v. Liszt,* Der Zweckgedanke im Strafrecht, a. a. O., S. 163 ff.; *Peters,* Kriminalpolitische Stellung, S. 85 ff. Es ist im Rahmen dieser Untersuchung nicht möglich, auf sämtliche Spielarten des spezialpräventiven Gedankens, insbesondere wie er sich in der Bewegung der défense sociale ausgedrückt hat, einzugehen, vgl. dazu u. a. *Rebhahn,* Franz von Liszt und die moderne défense sociale, sowie die umfassende Darstellung des neuesten Standes dieser Bewegung bei *Melzer,* Die Neue Sozialverteidigung und die deutsche Strafrechtsreformdiskussion, insgesamt aber auch — mit kritischem Akzent — *Lange,* Das Rätsel Kriminalität, S. 63 ff.

[161] *v. Liszt,* Der Zweckgedanke im Strafrecht, a. a. O., S. 163 f.

schaft entweder durch Besserung oder durch — spezialpräventive, d. h. auf den einzelnen Täter ausgerichtete — Abschreckung, zum anderen in der Gewaltanwendung durch vorübergehende oder dauernde Sequestrierung des Täters: „Besserung, Abschreckung, Unschädlichmachung: das sind demnach die unmittelbaren Wirkungen der Strafe; die in ihr liegenden Triebkräfte, durch welche sie den Schutz der Rechtsgüter bewirkt“[162].

Entsprechend der Einteilung der Täter in Augenblicks- oder Gelegenheitsverbrecher, verbesserliche und unverbesserliche Zustandsverbrecher[163] ergeben sich aus den Wirkungen der Strafe deren Aufgaben: der nicht besserungsbedürftige Täter soll abgeschreckt, der besserungsfähige und -bedürftige soll resozialisiert und der nicht besserungsfähige Täter unschädlich gemacht werden[164].

Aber auch hier ist seit *v. Liszt* eine Akzentverlagerung eingetreten: von dem Gedanken des Gesellschaftsschutzes zu der Idee der Besserung und Resozialisierung[165]. Die „Anpassung an die Gesellschaft“ im Sinne v. Liszts muß heute als „Erziehung zur freien Willensentscheidung und der Erziehung zur persönlichen Verantwortlichkeit“[166] verstanden werden[167]; es geht darum, „den Menschen zur Überdeterminierung eventueller kriminogener Umstände durch seine Willensentscheidung zu befähigen“[168].

Der Begriff der „Resozialisierung“ deutet an sich darauf hin, daß es einen früheren Zustand herzustellen gilt, daß es sich also um eine Wiedereingliederung des Täters in die Gesellschaft handelt. „Die Wirklichkeit zahlreicher delinquenter Lebensläufe ist aber die, daß es an solcher Sozialisiertheit seit jeher gefehlt hat, es also gilt, diese im Einzelfall erstmalig überhaupt zu erreichen“[169]. Aus diesem Grund

---

[162] *v. Liszt,* Der Zweckgedanke im Strafrecht, a. a. O., S. 164; die Sperrung ist vom Verfasser aufgehoben worden.

[163] Vgl. auch *Peters,* Kriminalpolitische Stellung, S. 87.

[164] *v. Liszt,* Der Zweckgedanke im Strafrecht, a. a. O., S. 166.

[165] Vgl. *Lange,* Das Rätsel Kriminalität, S. 64.

[166] *Melzer,* Die Neue Sozialverteidigung und die deutsche Strafrechtsreformdiskussion, S. 67, 68.

[167] In diesem Sinne nähert sich die Spezialprävention dem Sühnegedanken, vgl. *Lange,* Grundfragen der deutschen Strafrechtsreform, in: SchwZfStr., 70. Jg., S. 373 ff., 375: „Auf der anderen Seite ist man sich heute darüber klar, daß eine wirkliche Resozialisierung nicht möglich ist, wenn man den Täter an seiner Tat vorbei statt durch sie hindurch und damit zu ihrer Überwindung führt.“

[168] *Melzer,* Die Neue Sozialverteidigung und die deutsche Strafrechtsreformdiskussion, S. 67.

[169] *Schüler-Springorum,* Was stimmt nicht mit dem Strafvollzug?, S. 47; vgl. auch *Mayer,* Resozialisierungsbedürftigkeit, -Willigkeit und -Fähigkeit der Straftäter, Zeitschrift für Strafvollzug, 1966, S. 323 f.

wird zunehmend der Begriff „Sozialisation“ verwendet[170]. Und das beinhaltet einen weiteren Aspekt der spezialpräventiven Strafe. Es geht nicht nur um die Einwirkung auf den schon entsozialisierten Täter, sondern auch darum, einen in die soziale Ordnung eingefügten, also nicht resozialisierungsbedürftigen Täter nicht aus dieser Ordnung herauszureißen[171].

Hinter diesem Gedanken der Sozialisation im umfassenden Sinne tritt heute der Gedanke der spezialpräventiven Abschreckung und Sicherung des Täters zurück[172]. Vielfach werden daher spezialpräventive Überlegungen mit der Sozialisierungsfrage gleichgesetzt. Völlig aber kann ein spezialpräventives Strafrechtssystem auf die Unterscheidung zwischen Abschreckungs-, Sicherungs- und Besserungsstrafe nicht verzichten, will es nicht die Sicherung in ein Maßnahmerecht verweisen.

II. Das Maßprinzip der spezialpräventiven Strafe

Da die Strafe in einem spezialpräventiven System die Aufgabe hat, entweder auf den Täter mit dem Ziel der Verhinderung weiterer Straftaten einzuwirken oder — wenn auch erst in zweiter Linie — die Gesellschaft vor dem unverbesserlichen Täter zu schützen, wird das Maß der Strafe durch den jeweils angestrebten Präventionserfolg bestimmt[173]. Hierzu muß zunächst festgestellt werden, ob die Voraussetzungen für die Anwendung der Sozialisierungs-, Sicherungs- oder Abschreckungsstrafe vorliegen[174].

Nach der Entscheidung, welche Art der Strafe zu verhängen ist, hat der Richter in einem spezialpräventiven Strafrecht die Aufgabe, die Höhe der jeweiligen Strafe zu bestimmen. Dabei bietet die Sicherungsstrafe keine Schwierigkeiten — die höchstmögliche Strafe ist die

---

170 Der Begriff ist hier in einem anderen Sinne als im Bereich der Sozialwissenschaften zu verstehen. Dort ist der Erziehungsgedanke als Ausdruck für bestimmte Formen des Sozialisierungsprozesses ein Teilaspekt der „Sozialisation“, vgl. *Child,* Stichwort „Sozialisation“, in: Wörterbuch der Soziologie, S. 1028.

171 Vgl. BGHSt. 24, 40 ff., 42 f.; vgl. auch *Horstkotte,* Die Vorschriften des Ersten Gesetzes zur Reform des Strafrechts über die Strafbemessung, a. a. O., S. 124.

172 Vgl. dazu auch *Lange,* Das Rätsel Kriminalität, S. 63.

173 So auch *Gallas,* Kriminalpolitik und Strafrechtssystematik, S. 18.

174 Über die Schwierigkeiten der Unterscheidung zwischen verbesserlichen und unverbesserlichen Tätern vgl. *Peters,* Kriminalpolitische Stellung, S. 88 FN 3.

notwendige Folge[175]. Für die Sozialisierungsstrafe ist entscheidend, ob und in welchem Maße der jeweilige Täter entwurzelt ist sowie welcher Zeitraum erforderlich erscheint, um in ihm Gegenkräfte gegen kriminogene Umstände zu entwickeln; Maßprinzip der spezialpräventiven Strafe ist daher insoweit der Grad der Sozialisierungsfähigkeit und -bedürftigkeit des einzelnen Täters. Die Höhe der Abschreckungsstrafe wird durch die Frage bestimmt, inwieweit es der Anwendung der Strafe bedarf, um in dem Täter die Erinnerung an das Strafübel wachzuhalten.

Für die Besserungsfähigkeit und -bedürftigkeit als Abgrenzungskriterium und als Maßprinzip der spezialpräventiven Strafe kommen verschiedene Bewertungsgesichtspunkte in Betracht. Die Tat selber spielt dabei in einem reinen System entgegen neueren Versuchen, sie wieder mehr in den Vordergrund zu stellen[176], nur eine untergeordnete Rolle. *H. Kaufmann* hat nachgewiesen, daß etwa das System *Gramaticas* in diesem Punkt Widersprüche enthält: Die Frage nach der Sozialisierungsfähigkeit und -bedürftigkeit läßt sich nicht entscheiden nach der Schwere der Tat; zwischen Tatschwere und Besserungsbedürftigkeit besteht vielmehr häufig eine Antinomie, die in einem spezialpräventiven System zugunsten der Besserung entschieden werden muß[177]. Damit steht an erster Stelle die Würdigung der Persönlichkeit des Täters. Sie ist zwar nicht das einzige Kriterium der Strafzumessung — so ist auch eine Beurteilung der bestehenden und weiterhin zu erwartenden Umwelteinflüsse von Bedeutung —, aber das letztlich über Art und Maß der Strafe entscheidende: „Für Art und Maß der Strafe kann es nur einen grundsätzlichen Maßstab geben: die Intensität der verbrecherischen, d. h. der antisozialen Gesinnung des Täters"[178], besser allerdings wohl „die aus Art und Stärke einer verbrecherischen Gesinnung zu erschließende kriminelle Gefährlichkeit"[179]. Diese kriminelle Gefährlichkeit ist dann in Beziehung zu

[175] Daß diese Strafe nicht lebenslanger Freiheitsentzug zu sein braucht, ergibt sich aus „der Wendung zum Humanen entgegen der robusten Verbrechensbekämpfung der älteren Schule", vgl. *Lange,* Das Rätsel Kriminalität, S. 64.

[176] Vgl. *Melzer,* Die Neue Sozialverteidigung und die deutsche Strafrechtsreformdiskussion, S. 71 f., insbesondere S. 76 f.

[177] *H. Kaufmann,* Grammaticas System der Difesa Sociale und das deutsche Schuldstrafrecht, a. a. O., S. 432 ff., 434 f.; ferner *A. Kaufmann,* Das Schuldprinzip, S. 205; vgl. aber auch *Nowakowski,* Freiheit, Schuld, Vergeltung, a. a. O., S. 64 f.

[178] *v. Liszt,* Nach welchen Grundsätzen ist die Revision des Strafgesetzbuches in Aussicht zu nehmen, in: Strafrechtliche Aufsätze und Vorträge, Zweiter Band, S. 356 ff., 389 f.

[179] *Drost,* Ermessen, S. 178, insbesondere S. 211 ff.; vgl. aber auch *Peters,* Kriminalpolitische Stellung, S. 89 FN 1.

setzen mit der Sozialisierungsfrage, also damit, welcher Zeitraum erforderlich und genügend erscheint, gerade diesen Täter mit dem Grad seiner Gefährlichkeit zu einer der Rechtsordnung entsprechenden Haltung zu bewegen. Auch für die Höhe der Abschreckungsstrafe ist in erster Linie die Persönlichkeit des Täters maßgebend; es kommt entscheidend auf die Stärke der Gegenantriebe und das Maß des Willens des Täters, diese auf sich wirken zu lassen, an[180].

III. Folgerungen für das Verhalten des Täters nach der Tat

Die Strafzumessung in einem spezialpräventiven System erfordert im Rahmen dieser Persönlichkeitswürdigung[181] eine eingehende Berücksichtigung derjenigen Verhaltensweisen des Täters, die Aufschluß über seine Gefährlichkeit, seine Sozialisierungsfähigkeit und -bedürftigkeit zu geben geeignet sind.

Insoweit ist sicherlich auch die Tat von Bedeutung, die Frage, aus welchen Motiven heraus der Täter gehandelt hat, mit welchen Mitteln er vorgegangen ist, welche Schwierigkeiten er zu überwinden gehabt hat etc.; die kriminelle Gefährlichkeit des Täters kann aus der Bahn des begangenen Verbrechens heraus ersichtlich werden[182]. In diesem Sinne kann die Tat Ausdrucksform der kriminellen Persönlichkeit sein, muß es aber nicht[183], insbesondere ist der Wert des verletzten Rechtsguts nicht notwendigerweise ein Kriterium für den Grad der Gefährlichkeit des Täters. Die Tat ist damit eine der Erkenntnisquellen für die Persönlichkeit.

In eben diesem Maße ist auch das Verhalten nach der Tat selbständiger — d. h. von der Bewertung der Tat als solcher unabhängiger — Bewertungsgesichtspunkt; es ist Gegenstand der Prüfung des Richters mit dem Ziel, den Grad der Gefährlichkeit, das Ausmaß der Sozialisierungsfähigkeit und -bedürftigkeit festzustellen. Das Nachtatverhalten muß daher in einem spezialpräventiven System in die Strafzumessung einbezogen werden[184].

Um so mehr verwundert es, daß einer der klassischen spezialpräventiv orientierten Entwürfe — der Entwurf *Ferri* aus dem Jahre

[180] Vgl. *Peters*, Kriminalpolitische Stellung, S. 89.

[181] Über die Bedenken gegen eine solche umfassende Persönlichkeitserforschung vgl. *Lange*, Der Strafanspruch des Staates und die Grenzen der Strafbarkeit, in: Probleme der Strafrechtsreform, S. 75 ff., 82. In diesem Zusammenhang geht es aber nicht um eine Bewertung des Systems.

[182] Vgl. auch *Melzer*, Die Neue Sozialverteidigung und die deutsche Strafrechtsreformdiskussion, S. 72.

[183] Vgl. die Beispiele bei *H. Kaufmann*, Grammaticas System der Difesa Sociale und das deutsche Schuldstrafrecht, a. a. O., S. 435.

[184] So auch *Peters*, Kriminalpolitische Stellung, S. 89.

1921[185] — ausdrücklich die Berücksichtigung des Verhaltens nach der Tat nur in sehr engen Grenzen zuläßt[186]: Nach Art. 20 und 21 dieses Entwurfs ist die staatliche Sanktion nach Maßgabe der Gefährlichkeit des Verbrechers zuzumessen; deren Grad wird durch die Schwere der Tat, durch die Einzelumstände, durch die bestimmenden Beweggründe und die Persönlichkeit des Verbrechers bestimmt[187]. Ein höherer Grad der Gefährlichkeit wird u. a. angezeigt durch „verwerfliches Verhalten nach dem Verbrechen gegen den Verletzten oder Geschädigten oder seine Angehörigen, gegen die anwesenden oder hinzukommenden Personen"[188]; als Umstände, die auf eine geringe Gefährlichkeit hinweisen, sind aufgeführt „die aus freien Stücken und unmittelbar nach Begehung der Tat zur Milderung von deren Folgen oder zum wenn auch nur teilweisen Schadensersatz unter Opfern für die eigene wirtschaftliche Lage entwickelte Tätigkeit" sowie das „Geständnis des Verbrechers infolge besserer Einsicht vor seiner Entdeckung und freiwillige Selbstgestellung sofort nach dem Verbrechen infolge besserer Einsicht"[189].

Die Fassung des Entwurfs verdient insoweit Zustimmung, als sie mehr als andere Gesetze und Entwürfe statt auf das Nachtatverhalten als solches auf die dem Verhalten zugrunde liegenden Beweggründe abstellt. Dagegen steht eine derart enge Begrenzung insbesondere bei der Gefährlichkeitssteigerung im Widerspruch mit dem System, wie sich auch aus der dem Entwurf beigegebenen Denkschrift ergibt. Dort heißt es nämlich zu Art. 21 Ziff. 16, es handele sich bei dem Verhalten des Verbrechers nach der Ausführung der Tat um einen Umstand, der der bisherigen juristischen Erscheinungsform des Verbrechens selbst fern liege, der aber einen solchen symptomatischen Wert habe, daß er durch Gesetz geregelt werden müsse[190]. Das Nachtatverhalten soll also insgesamt symptomatisch sein, eine Erkenntnisquelle für die Gefährlichkeit, es werden aber nur wenige Nachhandlungen berücksichtigt. Wenn *Daniel* meint, die enge Fassung der einschlägigen Vorschriften hänge damit zusammen, daß das Nachtatverhalten — soweit es erfaßt werde — unabhängig von den sonstigen Eigenschaften des Täters als erschwerend oder mildernd zu berücksichtigen sei[191], so zeigt dies deutlich, wie sehr dieser Entwurf trotz der heftigen Ablehnung der „klassischen Lehre von der moralischen Schuld und deren

---

185 Relazione sul Progetto Preliminare di Codice penale Italiano. Denkschrift und Vorentwurf zu einem Italienischen Strafgesetzbuch.

186 In engeren Grenzen als das Gesetz *Feuerbachs*.

187 Denkschrift und Vorentwurf, S. 355, 356.

188 Art. 21 Ziff. 16, Denkschrift und Vorentwurf, S. 357.

189 Art. 22 Ziff. 7 und 8, Denkschrift und Vorentwurf, S. 357.

190 Denkschrift und Vorentwurf, S. 244.

191 *Daniel*, Gefährlichkeit und Strafmaß im Sinne der Positiven Kriminalistenschule, S. 35.

Bestrafung im Verhältnis zur Tat"[192] dem Tatdenken verhaftet gewesen ist. In einem rein spezialpräventiven System, das ausgerichtet ist auf die Besserung und Resozialisierung des Täters, in dem nicht die Tat, sondern die Persönlichkeit des Täters über das Strafmaß entscheidet, sind solche Einschränkungen systemwidrig.

Das Nachtatverhalten als Erkenntnisquelle für die Persönlichkeitserforschung hat in das deutsche Recht bereits vor Inkrafttreten des 1. Strafrechtsreformgesetzes Eingang gefunden. Nach § 97 JGG muß der Jugendrichter den Strafmakel nach Ablauf einer vom Gesetz vorgesehenen Frist als beseitigt erklären, wenn sich ein zu Jugendstrafe verurteilter Jugendlicher durch einwandfreie Führung als „rechtschaffener Mensch" erwiesen hat. Hier wird also nicht nur das unmittelbare Verhalten nach der Tat, sondern sogar das Verhalten nach dem Urteil in die Bewertung mit einbezogen. Nicht Gnadengesichtspunkte sind maßgebend, sondern der Umstand, daß offenbar infolge der Strafe für das begangene Unrecht in dem Jugendlichen eine Wandlung, eine Hinwendung zum Recht, eingetreten ist: Es wird die „Reaktion auf die gerichtliche Konfrontierung mit der Tat und auf ihre Bewertung durch das Recht in die Beurteilung des jungen Menschen anläßlich seiner Tat einbezogen. Erst mit dem Ablauf der gesetzlichen Tilgungsfristen wird die pädagogische Bilanz endgültig gezogen ... Das Urteil ist nur eine Zwischenbilanz, nicht schon der Schlußstrich ... Rechtliche Sinngebung und erzieherischer Wert der Rehabilitation durch Richterspruch laufen in dieser Deutung parallel und bedingen einander geradezu: es handelt sich nicht um einen Gnadenakt ..., sondern um einen Rechtsakt, der die in dieser Strafsache endgültige Bewertung des Täters und seiner Tat zum Ausdruck bringt, um ihm gerecht zu werden"[193].

Die Ausführungen erweisen die Notwendigkeit einer Einbeziehung von Nachhandlungen in die Strafzumessung in einem spezialpräventiv orientierten Strafrecht. Die Verwertung von Nachhandlungen unterliegt keinen Einschränkungen.

C. Die Strafe als Vergeltung, als Sühne oder als sozialethische Mißbilligung

I. Die Sinngebung der Strafe

Die folgenden Ausführungen befassen sich mit der Strafe als Vergeltung, als Sühne und als Ausdruck rechtlich-sozialethischer Miß-

---

[192] *Ferri* im Vorwort zu *Daniel*, Gefährlichkeit und Strafmaß im Sinne der Positiven Kriminalistenschule, S. VIII.

[193] *Lange*, Erziehung und Strafe im heutigen Jugendstrafrecht, Festschrift für Olivecrona, S. 359 ff., 371 f.; vgl. auch *Dallinger-Lackner*, JGG, Vorbem. § 97, Rdn. 3.

billigung als mögliche Ausgangspunkte für ein strafrechtliches System. Sie können und sollen in diesem Zusammenhang keinen Anspruch auf Vollständigkeit erheben; sie bleiben angesichts der vielfältigen Erscheinungsformen dieser Strafinhalte notwendigerweise fragmentarisch. Dennoch kann nicht völlig auf die Darlegungen verzichtet werden, weil anderenfalls eine Konkretisierung der Strafinhalte auf das Maßprinzip der Strafen und auf das Verhalten des Täters nach der Tat nicht möglich ist.

1. Die Vergeltung

Der wesentliche Inhalt der Strafe wurde lange und wird auch heute noch in der Vergeltung gesehen: „Die heute in Deutschland eindeutig vorherrschende Meinung erklärt das Institut als eine auf der Vergeltungsidee beruhende staatliche Übelszufügung“[194]. Sowohl der Bundesgerichtshof[195] als auch das Bundesverfassungsgericht[196] sind von der Vergeltung als Strafinhalt ausgegangen. Dabei kann an dieser Stelle offenbleiben, woran die Vergeltung anknüpft — an den Erfolg des Verhaltens, an die Tat oder an die Schuld des Täters —, wie also die Relation zwischen dem strafbaren Verhalten und der Sanktion hergestellt wird; entscheidend ist, daß hier die gewollte Übelszufügung, die Verhängung eines persönlichen Leidens über den Täter im Vordergrund steht[197]. Die Übelszufügung erscheint einerseits als Wesen der Strafe: „Jede Kriminalstrafe ist ihrem Wesen nach Vergeltung“[198]. Sie ist andererseits auch Aufgabe der Strafe: „Die Kriminalstrafe dient neben der Abschreckung und Besserung der Vergeltung“[199].

2. Die rechtlich-sozialethische Mißbilligung

Auch in diesem Bereich bahnt sich ein Wandel an: „Es handelt sich ... um nichts Geringeres, als daß die Strafe nicht mehr als ab-

---

[194] So *Schönke-Schröder*, StGB, 13. Aufl., Vorbem. § 13 Rdn. 3; vgl. ferner u. a. *Nagler*, Die Strafe, S. 561; *Spendel*, Zur Lehre vom Strafmaß, S. 71 ff.; *Jagusch*, Die Praxis der Strafzumessung, A I; *Welzel*, Lehrbuch S. 238; insgesamt die Nachweise bei *Friedrichs*, Homosexualität und Strafvollzug, S. 19 ff.

[195] So. u. a. BGHSt. 3, 265 ff., 268; vgl. auch OLG Köln in MDR 1953, S. 440.

[196] BVerfGE 22, 125 ff., 132; BVerfG, Beschluß v. 2. 5. 1967, NJW 1967, S. 1654 ff., 1656. Vgl. zur Rechtsprechung des Bundesverfassungsgerichts insgesamt *Volk*, Der Begriff der Strafe in der Rechtsprechung des Bundesverfassungsgerichts, ZStW Bd. 83, S. 405 ff.

[197] Vgl. dazu *Friedrichs*, Homosexualität und Strafvollzug, S. 15 ff.

[198] BVerfGE 22, 125 ff., 132.

[199] BVerfGE 21, 378 ff., 384; vgl. auch *Müller-Dietz*, Strafbegriff und Strafrechtspflege, S. 80.

sichtliche Zufügung eines Übels aufgefaßt werden kann, wie es die von jeher herrschende Meinung will, sondern nur noch als Ausdruck rechtlich-sozialethischer Mißbilligung"[200]. Damit verbindet sich zum einen die Absage an die „sich selbst genügende Vergeltungsidee im Geiste Hegels"[201], zum anderen die Feststellung, daß die bewußte Zufügung eines Strafleidens „niemals mehr Zweck, sondern allenfalls eine unvermeidliche Begleiterscheinung, ein notwendiges Übel dieses Instituts"[202] sein kann. Dieser Gedanke von der Strafe als sozialethische Mißbilligung beginnt sich immer mehr durchzusetzen[203].

Die Strafe hat danach die Aufgabe, durch eben die Mißbilligung des Rechtsbruches und des Rechtsbrechers das Recht zu manifestieren[204]; sie ist aber auch dazu bestimmt, durch Ansprechen und Aktivieren der Persönlichkeitskräfte den Täter mit sich und der Gemeinschaft zu versöhnen und steht damit in enger Verbindung mit dem Sühnegedanken[205]. Dem Täter wird nicht mehr vergolten derart, daß er die Übelszufügung über sich ergehen lassen muß[206], er wird vielmehr aufgerufen zu einer aktiven sittlichen Leistung, der Sühne[207].

3. Der Sühnegedanke

Eb. Schmidt hat dargelegt, daß die Rechtsprechung den Begriff der Sühne vielfach im Sinne von Generalprävention oder im Sinne von Vergeltung verwendet hat[208]. Der Unterschied zwischen einem solchen

200 *Lange*, Das Rätsel Kriminalität, S. 133.

201 *Lange*, Das Rätsel Kriminalität, S. 338.

202 *Lange*, Das Rätsel Kriminalität, S. 71.

203 So u. a. *Jescheck*, Schweizerisches Strafrecht und deutsche Strafrechtsreform, in: SchwZfStr., Jahrgang 78, S. 172 ff., 179; *Lange*, Grundfragen der deutschen Strafrechtsreform, in: SchwZfStr., Jahrgang 70, S. 373 ff., 383; *Noll*, Die ethische Begründung der Strafe, S. 17 ff.; *Müller-Dietz*, Grenzen des Schuldgedankens im Strafrecht, S. 31; *Sax*, Kriminalpolitik und Strafrechtsreform, in: JZ 1957, S. 1 ff., 4 f.; vgl. ferner die zahlreichen Nachweise bei *Noll*, a. a. O., FN 37, und bei *Müller-Dietz*, a. a. O., FN 12.

204 *Noll*, Die ethische Begründung der Strafe, S. 19.

205 *Lange*, Das Rätsel Kriminalität, S. 267.

206 *A. Kaufmann*, Dogmatische und kriminalpolitische Aspekte des Schuldgedankens im Strafrecht, in: Programm für ein neues Strafgesetzbuch, S. 56 ff., 64; vgl. ferner *Sax*, Kriminalpolitik und Strafrechtsreform, a. a. O., S. 5; a. A. *Klug*, Abschied von Kant und Hegel, in: Programm für ein neues Strafgesetzbuch, S. 36, der Vergeltung und Sühne gleichsetzt; vgl. auch *Bockelmann*, Schuld und Sühne, S. 6 f.

207 Vgl. *A. Kaufmann*, Dogmatische und kriminalpolitische Aspekte des Schuldgedankens im Strafrecht, a. a. O., S. 64, und Das Schuldprinzip, S. 208.

208 *Eb. Schmidt*, Strafzweck und Strafzumessung in einem künftigen Strafgesetzbuch, Mat. Bd. 1, S. 9 ff., 11; vgl. auch *Friedrichs*, Homosexualität und Strafvollzug, S. 29.

Verständnis der Sühnefunktion zu dem Begriff der Sühne, wie ihn etwa *Arthur Kaufmann* versteht, liegt darin, daß nicht das Unrecht oder die Schuld — durch die staatliche Strafe auferlegt — von außen ausgeglichen wird, sie ist vielmehr eine eigene sittliche Leistung des Täters, verantwortliche Übernahme mit dem Ziel der Versöhnung und Wiedergutmachung.

Wenn hiergegen eingewandt wird, Sühne sei ein Begriff, mit dem staatliches Strafen nichts zu tun habe, der staatlichen Maßnahmen völlig entzogen sei[209], so muß dem insoweit zugestimmt werden, als der Sühnegedanke allein nicht die tatrichterliche Strafzumessung im Einzelfall zu tragen geeignet ist[210]. Aber in diesem Zusammenhang geht es noch nicht darum, das Maßprinzip eines solchen Systems festzulegen, sondern eine Auffassung von Wesen und Aufgaben einer Strafe aufzuzeigen, auf der ein strafrechtliches System beruhen kann. Das aber ist bei dem Gedanken der Sühne, die hier nichts anderes bedeutet als das Ziel der Aktivierung der positiven Persönlichkeitskräfte zur eigenen Überwindung der Tat, der Fall. Und der Vorwurf, der Gedanke sei deshalb ungeeignet, weil man nicht bei jedem Täter das Eintreten eines solchen Überwindungsvorganges erwarten könne[211], trifft dann nicht den Kern, wenn man davon ausgeht, daß der Täter als Verantwortlicher einer solchen Pflichtensteigerung grundsätzlich zugänglich ist[212,213].

4. Das Gemeinsame dieser Auffassungen

Wenn auch — wie bereits diese kurzen Darlegungen zeigen — zwischen diesen Auffassungen[214] von der Strafe erhebliche Unterschiede bestehen, so können sie doch gemeinsam behandelt werden, weil sie

---

209 *Eb. Schmidt,* Strafzweck und Strafzumessung in einem künftigen Strafgesetzbuch, a. a. O., S. 11 ff., ferner Vergeltung, Sühne und Spezialprävention, in: ZStW Bd. 67, S. 177 ff., 186 ff.; vgl. auch *Spendel,* Zur Lehre vom Strafmaß, S. 107 f.

210 Will man ihn nicht wiederum mit Vergeltung oder aber mit der Resozialisierungsfrage identifizieren.

211 *Eb. Schmidt,* Vergeltung, Sühne, Spezialprävention, a. a. O., S. 188.

212 Vgl. *Sax,* Kriminalpolitik und Strafrechtsreform, a. a. O., S. 5.

213 Soweit allerdings der Sühnegedanke mit der Resozialisierungsstrafe gleichgesetzt wird — so wohl *A. Kaufmann,* Dogmatische und kriminalpolitische Aspekte des Schuldgedankens im Strafrecht, a. a. O., S. 65, 67 —, muß das hier insoweit außer Betracht bleiben, als damit rein spezialpräventive Ziele verfolgt werden sollen, weil sonst die Grenzen zu einem spezialpräventiven System hier zu sehr verwischt würden. Es gibt auch eine Übernahme der Schuld als Versöhnung ohne das Ziel des Verhinderns weiterer Straftaten. Daß eine Sühnestrafe gleichzeitig auch general- oder spezialpräventiv wirken kann — vgl. dazu *Baumann,* Zum Entwurf eines StGB, in:

in einem Punkt übereinstimmen: Im Gegensatz zu general- oder spezialpräventiv orientierten Systemen steht bei ihnen das Unrecht der Tat und die Schuld des Täters im Mittelpunkt der Strafzumessung.

II. Das Maßprinzip dieser Strafen

1. Unrecht und Schuld als wesentlicher Bestandteil eines jeden Systems

a) In einem Strafrecht, das die Vergeltung als Wesen und Zweck auffaßt, kommen für das Maßprinzip der Strafe, für die Frage nach dem Ob und Wie der Strafe, im wesentlichen drei Gesichtspunkte in Betracht: das Talionsprinzip, die Tatvergeltung und die Schuldvergeltung. Der Talionsgedanke bedarf hier keiner weiteren Erörterung, er hat heute nur noch historische Bedeutung; es bleiben daher Tat- oder Schuldvergeltung als Ausgangspunkte eines solchen Systems. Lange Zeit hat dabei die Tatvergeltung im Vordergrund gestanden, die Auferlegung eines der Tat in der Schwere entsprechenden Strafübels: „Strafe ist die Repression eines Verbrechers durch die Staatsgewalt, welche dadurch erfolgt, daß dem Verbrecher für seine Rechtsgüterverletzung eine verhältnismäßig gleiche Rechtsgüterverletzung auf Grund strafrichterlichen Urteils zugefügt wird“[215]. Zunehmend wurde dann auch die Schuld in die Bewertung miteinbezogen[216], bis sie schließlich immer mehr in den Vordergrund rückte: „Das bedeutet, daß zwar die Vergeltungsidee weiterhin unserem Strafrecht immanent ist, daß aber der Maßstab der gerechten Strafe nicht, wie die bisher wohl vorherrschende Meinung unter den Vergeltungstheoretikern annahm, die Schwere des Erfolges, sondern eben die der Schuld selbst ist“[217]. Damit ist keineswegs gesagt, daß der Tat selber und ihrem

---

Kleine Streitschriften zur Strafrechtsreform, S. 42 ff., 44 f. —, soll nicht bestritten werden.

[214] Neuerdings hat *Haag*, Rationale Strafzumessung, S. 26 ff., die Auffassung vertreten, die „Genugtuung für den Verletzten“ sei ein weiterer, eigenständiger Strafzweck, für den die Nachhandlungen bedeutsam sein sollen, vgl. S. 105. Es bedarf keiner Erörterung, ob ein solcher Strafzweck anzuerkennen ist; denn der „höchste Wert der zulässigen Genugtuung wird bei Verhängung einer der Tatschuld entsprechenden Strafe erreicht“ (S. 29). Damit ergeben sich keine Abweichungen zu den oben dargestellten Auffassungen.

[215] So der entschiedene Vergeltungsbefürworter *Birkmeyer*, Strafe und sichernde Maßnahmen, S. 14 f.

[216] Vgl. die Nachweise bei *Friedrichs*, Homosexualität und Strafvollzug, S. 22 f.

[217] *Lange*, Grundfragen der Bereinigung des Strafgesetzbuches, in: Verhandlungen des 39. Deutschen Juristentages, Teil C, S. 3 ff., 10, bereits im Jahre 1952 zu § 50 StGB.

Erfolg keine Bedeutung mehr zukommt, sie ist nicht nur — wie etwa in einem spezialpräventiven System — Anknüpfungspunkt für die staatliche Reaktion. Die strafrechtliche Schuld in einem solchen System ist unrechtsbezogen, sie wird beeinflußt von der Schwere der Rechtsgüterverletzung[218]. Deshalb hat Spendel ausführen können, der Schuldbegriff empfange seinen Inhalt vom Erfolgsbegriff[219]. Deshalb auch kehrt in der Rechtsprechung der Satz immer wieder, die Grundlage der Strafzumessung bilde für den Richter die „Bedeutung der Tat für die durch sie verletzte Rechtsordnung und der Grad der persönlichen Schuld des Täters"[220]. Das Unrecht erweist sich damit als eines der entscheidenden Erkenntnismittel der Schuld[221]. Mit dieser subjektivierenden Ausgestaltung des Vergeltungsgedankens wird die objektive Grundlage nicht verlassen, die subjektive Seite, die persönliche Schuld des Täters aber wird maßgebend für die Strafzumessung im Einzelfall: Vergolten wird die Tat, aber nach dem Maß der Schuld des Täters[222].

b) In einem System, das auf der Strafe als Ausdruck rechtlich-sozialethischer Mißbilligung beruht, steht die Schuld ebenfalls, wenn nicht in noch größerem Maße, im Vordergrund: „Sie ist Grundlage und Maßprinzip der Strafe"[223]; denn die sozialethische Mißbilligung kann nur an vorwerfbares und damit schuldhaftes Handeln oder Unterlassen anknüpfen[224]. Aber auch in einem solchen System ist die Tat nicht bedeutungslos; die Strafe ist Mißbilligung nicht nur des Rechtsbrechers, sondern auch des Rechtsbruches.

c) Für die Anhänger der Auffassung, die Sühne sei wesentliche Aufgabe der Strafe, ist die Schuld folgerichtig entscheidendes Maßprinzip der Strafe. Das Ziel, die eigenen Persönlichkeitskräfte des

---

[218] *Bruns*, Strafzumessungsrecht, S. 361. Vgl. ferner *Drost*, Ermessen, S. 155 f.; *Dreher*, Über die gerechte Strafe, S. 81 f.

[219] *Spendel*, Zur Lehre vom Strafmaß, S. 156.

[220] RGSt. 58, 106 ff., 109; BGHSt. 3, 179; ferner BGHSt. 20, 266. Formulierungen wie „Vergeltung des schuldhaften Unrechts", „Tatvergeltung nach dem Maß der Schuld" zeigen diese sachliche Verbindung; in ihnen kommt aber noch mehr die objektiv orientierte Auffassung zum Ausdruck.

[221] Vgl. *Drost*, Ermessen, S. 156; *Lenckner*, Der rechtfertigende Notstand, S. 38, ferner *Hardwig*, Personales Unrecht und Schuld, in: MonKrim. 1961, S. 194 ff., 203 f.

[222] Vgl. *Maurach*, AT, S. 76: „Die Tat ist Entstehungsgrund, die Schuld ist Bemessungsgrund der Strafe."

[223] *Müller-Dietz*, Grenzen des Schuldgedankens im Strafrecht, S. 33. Vgl. ferner *Lange*, Das Rätsel Kriminalität, S. 75, 97, 133 f., 268; *Noll*, Die ethische Begründung der Strafe, S. 22; *Kaufmann*, Das Schuldprinzip, S. 261, ferner die Nachweise bei *Müller-Dietz*, a. a. O., S. 23. Teilweise wird hier der Schuld nur limitierende Funktion zuerkannt, vgl. dazu unten S. 61.

[224] *Müller-Dietz*, Grenzen des Schuldgedankens, S. 31.

Täters zur Überwindung der Tat zu aktivieren, kann nur auf der persönlichen Schuld des Täters aufbauen, darauf, daß der Täter zu einer Überwindung grundsätzlich fähig ist. So hat denn auch einer der konsequentesten Vertreter dieses Gedankens formuliert: „Strafe ist Sühne für Tatschuld"[225]. Das Unrecht der Tat ist hier ebenfalls wesentliche Erkenntnisquelle für die Schuld; die Strafe ist nicht Vergeltung für schuldhaftes Unrecht, sondern Sühne der durch das begangene Unrecht inhaltlich mitbestimmten Schuld[226].

2. Das Wesen von Unrecht und Schuld

Bei dem Nachweis, daß Unrecht und Schuld in einem jeden der dargestellten Systeme die Höhe der Strafe bestimmen, kann nicht stehengeblieben werden. Das liegt daran, daß damit noch nichts über den Inhalt des Unrechts- und Schuldbegriffs ausgesagt ist. Daß dieser auch unter den Vertretern der einzelnen Richtungen keineswegs einheitlich ist, braucht nicht weiter dargelegt zu werden. Hinsichtlich der Schuld gilt, daß „die Bemühungen um eine definitorische und inhaltliche Bestimmung des Schuldbegriffs tatsächlich einer bunten Palette gleichen"[227]. Das bringt es mit sich, daß im folgenden weder von einem einheitlichen Schuldbegriff ausgegangen werden kann noch der Versuch gemacht werden soll, einen eigenen Schuldbegriff zu entwerfen; Aufgabe dieses Teils der Untersuchung kann es nur sein, die verschiedenen Auffassungen aufzuzeigen, wobei die Einteilung angesichts der Vielfalt der Begriffe nur grob bleiben kann. Gleiches gilt für den Begriff des Unrechts und den der Rechtswidrigkeit. Erst dann kann die Frage gestellt werden, ob und inwieweit das Verhalten des Täters nach der Tat Unrecht und Schuld zu beeinflussen in der Lage ist.

a) Die Begriffe Rechtswidrigkeit und Unrecht werden häufig synonym verwendet[228]. Es wird jedoch auch eine Unterscheidung vor-

---

[225] *Baumann*, Entwurf eines Strafgesetzbuches, Allgemeiner Teil, § 2 Satz 2; vgl. aber auch Der Schuldgedanke im heutigen deutschen Strafrecht und vom Sinn staatlichen Strafens, in: Kleine Streitschriften zur Strafrechtsreform, S. 135 ff., 157: Sinn der Strafe ist Sühneleistung für Tatschuld.

[226] *Spendel*, Zur Entwicklung der Strafzumessungslehre, ZStW Bd. 83, S. 203 ff., 209.

[227] So *Müller-Dietz*, Grenzen des Schuldgedankens im Strafrecht, S. 44; vgl. ferner *Hardwig*, Über die unterschiedlichen Unrechtsgehalte und die Abgrenzung von Unrecht und Schuld, in: JZ 1969, S. 459: „Grundlegende Begriffe sind unklar, vielfältig bestritten und verlaufen in einem Begriffsnebel, der nur mit unsäglicher Mühe aufgelöst werden kann."

[228] Z. B. von *Mezger*, Leipziger Kommentar, 8. Aufl., Erster Band, Einl. III 1. Vgl. dazu auch *Baumann*, AT, § 19 I.

genommen, die in diesem Zusammenhang weiterführt: Danach ist Rechtswidrigkeit gleichbedeutend mit der Feststellung, daß das Verhalten den Anforderungen des Rechts widerspricht; das Urteil, das Handeln oder das Unterlassen sei Unrecht, beinhaltet dagegen die Feststellung, das Verhalten sei schädlich[229] oder stehe mit dem rechtlich geordneten Zusammenleben in unerträglichem Widerspruch[230]. Die Unterscheidung nähert sich damit einer derjenigen zwischen formeller und materieller Rechtswidrigkeit[231]. Die Differenzierung ist in diesem Zusammenhang von solcher Bedeutung, weil sich immer mehr die Erkenntnis durchgesetzt hat, daß der Begriff der Rechtswidrigkeit in diesem Sinne nicht abstufbar, nicht graduierbar ist, während der Begriff des Unrechts einer solchen Abstufung durchaus zugänglich ist[232]: Bedeutet die Rechtswidrigkeit nämlich nur den Widerspruch gegen die Rechtsordnung, bedeutet sie, daß das Verhalten verboten ist, kann es kein mehr oder weniger an Widerspruch geben, bleibt das Verhalten in gleichem Maße verboten; wird dagegen auf das Unrecht, auf den Grad der Rechtsgüter- oder Pflichtenverletzung abgestellt, so ergibt sich die Graduierbarkeit von selbst. Dieser Gesichtspunkt ist hier deshalb so wesentlich, weil es gerade darum geht, den Grad des Unrechts einer jeden Tat zu bestimmen, das seinerseits Strafmaßprinzip, jedenfalls aber ein wesentliches Erkenntnismittel für die Größe der Schuld ist, und die Frage zu stellen, inwieweit das Nachtatverhalten den Unrechtsgehalt einer Tat zu beeinflussen geeignet ist. Einen solchen Begriff des Unrechts als abstufbare Größe haben auch die Verfasser des Entwurfs 1962 in den §§ 62 und 63 zugrunde gelegt,

---

[229] *Wolf*, Die Stellung der Verwaltungsdelikte im Strafrechtssystem, in: Festgabe für Frank, Band II, S. 516 ff., 564.

[230] So *Kohlrausch-Lange*, System. Vorbem. III 2.

[231] Vgl. dazu u. a. *Wolf*, Die Stellung der Verwaltungsdelikte im Strafrechtssystem, a. a. O., S. 563 ff.; *Lange*, Der Strafgesetzgeber und die Schuldlehre, in: JZ 1956, S. 73 ff., 78; *Jescheck*, AT, S. 159 f.; ablehnend dagegen *Kern*, Grade der Rechtswidrigkeit, a. a. O., S. 262. Die Begriffe „formelle" und „materielle" Rechtswidrigkeit werden allerdings nicht einheitlich gebraucht, vgl. *Baumann*, AT, § 19 und *Maurach*, AT, S. 292 f., deshalb sollen hier die Begriffe Unrecht und Rechtswidrigkeit verwendet werden.

[232] Vgl. u. a. *Baumann*, AT, § 19 I; *Lange*, Der Strafgesetzgeber und die Schuldlehre, a. a. O., S. 78; *Lenckner*, Der rechtfertigende Notstand, S. 32 ff.; *A. Kaufmann*, Tatbestand, Rechtfertigungsgründe und Irrtum, in: JZ 1956, S. 393 ff., 394; *Heinitz*, Strafzumessung und Persönlichkeit, a. a. O., S. 63; *Koffka*, Welche Strafzumessungsregeln ergeben sich aus dem geltenden Recht?, in: JR 1955, S. 322 ff., 323; *Nowakowski*, Das Ausmaß der Schuld, in: SchwZfStr. Jahrgang 65, S. 301 ff., 303 f.; vgl. ferner *Gallas*, Zum gegenwärtigen Stand der Lehre vom Verbrechen, in: ZStW Bd. 67, S. 1 ff., 30; *Schmidhäuser*, Gesinnungsmerkmale im Strafrecht, S. 206 ff.; *Welzel*, Studien zum System des Strafrechts, in: ZStW Bd. 58, S. 491 ff., 536; siehe aber auch *Kern*, Grade der Rechtswidrigkeit, a. a. O., S. 262 ff.

wenn es dort heißt, daß bestimmte Umstände und Verhaltensweisen das Unrecht der Tat erhöhen oder mindern.

Diesen Begriff des Unrechts gilt es, inhaltlich auszufüllen. Dabei kann es nicht Aufgabe dieser Untersuchung sein, auf alle Auffassungen von der Natur des Unrechts einzugehen, vielmehr muß es genügen, die überwiegend vertretenen Theorien kurz darzustellen. Wenn auch im einzelnen über das Wesen des Unrechts keine einhellige Meinung besteht, so besteht doch im wesentlichen darüber Einigkeit, daß Unrecht und Schuld voneinander zu trennen sind[233]: Das Unwerturteil betrifft die Tat, das Schuldurteil den Täter[234], mögen auch täterschaftliche Elemente in das Unrechtsurteil über die Tat einbezogen werden[235]. Über die Frage allerdings, was an dieser Tat das Entscheidende ist, worauf sich das Unrechtsurteil bezieht, herrscht Streit[236].

aa) Nach einer Ansicht besteht das Unrecht in der Rechtsgutsverletzung oder -gefährdung. Damit bestimmt sich der strafrechtlich relevante Ausschnitt aus dem Unrechtsbereich in erster Linie nach dem Rang und der Schutzbedürftigkeit der Rechtsgüter[237]. Die objektiven

---

[233] Vgl. u. a. *Kohlrausch-Lange,* System. Vorbem. III 1; *Maurach,* AT, S. 290 ff.; *Baumann,* AT, § 19 II 1; *Jescheck,* AT, S. 163 f.; *Schmidhäuser,* Gesinnungsmerkmale, S. 139; vgl. auch *Engisch,* Der Unrechtstatbestand im Strafrecht, in: Hundert Jahre deutsches Rechtsleben, S. 401 ff.; *Schmidhäuser,* Der Unrechtstatbestand, in: Festschrift für Engisch, S. 433 ff.

[234] So u. a. *Kohlrausch-Lange,* System. Vorbem. III 1; *Lenckner,* Der rechtfertigende Notstand, S. 34 f., insbesondere FN 106; *Baumann,* AT, § 19 II 1; *Maurach,* AT, S. 290; vgl. insgesamt *Krauß,* Erfolgsunwert und Handlungsunwert im Unrecht, in: ZStW Bd. 76, S. 19 ff. Auch *Welzel,* Lehrbuch, § 11 II, billigt letztlich diese Auffassung, wenn er Unrecht als „Mißbilligung einer auf einen bestimmten Täter bezogenen Tat" bezeichnet. A. A. allerdings *Maihofer,* Der Unrechtsvorwurf, in: Festschrift für Rittler, S. 141 ff., 163.

[235] *Maurach,* AT, S. 291; vgl. aber auch *Kohlrausch-Lange,* System. Vorbem. III 1, der zu Recht darauf hinweist, daß sich unter dem Begriff des „personalen Unrechts" sehr Verschiedenes verbirgt: täterschaftliche Merkmale, die nicht das Unrecht der Handlung, sondern die Täterqualität des Handelnden betreffen, ferner Schuldmerkmale und sog. subjektive Unrechtselemente.

[236] Vgl. zum folgenden insbesondere *Krauß,* Erfolgsunwert und Handlungsunwert im Unrecht, a. a. O., S. 19 ff.; *Stratenwerth,* Handlungs- und Erfolgsunwert im Strafrecht, in: SchwZfStr., 79. Jahrgang, S. 233 ff., ferner *Oehler,* Das objektive Zweckmoment in der rechtswidrigen Handlung, S. 16 ff.; *Hardwig,* Personales Unrecht und Schuld, in: MonKrim. 1961, S. 194 ff., 199.

[237] *Kohlrausch-Lange,* System. Vorbem. III 1; *Schmidhäuser,* Der Unrechtstatbestand, a. a. O., S. 434 ff.; *Lenckner,* Der rechtfertigende Notstand, S. 34. Vgl. *Schönke-Schröder,* StGB, Vorbem. zum Allgemeinen Teil, Rdn. 21:

Merkmale stehen im Vordergrund, der Grad des Unrechts wird maßgeblich durch die Schwere der Rechtsgutsverletzung geprägt; auch der Person des Täters, der Angriffsart und der Intensität des Angriffs kommt Bedeutung zu[238].

Im Gegensatz hierzu steht eine Auffassung, für die nicht die Rechtsgutsverletzung im Mittelpunkt steht, die das Unrecht vielmehr danach bemißt, welche Zielsetzung der Täter „der objektiven Tat zwecktätig gegeben, aus welcher Einstellung heraus er sie begangen hat, welche Pflichten ihm dabei oblagen, all das bestimmt maßgeblich das Unrecht der Tat neben der etwaigen Rechtsgüterverletzung“[239]. Wenn damit auch der Wert der Rechtsgutsverletzung nicht völlig geleugnet wird, so verlagert sich doch der entscheidende Gesichtspunkt von dem „Sachverhaltsunwert“ auf den „personalen Handlungsunwert“[240] und dabei überwiegend auf die subjektiven Zwecksetzungen des Täters; es wird „die individuelle Willensrichtung des Handelnden über die soziale Willensrichtung der Handlung“[241] gestellt.

bb) Die weitere Frage muß dahin gehen, welche Auswirkungen diese Auffassungen von dem Wesen des Unrechts auf die Strafzumessung im Einzelfall haben.

Das Verbrechen als Rechtsgutsverletzung ist zu unterscheiden von der Beeinträchtigung oder Gefährdung des Objektes. Der Begriff des Rechtsguts ist nicht materialistisch, sondern als generelle „Unverletzlichkeit von Leben, Gesundheit, Vermögen, Freiheit, Ehre etc.“[242] zu verstehen. Die Rechtsgüter sind damit ideelle Werte der Sozialordnung[243], in dem Begriff liegt das auf ein soziales Interesse bezogene

„Seinem Wesen nach ist das Verbrechen in erster Linie Rechtsgutsverletzung.“ Siehe auch *Baumann*, AT, § 12 II 3, ferner die Nachweise bei *Krauß*, Erfolgsunwert und Handlungsunwert im Unrecht, a. a. O., S. 20 ff.

[238] *Oehler*, Das objektive Zweckmoment in der rechtswidrigen Handlung, S. 16 ff., 65; vgl. auch *Lenckner*, Der rechtfertigende Notstand, S. 34 f., FN 106; *Jescheck*, AT, S. 163.

[239] *Welzel*, Lehrbuch, § 11 II 1.

[240] Vgl. *Welzel*, Lehrbuch, § 11 II 1. Vgl. auch *Lange*, Gesetzgebungsfragen bei den Rechtfertigungsgründen, in: Festschrift für v. Weber, S. 162 ff., 163: „... haben wir in der neueren und neuesten Strafrechtslehre bekanntlich eine Verlagerung festzustellen, die sich in der Formel, daß das Verbrechen nicht so sehr Rechtsgutsverletzung als Pflichtverletzung und namentlich in der Akzentverlagerung vom Erfolgsunrecht auf das Aktunrecht zeigt.“

[241] *Maihofer*, Der Unrechtsvorwurf, in: Festschrift für Rittler, S. 141 ff., 145.

[242] *Kohlrausch-Lange*, System. Vorbem. III 1; vgl. auch *Baumann*, AT, § 12 II 3. *Schmidhäuser*, Der Unrechtstatbestand, a. a. O., S. 445, definiert die Rechtsgutsverletzung als „Verletzung des vom Rechtsgut ausgehenden Achtungsanspruchs durch ein Willensverhalten“.

[243] Vgl. *Jescheck*, AT, S. 177; *Schmidhäuser*, Der Unrechtstatbestand, a. a. O., S. 443 f.

sozialethische Wertmoment[244]. Das Handlungs- oder Tatobjekt meint dagegen den Gegenstand, der durch die Handlung des Täters gefährdet oder verletzt wird, also das Leben des in concreto angegriffenen Menschen, das Eigentum oder das Vermögen einer bestimmten Person[245].

Die Rechtsgüter findet der Richter bei der Bewertung von Verhaltensweisen eines Täters vor. Ihm steht es nicht zu, über das Bestehen oder Nichtbestehen von ideellen Werten der Sozialordnung zu bestimmen. Fehlt ein soziales Interesse, fehlt zwar die Strafwürdigkeit oder wird zumindest zweifelhaft[246]; das bedeutet jedoch nicht, daß der Richter von Strafe absehen kann, wenn er trotz der Tatbestandsmäßigkeit einer Handlung von dem Nichtbestehen eines Rechtsguts ausgeht[247].

Der Richter hat bei der Strafzumessung den Einzelfall vor Augen, nicht so sehr die generelle Unverletzlichkeit von Leben, Gesundheit, Ehre etc., sondern die konkrete Gefährdung oder Verletzung des Objekts, auf das sich die Tat bezieht. Insoweit ist das Verbrechen — in Umkehrung eines Satzes von *Lange* — nicht nur Angriff auf den im Rechtsgut verkörperten Rechtswert, sondern auch Angriff auf das einzelne Objekt[248], und dieser tritt im Bereich der Strafzumessung in den Mittelpunkt des kriminellen Sachverhalts[249]. Der eingetretene Schaden, das Stadium des Angriffs, insgesamt der äußere Effekt in der Rechtsgemeinschaft bestimmen dann für den Richter bei der Strafzumessung die Bedeutung der Tat für die durch sie verletzte Rechtsordnung. In diesem Sinne kann von einem Erfolgsunwert des Verhaltens die Rede sein[250]. Daneben steht die Verletzung des Rechtsguts,

---

[244] *Kohlrausch-Lange*, System. Vorbem. III 1.

[245] Vgl. zu der historischen Entwicklung der Unterscheidung zwischen Rechtsgut und Tatobjekt neuerdings *Sina*, Die Dogmengeschichte des strafrechtlichen Begriffs Rechtsgut, S. 54 ff.

[246] *Kohlrausch-Lange*, System. Vorbem. III 1.

[247] Vgl. in diesem Zusammenhang das Urteil des LG Frankenthal, NJW 1968, S. 1685 f., das mit Rücksicht auf Bedenken hinsichtlich der Strafbarkeit des Ehebruchs den Angeklagten mit 100,— DM Geldstrafe bestraft hat.

[248] *Kohlrausch-Lange*, Vorbem. § 43, III 3.

[249] Vgl. auch *Jäger*, Strafgesetzgebung und Rechtsgüterschutz bei Sittlichkeitsdelikten, S. 15. *Würtenberger*, Die geistige Situation der deutschen Strafrechtswissenschaft, S. 51, meint, der Gehalt strafrechtlichen Unrechts werde in erster Linie durch die Schwere des in der Rechtsgüterwelt angerichteten äußeren Schadens bestimmt.

[250] Über die Bedenken gegen die Terminologie vgl. *Kohlrausch-Lange*, System. Vorbem. III 1. In dem dargestellten Sinne wird jedoch die Rechtsgutsverletzung nicht mit der Erfolgsverursachung gleichgesetzt und damit das ideelle Moment am Rechtsgut nicht verneint, vgl. auch *Schmidhäuser*, AT, 2/34.

„das als idealer Wert zwar dem unmittelbaren Zugriff des Täters entzogen ist, aber mittelbar durch die Verletzung des Handlungsobjektes getroffen wird"[251].

Eine neuere Verbrechenslehre stellt heute neben den Erfolgsunwert den Handlungsunwert. Der Akzent liegt statt auf der Bewertung des durch die Tat verursachten Zustandes auf der Handlung selbst; mißbilligt wird nicht „das Ergebnis der Handlung, sondern sie selber um ihres Selbstunwertes willen"[252]. Diese Akzentverlagerung bedeutet keine Abkehr von dem Verbrechen als Rechtsgutsverletzung, weil das Rechtsgut auch bisher nicht identisch mit dem verletzten Einzelinteresse war[253]. Für die Strafzumessung folgt hieraus, daß der Richter bei der Bewertung des kriminellen Sachverhalts die Frage nach den spezifischen Mitteln und Umständen der Tatbegehung[254] sowie nach der Intensität des Handlungsunrechts zu stellen hat. Völlig aber wird sich der Richter der Bewertung des äußeren Effekts des Verhaltens nicht entziehen können; für die Strafzumessung entscheiden Handlungsunwert und Erfolgsunwert in gleichem Maße[255].

Der Lehre vom personalen Unrecht geht es darum, den betätigten Abfall von den Grundwerten rechtlicher Gesinnung zu bestrafen[256]. Dementsprechend ist das Unrecht „täterbezogenes, ‚personales' Handlungsunrecht"[257]. Bei der Konkretisierung dieses Unrechts durch den Richter im Bereich der Strafzumessung muß dann auch dieser Abfall von den Grundwerten rechtlicher Gesinnung maßgebend sein. Der Unwert der Tat liegt damit zunächst in der Handlung, also in dem Handlungsunwert, der die Tatsache der Wertverletzung durch die Handlung selbst ohne Rücksicht auf die äußeren Auswirkungen umfaßt[258]. Darüber hinaus aber soll es entscheidend darauf ankommen, aus welcher Einstellung heraus der Täter die Tat begangen hat[259]. Damit tritt neben den Handlungsunwert der Gesinnungsunwert; subjektive Momente in der Person des Täters — Motive, Tateinstellungen,

---

[251] *Jescheck*, AT, S. 177.

[252] *Noll*, Übergesetzliche Rechtfertigungsgründe, S. 30.

[253] Vgl. dazu auch *Schmidhäuser*, Der Unrechtstatbestand, a. a. O., S. 445; *Maurach*, AT, S. 216 f.

[254] *Würtenberger*, Die geistige Situation der deutschen Strafrechtswissenschaft, S. 51.

[255] Vgl. dazu auch *Stratenwerth*, Handlungs- und Erfolgsunwert im Strafrecht, a. a. O., S. 255; vgl. ferner *Schmidhäuser*, AT, 8/33.

[256] *Welzel*, Lehrbuch, § 1 I (S. 3).

[257] *Welzel*, Lehrbuch, § 11 II 1.

[258] Vgl. *Hardwig*, Tat- und Täterstrafrecht im Lichte der Strafrechtsreform, MonKrim. 1959, S. 1 ff., 10.

[259] *Welzel*, Lehrbuch, § 11 II 1; dagegen *Würtenberger*, Die geistige Situation der deutschen Strafrechtswissenschaft, S. 50.

die Gesinnung, die aus der Tat spricht — sollen das Unrecht größer oder kleiner erscheinen lassen[260].

b) Es gilt nun, die Schuld als Maßprinzip der Strafe zu erörtern.

Häufig wird der Schuld nur limitierender Charakter zuerkannt; die Schuld ist dann Begrenzungspunkt, ist „regulatives Prinzip für die Bemessung der Strafobergrenze"[261]. So heißt es etwa in § 59 Abs. 1 Satz 1 des Alternativ-Entwurfs: „Die Tatschuld bestimmt das Höchstmaß der Strafe." Eine solche Auffassung von der Schuld als Grenzwertmaßstab kann in diesem Zusammenhang nicht zugrunde gelegt werden. Es geht hier um die Darstellung eines „reinen" Systems; wenn aber das Schuldprinzip nur dazu dient, die Strafe in ihrer Obergrenze zu limitieren, bedeutet das zwangsläufig, daß andere Erwägungen, etwa general- oder spezialpräventive Gesichtspunkte, bei der Strafzumessung zu berücksichtigen sind[262]. Aus diesem Grunde muß hier von der Schuld als Grundlage und Maßprinzip eines solchen strafrechtlichen Systems ausgegangen werden. Damit soll allerdings nicht zu den Fragen Stellung genommen werden, ob bei der schuldgemäßen Strafe „ein Spielraum besteht, der nach unten durch die schon schuldangemessene und nach oben durch die noch schuldangemessene Strafe begrenzt wird"[263], oder ob „einer bestimmten Tat objektiv stets nur eine feststehende Strafe eignen"[264] kann, ob es eine „Binsenwahrheit" ist, „daß eine exakte Quantifizierung der Schuld nicht möglich ist"[265] und dergleichen. Besteht nämlich ein solcher Spielraum[266], so muß dennoch geklärt werden, ob und inwieweit das Verhalten des Täters nach der Tat Berücksichtigung finden kann; gleiches gilt aber auch dann, wenn von einer auf die jeweilige Tat bestimmbare Schuld ausgegangen wird.

Daß im folgenden die Schuld als Rechtsschuld, als Versagen des Täters vor der Rechtsordnung, verstanden wird, ergibt sich angesichts des Themas der Untersuchung von selbst. Die Frage nach dem Wesen

---

260 *Hardwig*, Tat- und Täterstrafrecht im Lichte der Strafrechtsreform, a. a. O., S. 11; *Noll*, Übergesetzliche Rechtfertigungsgründe, S. 31.

261 *A. Kaufmann*, Dogmatische und kriminalpolitische Aspekte des Schuldgedankens im Strafrecht, a. a. O., S. 66. *Kaufmann* selber erkennt der Schuld auch konstitutive Bedeutung zu. Vgl. auch *Haag*, Rationale Strafzumessung, S. 34 f.

262 Vgl. z. B. § 59 Abs. 2 AE: „Das durch die Tatschuld bestimmte Maß ist nur insoweit auszuschöpfen, wie es die Wiedereingliederung des Täters in die Rechtsgemeinschaft oder der Schutz der Rechtsgüter erfordert."

263 So BGHSt. 7, 28 ff., 32.

264 *Jagusch*, Die Praxis der Strafzumessung, A II.

265 *Kaufmann*, Dogmatische und kriminalpolitische Aspekte des Schuldgedankens im Strafrecht, a. a. O., S. 61.

266 Vgl. zur Spielraumtheorie neuerdings *Zipf*, Die Strafmaßrevision, S. 55 ff., und *Friedrichs*, Homosexualität und Strafvollzug, S. 126 ff.

dieser Rechtsschuld beantwortet etwa *Maurach* so: „Schuld ist Vorwerfbarkeit eines rechtlich mißbilligten Tuns oder Unterlassens, kürzer: sie ist selbst ein gegenüber dem Täter begründeter Vorwurf. Dieses materielle Wesen der Schuld liegt allen Lehrmeinungen zu Grunde ohne Rücksicht auf die Schuldelemente oder -komponenten, die die einzelnen Auffassungen zur Struktur des Schuldbegriffs heranziehen"[267], und *Arthur Kaufmann* meint: „Seit dem Sieg der normativen Schuldlehre steht außer Frage, daß Schuld etwas ist, was einen Vorwurf gegen den Schuldigen bedeutet"[268]. In diesem Sinne ist die Schuld Vorwerfbarkeit, das Schuldurteil das Urteil über die Vorwerfbarkeit, die Bewertung des „Schuldigwerdens"[269]. Es besteht kein Zweifel daran, daß bei einer solchen Auffassung von der Schuld diese der Abstufung fähig ist; es gibt leichtere und schwerere Schuld.

Bei der Frage, welches nun im einzelnen den Inhalt des dem Täter Vorgeworfenen ausmacht, ist zunächst auf die Unterscheidung zwischen (Einzel-)Tatschuld einerseits und Begriffen wie „Tendenz- oder Hangschuld" sowie „Lebensführungsschuld" andererseits abzustellen. „Die Tat als Tat kann überhaupt nicht bestraft werden, sondern immer nur der Täter für seine Tat ... Weil damit von allem Ursprung an die Strafe zugleich bezogen ist auf den Täter und auf die Tat, deshalb ist es von vornherein möglich, die Betonung mehr auf die Tat oder mehr auf den Täter zu legen, ohne daß es möglich wäre, das eine von beiden Momenten ganz auszuklammern"[270].

aa) Für die Anhänger des Tatschuldgedankens steht bei der Bewertung der Schuld die tatbestandsmäßige Handlung im Mittelpunkt der Überlegungen; entscheidend ist die auf die einzelne Tat bezogene Schuld — die „schuldhafte Tatbegehung"[271]. Damit ist Bezugsobjekt das konkrete Tatunrecht[272]. Dennoch bedeutet die Bejahung des Tatschuldprinzips nicht, daß der Täterpersönlichkeit keine Bedeutung bei

---

[267] *Maurach*, AT, S. 410.

[268] *A. Kaufmann*, Das Schuldprinzip, S. 149. *Müller-Dietz*, Grenzen des Schuldgedankens, S. 59 FN 129, meint, das wenigstens sei außer Streit.

[269] Auf die Unterscheidung zwischen Schuld und Schuldurteil hat neuerdings zu Recht *Baumann*, AT, § 23 III 1, hingewiesen. Vgl. insgesamt auch *A. Kaufmann*, Das Schuldprinzip, S. 140 ff., 149 ff., *Müller-Dietz*, Grenzen des Schuldgedankens, S. 51 ff.

[270] *Hardwig*, Tat- und Täterstrafrecht im Lichte der Strafrechtsreform, a. a. O., S. 2.

[271] *A. Kaufmann*, Das Schuldprinzip, S. 189.

[272] *Müller-Dietz*, Grenzen des Schuldgedankens, S. 62, ferner S. 60: „Das Unrecht einer konkreten Tat wird vom Taterfolg geprägt. Die Schuld ihrerseits bestimmt sich nach dem Tatunrecht. Dies rechtfertigt die Bezugnahme der Schuld auf den Erfolgsunwert." Der Überbetonung des Erfolges in einem Tatschuldrecht wird dadurch begegnet, daß die Schuld Individual-

der Strafzumessung zukommt. Zwar meint *Zipf*, diese habe in der Tatschuldermittlung keinen Platz, ihre Berücksichtigung sei nur unter präventiven Gesichtspunkten möglich[273]. Dem kann nicht zugestimmt werden. Sicherlich ist Bezugsobjekt die einzelne Tat, ein Ausschnitt aus dem Leben des Handelnden. Wenn aber das Schuldurteil die Vorwerfbarkeit dieses Lebensabschnitts betrifft, eine „Bewertung der Tat-Täter-Beziehung"[274] darstellt, so muß es bei der Strafzumessung gerade auch um die Frage gehen, inwieweit gerade diesem Täter mit dieser Individualität der Schuldvorwurf gemacht wird; hierzu ist eine Erfassung der Täterpersönlichkeit unerläßlich. Nur sind dieser Erfassung durch den Tatschuldgedanken Grenzen gesetzt: „Der Täter kann nur als Täter, d. h. aus Anlaß und in den Grenzen seiner Tat, nicht darüber hinaus in seinem ganzen Sosein und Sogewordensein als Persönlichkeit strafrechtlich beurteilt und zur Verantwortung gezogen werden"[275]. Und es geht auch nicht darum, eine von der Tat losgelöste Gesinnung oder Haltung gegenüber der Rechtsordnung zu ergründen, sondern um ein „seelisch-geistiges Verstehen des Täters hinsichtlich der einen Tat"[276]. In diesen Grenzen aber ist eine Berücksichtigung der Täterpersönlichkeit nicht nur möglich, sondern erforderlich.

bb) Die Vertreter des Täterschuldgedankens[277] lassen zwar den Unrechtsgehalt der Tat nicht völlig außer acht, meinen aber, es bedürfe überwiegend einer rein persönlichkeitsbezogenen Wertung; das Wie der Strafe richtet sich demnach nicht nach „Maßgabe der Tat als eines isolierbaren Einzelgeschehens", sondern nach einem Maßstab, „den das menschliche Sosein der zu strafenden Persönlichkeit liefert"[278]. Trotz der Bedenken, die gegen den Aufbau eines strafrechtlichen Systems auf der Grundlage eines so aufgefaßten Täterschuldgedankens geltend gemacht werden[279], soll hier diese Auffassung nicht

---

schuld ist; sie bezieht sich auf die Fähigkeiten und Möglichkeiten des einzelnen Täters, vgl. *Müller-Dietz*, a. a. O., S. 61, 63. Siehe ferner *Haag*, Rationale Strafzumessung, S. 101 ff.

[273] *Zipf*, Die Strafmaßrevision, S. 40. *Zipf* geht damit wieder zurück auf *Binding*, vgl. Normen II 1, S. 283. Siehe auch *Stratenwerth*, Tatschuld und Strafzumessung, S. 28 ff.

[274] *Baumann*, AT, § 23 III 1.

[275] *A. Kaufmann*, Das Schuldprinzip, S. 188.

[276] *Schmidhäuser*, Gesinnungsmerkmale, S. 129.

[277] Über die vielfältigen Ausgestaltungen dieses Prinzips vgl. u. a. *Maurach*, AT, S. 413 ff.; *Baumann*, AT, § 23 III 1; *Müller-Dietz*, Grenzen des Schuldgedankens, S. 52 f.; *Schmidhäuser*, Gesinnungsmerkmale, S. 109.

[278] *Bockelmann*, Wie würde sich ein konsequentes Täterstrafrecht auf ein neues Strafgesetzbuch auswirken?, in: Mat. Bd. 1, S. 29 ff.

[279] Vgl. insbesondere *Kaufmann*, Das Schuldprinzip, S. 189 ff., sowie *Nowakowski*, Das Ausmaß der Schuld, a. a. O., S. 309.

außer Betracht bleiben; denn es erscheint nicht ausgeschlossen, daß gerade bei der Berücksichtigung des Nachtatverhaltens ein täterschaftliches Moment in ein grundsätzlich tatschuldorientiertes System hereingetragen wird.

cc) Die Strafzumessung nach der Einzeltatschuld entfernt sich nach der Gegenmeinung häufig von der Lebenswirklichkeit[280]; denn die Tat ist — das haben die Bemühungen um die Entwicklung des Täterschuldgedankens gezeigt — nicht das isolierte und isolierbare Einzelgeschehen, als das es von den Anhängern eines strengen Einzeltatschuldprinzips angesehen wird. Will man damit auch im Bereich der Strafzumessung herabsteigen „zum eigentlichen und unmittelbaren Ziel der strafrechtlichen Funktion: dem Menschen"[281], bleibt ein Mittelweg: Die Tat muß auf ihre Wurzeln in der Persönlichkeit des Täters zurückgeführt, die Beurteilung der Gesamtperson aber an die Tat gebunden werden; der allgemeine Persönlichkeitsanteil der Schuld ist mit zu berücksichtigen, die Einzeltatschuld wird zur Tat-Täter-Schuld vertieft[282]. Eine solche, „viele Aspekte berücksichtigende Analyse der Verbrechensgenese und die Erforschung des Wesens der rechtsbrechenden Persönlichkeit vermögen das Fundament des rechtlichen Schuldvorwurfs maßgebend zu verbreitern und zu vertiefen"[283].

dd) Eine weitere, hier wesentliche Differenzierung geht aus von einer Unterscheidung zwischen „Tatbestandschuld" und „Strafzumessungsschuld"[284]. Im Bereich der Strafzumessung soll ein anderer, erweiterter Begriff der Schuld gegenüber einem engen im Bereich der strafrechtlichen Zurechnung bestehen[285]. Der Bundesgerichtshof meint in der umstrittenen Entscheidung BGHSt. 10, S. 259 ff., die die Berücksichtigung außertatbestandsmäßiger Schadensfolgen betrifft: „Hier zeigt es sich, daß Vorwerfbarkeit im Bereich der Strafzumessung nicht immer notwendig genau dasselbe bedeuten muß wie im Bereich der Verwirklichung des gesetzlichen Straftatbestandes, in dem

280 So u. a. *Würtenberger,* Kriminologie und Strafrechtsreform, in: Kriminalpolitik im sozialen Rechtsstaat, S. 53 ff., 59.

281 *Lange,* Die Systematik der Strafdrohungen, Mat. Bd. 1, S. 69 ff., 73.

282 *Lange,* Die Schuld des Teilnehmers, insbesondere bei Tötungs- und Wirtschaftsverbrechen, JR 1949, S. 165 ff., 167; *ders.,* Das Rätsel Kriminalität, S. 146; vgl. auch *Engisch,* Bietet die Entwicklung der dogmatischen Strafrechtswissenschaft seit 1930 Veranlassung, in der Reform des allgemeinen Teils des Strafrechts neue Wege zu gehen?, in: ZStW Bd. 66, S. 339 ff., 359, insbes. 360.

283 *Würtenberger,* Kriminologie und Strafrechtsreform, a. a. O., S. 59.

284 Vgl. dazu auch *Müller-Dietz,* Grenzen des Schuldgedankens, S. 45.

285 *Müller-Dietz,* Grenzen des Schuldgedankens, S. 45, meint, an den erweiterten Begriff lehnten sich in der Sache Gesetzgebung und Rechtsprechung an.

naturgemäß teilweise strengere Anforderungen gestellt werden müssen. Bei der Strafzumessung müssen das Gesamtverhalten und die verbrecherische Energie des Täters mitberücksichtigt werden“[286]. Die Gegenposition kennzeichnen Formulierungen wie „Die Schuld als Strafzumessungsgrund ist nichts anderes denn als Strafbarkeitsgrund“[287] und „Der Sachgehalt der Schuld kann nicht verschieden sein, je nachdem, ob es um die Zurechnung oder die Strafzumessung geht“[288].

Soweit die Unterscheidung zwischen einer „Zurechnungsschuld“ und einer „Strafzumessungsschuld“ nur besagen soll, daß bei der Strafzumessung im Einzelfall auch Umstände herangezogen werden, die nicht ausdrücklich in dem gesetzlichen Tatbestand niedergelegt sind, ist gegen sie nichts einzuwenden. Es bestehen keine Zweifel daran, daß etwa die Intensität des Angriffes, das Ausmaß des verschuldeten Unrechts, die Motive, aus denen heraus der Täter gehandelt hat, aber auch Einflüsse, die von außen auf den Täter eingewirkt haben, den Grad der Schuld entscheidend mitbestimmen, obwohl die Faktoren in der Regel nicht Merkmale des gesetzlichen Tatbestandes sind. Insoweit besagt Schuld im Sinne der Zurechnung nur, daß ein verantwortlich handelnder Täter vorsätzlich oder — soweit erfaßt — fahrlässig im Bewußtsein der Rechtswidrigkeit die Merkmale eines gesetzlichen Straftatbestandes verwirklicht hat, während in dem Bereich der Strafzumessung das Ausmaß dieser Schuld zu beurteilen ist. Aber das sagt nichts aus über den Inhalt dieses Vorwurfes, über den materiellen Kern des Schuldurteils. Hier ist der Ansicht der Vorzug zu geben, nach der „die Einheit der Schuld als ‚Haftungsgrund‘ und als ‚Haftungsbemessung‘ außer Zweifel gestellt“[289] ist. Die Bewertung der verbrecherischen Energie des Täters gehört zu der Frage nach dem Ausmaß der Schuld, durch sie wird der Inhalt des Schuldvorwurfes nicht geändert. Und die Berücksichtigung des Gesamtverhaltens des Täters bei der Strafzumessung betrifft das Problem, welche Umstände überhaupt zur Bewertung der Schuld herangezogen werden können, bezogen auf das Nachtatverhalten: ob sich hieraus Schlüsse auf das Maß der Schuld bei der Begehung der Tat ziehen lassen, ob der Begriff der Tat im Bereich der Strafzumessung möglicherweise ein anderer ist als derjenige im Bereich der Tatbestandsverwirklichung,

---

[286] BGHSt. 10, 259 ff., 264 f.

[287] *Nowakowski*, Das Ausmaß der Schuld, a. a. O., S. 301.

[288] *Müller-Dietz*, Grenzen des Schuldgedankens, S. 46; vgl. ferner *Maurach*, AT, S. 843; *Goldschmidt*, Normativer Schuldbegriff, in: Festgabe für Frank, Band I, S. 428 ff., 455 f.; *Lang-Hinrichsen*, Zur Frage der Zurechnung von Folgen der Straftat bei der Strafzumessung, in: GA 1957, 1 ff., 13, und Bemerkungen zum Begriff der „Tat“ im Strafrecht, in: Festschrift für Engisch, S. 353 ff., 365 FN 33; *Zipf*, Die Strafmaßrevision, S. 90.

[289] *Goldschmidt*, Normativer Schuldbegriff, a. a. O., S. 455 f.

ob man im Falle der Berücksichtigung des Nachtatverhaltens noch von Tatschuld reden kann etc. Nicht aber folgt hieraus eine Verschiedenartigkeit des Sachgehalts der Schuld[290]. Daher soll hier nicht von einer spezifischen Strafzumessungsschuld ausgegangen werden.

III. Die Folgerungen für das Verhalten des Täters nach der Tat

Nach der Darstellung dieser Auffassungen von Sinn und Zweck der Strafe und der mit diesen Auffassungen verbundenen Prinzipien besteht die Möglichkeit, die Frage nach der Zulässigkeit der Berücksichtigung des Nachtatverhaltens bei der Strafzumessung im Zusammenhang mit den verschiedenen Auffassungen und Prinzipien zu erörtern.

Die Versuche, die Verwertung des Nachtatverhaltens als Strafzumessungstatsache mit dem Unrechts- und Schuldgedanken in Einklang zu bringen, sind zahlreich.

1. Die Indizkonstruktion

Als — in Rechtsprechung und Schrifttum — herrschende Ansicht kann die sog. „Indizkonstruktion" bezeichnet werden. Sie läßt sich dadurch kennzeichnen, daß dem Verhalten des Täters nach der Tat kein Eigenwert bei der Strafzumessung zukommen soll.

Allerdings tritt die Indizkonstruktion in den verschiedensten Formen auf. So führen Vertreter der Indiztheorie aus: „... ebenso, wie das ganze Vorleben des Täters für die Strafzumessung nur dann erheblich ist, wenn es auf die konkrete Tat projeziert, diese tatsächlich beeinflußt hat, ... läßt sich auch das Verhalten des Täters nach der Tat niemals selbständig, sondern nur als nachträgliches Symptom einer größeren oder geringeren Schuld b e i T a t b e g e h u n g auswerten"[291]; „bei den Indizien handelt es sich um das Verhalten nach der Tat, das aber nicht nur auf ihn selbst, sondern auf die Intensität seines Tatenschlusses nachträglich ein charakteristisches Bild wirft ... Nach Tatbeendigung traten die gegen die Tat in ihm lebendigen Faktoren wirksam in Erscheinung"[292]. Das Gewicht liegt also teilweise mehr auf der inneren Einstellung des Täters zu der Tat im Zeitpunkt der Tatbegehung, teilweise mehr auf der Persönlichkeit des Täters, dem Tätercharakter[293]. Gelegentlich wird auch auf den Unrechtsgehalt

---

[290] So im Ergebnis auch *Müller-Dietz*, Grenzen des Schuldgedankens, S. 46, 81.

[291] *Maurach*, AT, S. 849.

[292] *Dreher*, Über die gerechte Strafe, S. 96, 97.

[293] Vgl. dazu auch *Bruns*, Strafzumessungsrecht, S. 519.

der Tat abgestellt: „Soweit das außerhalb der Tatausführung liegende Verhalten und die Lebensführung des Angekl. mit der Straftat zusammenhängen, wenn sie z. B. Schlüsse auf ihren Unrechtsgehalt zulassen oder Einblick in die innere Einstellung des Täters zu seiner Tat gewähren, ist ihre Berücksichtigung nicht zu beanstanden"[294].

Damit ergibt sich folgendes Bild: Die Vertreter der Indizkonstruktion[295] halten es im Grundsatz — ungeachtet der noch zu erörternden Bedenken und Einschränkungen sowie mit unterschiedlicher Akzentuierung — für möglich, aus dem Nachtatverhalten Schlüsse auf den Unrechtsgehalt der Tat, die Tatschuld und die Persönlichkeit des Täters zu ziehen; das Nachtatverhalten soll immer dann, aber auch nur dann für die Strafzumessung bedeutsam sein, wenn es ein solches Indiz für Unrechtsgehalt, für Tatschuld oder für die Tatschuld erhebliche Persönlichkeit des Täters ist.

a) Das Nachtatverhalten als Indiz für den Unrechtsgehalt der Tat

Die Frage, ob und inwieweit ein Nachtatverhalten Aufschluß über den Unrechtsgehalt der Tat zu geben in der Lage ist, kann nicht beantwortet werden, wenn nicht auch hier die verschiedenen Auffassungen von dem Wesen des Unrechts oder der verschiedenen „Unrechtsschichten"[296] auseinandergehalten werden.

aa) Geht man aus von dem Verbrechen als Rechtsgüterverletzung oder -gefährdung und legt im Bereich der Strafzumessung den Akzent

---

[294] BGH in MDR 1954, S. 693.

[295] Vgl. außer den bereits genannten Autoren u. a. *Baumann*, Das Verhalten des Täters nach der Tat, a. a. O., S. 1793 ff.; *Jescheck*, AT, § 80 III 1; *Heinitz*, Der Strafzweck bei der richterlichen Strafzumessung mit besonderer Berücksichtigung der deutschen Entwürfe, a. a. O., S. 284; *Mayer*, Das Leugnen des Angeklagten als Strafschärfungsgrund, ZStW Bd. 27, S. 921 ff., 922 f.; *Nagler*, Die Strafe, S. 606; *Peters*, Kriminalpolitische Stellung, S. 76 f.; *Rosenfeld*, Die richterliche Strafzumessung, a. a. O., S. 156 f.; *Lackner-Maassen*, StGB, § 13 5 b cc; *Schönke-Schröder*, StGB, § 13 Rdn. 10, 11; *Glück*, Das Prozeßverhalten des Angeklagten als Strafzumessungsgrund, S. 56; *Schleutker*, Das prozessuale Verhalten des Angeklagten als Strafzumessungsgrund, S. 45; *Sax*, Dogmatische Streifzüge durch den Entwurf des Allgemeinen Teils eines Strafgesetzbuches nach den Beschlüssen der Großen Strafrechtskommission, ZStW Bd. 69, S. 412 ff., 419; *Wimmer*, Die Strafzumessungstatsachen im Prozeß, a. a. O., S. 178; *Zipf*, Die Strafmaßrevision, S. 92 f.; siehe auch *Binding*, Normen II 1, S. 283. Vgl. ferner 83 Abs. 3, RiStV: Ein Verhalten des Beschuldigten nach der Tat, das die Schuld nachträglich als geringfügig erscheinen läßt, z. B. die Wiedergutmachung des Schadens, darf berücksichtigt werden.

[296] *Hardwig*, Tat- und Täterstrafrecht im Lichte der Strafrechtsreform, a. a. O., S. 10.

auf den Erfolgsunwert, den „äußeren Effekt in der Rechtsgemeinschaft"[297], so ist auf den ersten Blick schwerlich einzusehen, wie das Nachtatverhalten einen Aufschluß gerade über diesen Erfolgsunwert geben soll. Da erfolgsunwertbetont die Verletzung oder Gefährdung der Schutzobjekte der strafrechtlichen Normen ist[298], lassen Nachhandlungen des Täters wie die Wiedergutmachung des Schadens, Beschimpfungen des Opfers, Vernichtung der Beute etc. grundsätzlich die Tatsache der Verletzung dieser Schutzobjekte unberührt; der Angriff auf das Rechtsgut ist hier — anders als beim Versuch[299] — in die konkrete und materielle Beeinträchtigung übergegangen.

Es ist zu erwägen — will man dem Nachtatverhalten einen Einfluß auf den Unrechtsgehalt der Tat einräumen —, ob dieses nicht in der Lage ist, den Erfolgsunwert und damit insoweit das Unrecht nach der Begehung der Tat zu ändern. Gerade das aber verneinen die Anhänger der Indizkonstruktion; für sie sind „Unrecht und Schuld im allgemeinen mit der Beendigung der Tat abgeschlossen und fixiert"[300], kann durch das „nach der Tat liegende Verhalten des Täters der Unrechtsgehalt der Tat selbst nicht verändert"[301] werden. Die Verletzung oder Gefährdung des Rechtsguts steht damit als „unerbittliche Tatsache"[302] fest, die Schwere der Tat ist auf den Zeitpunkt der Tatbeendigung zu fixieren, gelegentlich erscheint selbst die Rechtswidrigkeit nicht als Bewertung einer Verhaltensweise, sondern als „unerbittliche Tatsache"[303].

Ein weiterer Ansatz, das Nachtatverhalten in Einklang mit dem Unrechtsgedanken zu bringen, wird von den Anhängern der Indizkonstruktion ebenfalls nicht gebilligt: sie lehnen es ab, den Begriff der „Tat" im Sinne der Strafzumessung anders zu fassen als den Begriff der „Tat" im Sinne der Tatbestandslehre[304]. Nur der Unrechtsgehalt soll entscheidend sein, wie er sich auf den Zeitpunkt der Tatbeendigung fixieren läßt.

Dann aber kann das Nachtatverhalten die bereits eingetretene Erfolgsverursachung nicht beeinflussen. Der Tod eines Menschen ist eingetreten, eine bestimmte Menge Geldes ist entwendet, der Meineid ist geschworen worden, die Sachbeschädigung ist erfolgt etc. Soweit

---

297 *Hardwig*, Tat- und Täterstrafrecht im Lichte der Strafrechtsreform, a. a. O., S. 10.

298 *Noll*, Übergesetzliche Rechtfertigungsgründe, S. 30.

299 Vgl. *Kohlrausch-Lange*, § 46 I.

300 *Bruns*, Strafzumessungsrecht, S. 493.

301 BGHSt. 1, 105 ff., 106.

302 Vgl. *Spohr*, Rücktritt und tätige Reue, S. 1.

303 *Spohr*, Rücktritt und tätige Reue, S. 1 ff.; vgl. dazu *Reinhard v. Hippel*, Untersuchungen über den Rücktritt vom Versuch, S. 43 ff.

304 Vgl. insbesondere *Bruns*, Strafzumessungsrecht, S. 501 f.

der strafrechtlich relevante Ausschnitt aus dem Unrechtsbereich bereits an die Gefährdung der Rechtsgüter anknüpft[305], steht ebenso durch die gefährdende Handlung das Ausmaß dieses Unrechts fest.

Es geht auch nicht an zu sagen, durch das Nachtatverhalten erscheine nachträglich der Grad des Unrechts in einem anderen Licht, durch die Wiedergutmachung des Schadens beispielsweise erweise sich die Verletzung des Tatobjekts und damit mittelbar des Rechtsguts[306] als weniger gravierend, durch die Vernichtung der durch den Diebstahl erlangten Beute als schwerer. Auf diese Weise würde dem Nachtatverhalten wiederum eine unmittelbar erfolgs- und damit unrechtsändernde Wirkung beigemessen — eine Wirkung, die die Anhänger der Indizkonstruktion den Nachhandlungen gerade nicht zukommen lassen wollen.

Die weitere Frage kann nur sein, ob und inwieweit das Nachtatverhalten Aufschluß über subjektive Einstellungen des Täters zu geben in der Lage ist, die ihrerseits den Grad dieses Unrechtsgehalts bestimmen oder modifizieren. Derartige subjektive Merkmale bleiben auch in einem erfolgsorientierten Strafrecht nicht völlig außer Betracht. Es gilt jedoch, hier zu differenzieren: Zum einen handelt es sich um „täterschaftliche Elemente, die nicht das Unrecht der Handlung, sondern die Täterqualität des Handelnden"[307] betreffen, zum anderen um Schuldmerkmale und Motiv- sowie Gesinnungselemente, die ebenfalls den Unrechtsgehalt der Tat unberührt lassen[308]. Es bleiben die sog. subjektiven Unrechtselemente in den Absichtsdelikten; deren überschießende Innentendenz läßt den Angriff auf das Rechtsgut besonders gefährlich erscheinen, bereits die Rechtsgutsgefährdung löst die volle Schwere der Rechtsfolgen aus[309]. Diese subjektiven Unrechtselemente charakterisieren das Unrecht — wenn auch nicht nur[310] —, bestimmen damit den Ausschnitt aus dem strafrechtlich relevanten Unrechtsbereich, lassen aber den Sinn des Unrechtsbegriffs

---

[305] Vgl. dazu *Kohlrausch-Lange*, System. Vorbem. III 1.

[306] Vgl. dazu oben S. 59 f.

[307] *Kohlrausch-Lange*, System. Vorbem. III 1.

[308] Hierzu werden etwa die Mordmerkmale gerechnet, vgl. *Lange*, Die Schuld des Teilnehmers, a. a. O., S. 171; *Schmidhäuser*, Gesinnungsmerkmale, S. 224, 242 ff., jetzt aber differenzierend, siehe AT, 8/104; vgl. auch *Oehler*, Das objektive Zweckmoment in der rechtswidrigen Handlung, S. 148 f.; *Engisch*, Zum Begriff des Mordes, GA 1955, S. 161 ff., 166; a. A. allerdings die wohl herrschende Ansicht, vgl. u. a. BGHSt. 7, 287 ff., 290 f. Auch der Alternativ-Entwurf, Besonderer Teil, 1. Halbbd., S. 19, hält die Tötung für schwereres Unrecht dann, wenn der Täter sie „zu nichtigen oder besonders wertwidrigen Zwecken begeht".

[309] Vgl. insgesamt *Oehler*, Das objektive Zweckmoment in der rechtswidrigen Handlung, S. 79; *Kohlrausch-Lange*, System. Vorbem. II C, III 1.

[310] Vgl. dazu *Lange*, Literaturbericht, ZStW Bd. 63, S. 456 ff., 481.

als Rechtsgüterverletzung oder -gefährdung[311] und damit das Ausmaß des Unrechts innerhalb dieses strafrechtlich relevanten Unrechtsbereichs unberührt. Entscheidend ist hier nicht, ob der Täter aus Not oder aus Habgier entwendet hat, sondern daß die Absicht rechtswidriger Zueignung bestanden hat, also die objektive Finalität der Handlung. Soweit es um die Feststellung dieser Absicht — auch im Wege der Verwertung von Nachhandlungen — geht, handelt es sich um die Feststellung eines Tatbestandsmerkmals, nicht um die Bestimmung des Unrechtsgehalts der Tat zum Zweck der Strafzumessung.

Insgesamt erscheint daher das Nachtatverhalten insoweit nicht geeignet, Aufschlüsse über den Unrechtsgehalt der Tat zu geben.

bb) Wenn bei der Strafzumessung der Handlungsunwert in den Vordergrund gerückt wird, wird die Handlung um ihres Selbstunwertes willen mißbilligt[312]. Damit geht es zunächst um das bloße „Sollnichtsein" des Verhaltens, um die „Tatsache, daß Werte angetastet werden durch menschliches Verhalten"[313]. Diese „Tatsache" kann nach der Indiztheorie durch das Nachtatverhalten weder geändert werden noch nachträglich in einem anderen Licht erscheinen. Es geht ferner um die Art und Weise der Begehung der Tat, um den tatbezogenen Handlungsunwert[314]. Auch die Intensität des Handlungsunrechts ist nach der Indiztheorie auf den Zeitpunkt der Tatbegehung fixiert; die Art und Weise der Tatbegehung steht mit diesem Zeitpunkt fest. Der Handlungsunwert in diesem Sinne ist — ebenso wie der Erfolgsunwert — unabhängig von der Individualität des Täters; auf seine individuelle innere Einstellung kommt es nicht an[315]. Es bleibt zu erörtern, ob sich hieran etwas ändert, wenn der Unrechts-Unwert einer Verhaltensweise auch in einem Unrechtsvorwurf gesehen wird, wie dies Maihofer will. Nach Maihofer gehört zum Wesen des Unrechts — neben dem Unrechtssachverhalt, der Interessenverletzung — der Unrechtsvorwurf, die Pflichtverletzung[316]; der „Unrechtsvorwurf ist dann gegeben, wenn wir auch unter dem personalen Maßstab der Pflichtverletzung die Verfehlung des sozialen Sollens und Könnens

---

[311] Vgl. dazu *Kohlrausch-Lange*, System. Vorbem. III 1; vgl. auch *Waider*, Die Bedeutung der Lehre von den subjektiven Rechtfertigungselementen für Methodologie und Systematik des Strafrechts, S. 180 ff.; *Würtenberger*, Die geistige Situation der deutschen Strafrechtswissenschaft, S. 55; *Sax*, Grundsätze der Strafrechtspflege, in: Die Grundrechte, Bd. III 2, S. 909 ff., 917 f.

[312] *Hardwig*, Tat- und Täterstrafrecht im Lichte der Strafrechtsreform, a. a. O., S. 11.

[313] *Hardwig*, Tat- und Täterstrafrecht im Lichte der Strafrechtsreform, a. a. O., S. 11.

[314] Vgl. dazu *Jescheck*, AT, S. 163 f.

[315] *Hardwig*, Tat- und Täterstrafrecht im Lichte der Strafrechtsreform, a. a. O., S. 11.

[316] Vgl. *Maihofer*, Der Unrechtsvorwurf, a. a. O., S. 149 ff.

bejahen und deshalb dem Täter vorwerfen müssen“[317]. Es bedarf daher sowohl der Feststellung der sozialen Pflichtenstellung des Täters bei der Tat als auch der personalen Zurechnung der Tat als Verfehlung des sozialen Sollens[318]. Hinsichtlich der sozialen Pflichtenstellung besagt das Nachtatverhalten nichts; denn der Maßstab, an dem das Verhalten gemessen wird, ist der „des Sollens einer ‚vernünftigen Person‘ in der Position (Stellung) und Situation (Lage) des Täters“[319]. Die soziale Pflichtenstellung wird daher objektiv nach den Verhaltenspflichten bestimmt, die „man“ in diesem Fall hat; das Nachtatverhalten läßt die Pflichten dieses „man“ unberührt. Aber auch die Feststellung der Verfehlung des sozialen Könnens geschieht ohne Rücksicht auf die Personalität des Täters, auf seine Ziele und Einstellungen; es geht um das, was „eine ‚vernünftige‘ Person in der Stellung und Lage des Täters konnte“[320]. Auch hierüber vermag das Nachtatverhalten keinen Aufschluß zu geben. Das Verhalten des Täters nach der Tat ist daher auch dann nicht von Bedeutung, wenn der Unrechtssachverhalt „die Umschreibung der Tat des Täters in ihrer sozialen, äußeren Wirklichkeit und Wirkung“[321] erfaßt.

cc) Das Nachtatverhalten könnte jedoch dann ein Indiz für den Unrechtsgehalt sein, wenn dieser überwiegend oder auch durch den „Gesinnungsunwert“[322], den „personalen Unrechtsgehalt“[323] bestimmt wird. Der personale Unrechtsgehalt in diesem Sinne betrifft „das personale Verhältnis zwischen Täter und Rechtsgemeinschaft“[324]; es wird ein Werturteil gefällt über die Motive der Tat und die Gesinnung des Täters[325]. Gewisse „Einstellungen des Täters können das Unrecht größer oder kleiner erscheinen lassen ... Solche Einstellungen, die das Unrecht verändern, können Motive des Täters sein, Habgier, Gewinnsucht, sonstige niedrige Beweggründe, Tateinstellungen wie Rücksichtslosigkeit, Gewissenlosigkeit usw.“[326]. Wenn derartige personale Elemente den Unrechtsgehalt der Tat beeinflussen, müssen zu der

---

[317] *Maihofer*, Der Unrechtsvorwurf, a. a. O., S. 156 f.

[318] *Maihofer*, Der Unrechtsvorwurf, a. a. O., S. 157 f.

[319] *Maihofer*, Der Unrechtsvorwurf, a. a. O., S. 157.

[320] *Maihofer*, Der Unrechtsvorwurf, a. a. O., S. 158.

[321] *Maihofer*, Der Unrechtsvorwurf, a. a. O., S. 164.

[322] *Noll*, Übergesetzliche Rechtfertigungsgründe, S. 31.

[323] *Hardwig*, Tat- und Täterstrafrecht im Lichte der Strafrechtsreform, a. a. O., S. 11. Vgl. dazu auch *Jescheck*, AT, S. 164.

[324] *Hardwig*, Tat- und Täterstrafrecht im Lichte der Strafrechtsreform, S. 11.

[325] *Noll*, Übergesetzliche Rechtfertigungsgründe, S. 31.

[326] *Hardwig*, Tat- und Täterstrafrecht im Lichte der Strafrechtsreform, a. a. O., S. 11. Vgl. auch *Lampe*, Das personale Unrecht, S. 229: „... die Gefühle, Triebfedern und Strebungen, sodann die Vorstellungen, Beweggründe und Absichten, weiterhin die Grundsetzungen, Einsetzungen und

Feststellung der Motive und Einstellungen des Täters bei der Tat alle Umstände herangezogen werden, die hierüber Aufschluß zu geben vermögen. Ob beispielsweise ein Täter aus Habgier handelt, aus einem Streben heraus, das unter Mißachtung der Rechte und Interessen Dritter auf Erzielung von Gewinn oder Ersparung von Ausgaben um jeden Preis gerichtet ist[327], läßt sich nicht entscheiden, wenn nicht die bleibende innere Haltung des Täters erforscht wird; denn das Moment der Habgier hat seine Wurzeln in der Persönlichkeit des Täters[328], die sich in der Tat aktualisiert. Damit geben aber nicht nur die Tatumstände im engeren Sinne Aufschluß über den Beweggrund des Täters, vielmehr sind auch und gerade Umstände außerhalb der Tatbegehung heranzuziehen, die diese Persönlichkeit des Täters kennzeichnen. In diesem Rahmen bestehen dann auch keine Bedenken, Verhaltensweisen des Täters nach der Tat zu verwerten, wenn und soweit sie im Einzelfall Aufschlüsse über die Beweggründe des Täters geben. Gleiches gilt auch für die Tateinstellung. Für die Frage, ob der Täter rücksichtslos handelt, sein Verhalten also die Berücksichtigung fremder Verkehrsinteressen in besonders schwerwiegender Weise vermissen läßt[329], wird häufig Aufschluß zu gewinnen sein aus den Nachhandlungen — beispielsweise dann, wenn sich der Täter um einen durch seine Fahrweise Verletzten nicht hinreichend kümmert oder gar abfällige Äußerungen über das Verkehrsverhalten des Betroffenen macht[330]. Die Art der Ausnutzung der Tat klärt gelegentlich auf über den Plan des Täters und seine Ziele[331], so daß auch unter diesem Gesichtspunkt das Nachtatverhalten Bedeutung gewinnt.

b) Das Nachtatverhalten als Indiz für die Tatschuld

aa) Es stellt sich nunmehr die Frage, ob und inwieweit das Nachtatverhalten Indiz für die Tatschuld sein kann, Aufschluß über die „Beweggründe und Ziele des Täters, die Gesinnung, die aus der

---

Vorsetzungen des Täters sowie schließlich die von uns sog. Intentionsmerkmale ... Sie alle ... können aber den personalen Unrechtsgehalt der Tat maßgeblich beeinflussen, sobald sie den Charakter von Beziehungswerten angenommen haben ...“. *Welzel*, Lehrbuch, § 13 II 2 c, nimmt immerhin solche Merkmale aus, die ausschließlich einen besonderen Grad der Vorwerfbarkeit kennzeichnen.

[327] Vgl. OGHSt. 1, 134 ff., 136.

[328] *Lange*, Die Schuld des Teilnehmers, a. a. O., S. 169 f.

[329] *Schönke-Schröder*, StGB, § 315 c, Rdn. 27.

[330] Über die Schwierigkeit der Würdigung in solchen Fällen vgl. im folgenden Abschnitt.

[331] So auch *Sauer*, Allgemeine Strafrechtslehre, S. 261.

Tat spricht, den bei der Tat aufgewandten Willen, das Maß der Pflichtwidrigkeit"[332], gibt.

Das wird gelegentlich überhaupt verneint: „Man mag dies (die Einbeziehung des Nachtatverhaltens)[333] damit rechtfertigen, daß es sich bei der Strafzumessung um eine soziale Gesamtbewertung der Täterpersönlichkeit handele, bei der auch täterbezogene, der Tat nachfolgende Umstände erfaßt werden können, — man sollte aber nicht sagen, daß dann die Strafe noch streng nach der Schuld des Täters bemessen werde"[334].

Vertreter der Indizkonstruktion halten dagegen das Schuldprinzip für gewahrt, wenn nur solche Verhaltensweisen berücksichtigt werden, die „nachträgliches Symptom einer größeren oder geringeren Schuld bei Tatbegehung"[335] sind. Dabei wird auch hier, wie bei der Bewertung des Unrechtsgehalts, von zwei Voraussetzungen ausgegangen: zum einen von der Unwandelbarkeit der Schuld, zum anderen von einem Begriff der „Tat", der dem der Tatbestandslehre entspricht[336]. Der Rückschluß auf eine geringe Tatschuld wird beispielsweise in den Fällen der tätigen Reue, der Wiedergutmachung oder der Abwendung des weiteren aus der Tat drohenden Schadens damit begründet, der Täter zeige durch dieses nachträgliche Verhalten, daß der Tatentschluß in ihm nicht so stark gewesen sei, daß er ihn bis zur letzten Konsequenz habe durchführen können[337]. Verstocktheit, Leugnen, Verweigerung der Auskunft über den Verbleib der Beute, Gleichgültigkeit, Rache gegen den Anzeigeerstatter, gemeine und niedrige Gesinnung bei der Auswahl der Verteidigungsmittel sollen Aufschluß über die Frage geben, ob die Tat einer rechtsfeindlichen Haltung des Täters entspringt[338].

Gegen die Möglichkeit eines solchen Rückschlusses aus dem Nachtatverhalten auf die Gesinnung bei der Begehung der Tat werden — teilweise von den Vertretern der Indizkonstruktion selbst[339] — Bedenken erhoben. Sie beruhen auf den Schwierigkeiten eines solchen Schlusses[340].

---

[332] Vgl. § 13 Abs. 2 StGB.

[333] Der Verfasser.

[334] So *Kaufmann*, Das Schuldprinzip, S. 259.

[335] *Maurach*, AT, S. 849.

[336] Vgl. dazu *Bruns*, Strafzumessungsrecht, S. 501.

[337] So *Dreher*, Über die gerechte Strafe, S. 96 f.

[338] Vgl. z. B. *Peters*, Kriminalpolitische Stellung, S. 76 f.; *Baumann*, Das Verhalten des Täters nach der Tat, a. a. O., S. 1796.

[339] Vgl. beispielsweise *Bruns*, Strafzumessungsrecht, S. 519 ff.; *Baumann*, AT, § 42 I 4 b, warnt denn auch vor einer Überbewertung des Nachtatverhaltens.

[340] Vgl. zum folgenden u. a. *Bohne*, Psychoanalyse und Strafrecht, a. a. O., S. 439 ff.; *Wimmer*, Gestehen und Leugnen im Strafprozeß, ZStW Bd. 50, S. 538 ff.; insbesondere aber *Graßberger*, Psychologie des Strafverfahrens, S. 157 ff.

Sie sind insbesondere am Beispiel des Geständnisses und des Leugnens aufgezeigt worden, lassen sich aber grundsätzlich auch auf andere Verhaltensweisen nach der Tat, beispielsweise auf die Wiedergutmachung oder die Verhöhnung des Opfers, übertragen. Dabei versteht es sich von selbst, daß es nicht auf das Geständnis oder das Leugnen als Tatsache ankommt, sondern — sollen es Symptome für die Tatschuld sein — auf die den Verhaltensweisen zugrunde liegenden Motive und Anlässe[341].

Hierdurch aber entstehen die Schwierigkeiten: Die Reue beispielsweise kann Ausdruck des Bedauerns aus ethischen Erwägungen heraus sein, Erkenntnis des moralischen „Schuldhaft-Geworden-Seins“, ferner des Bewußtseins des verlorenen Ansehens[342]. Sie kann weiterhin Ausdruck von Nützlichkeitserwägungen sein, so dann, wenn „der Verbrecher die Tat aus rein materiellen Überlegungen ungeschehen haben möchte, also etwa wegen der drohenden Strafe, der sich aus ihr ergebenden Ersatzpflicht, den Unannehmlichkeiten des Ermittlungsverfahrens und so weiter“[343]. Diese Anlässe und Motive können nun zu Geständnissen, aber auch etwa zur Wiedergutmachung des Schadens führen. Ein weiteres Motiv für das Gestehen der Tat mag in Liebe oder Freundschaft liegen, nämlich dann, wenn durch das Geständnis der wahre Sachverhalt verschleiert wird, um andere, an der Tat beteiligte Personen der Verfolgung durch die Strafverfolgungsorgane zu entziehen[344]; auch in diesen Fällen wird der Täter von Nützlichkeitserwägungen geleitet, mag auch das Motiv im Einzelfall durchaus anerkennenswert sein.

Die gleiche Schwierigkeit des Erkennens des Täters ergibt sich bei Vorgängen, die zu dem Leugnen der Tat oder zu nachträglichen Herabsetzungen des Opfers führen. Es kann sich dabei um den Aufbau einer fiktiven Erlebniswelt handeln; die Tat wird ganz oder im wesentlichen aus dem Bewußtsein verdrängt[345]. Es besteht aber auch die Möglichkeit der Entlastung des Ich von den auf ihm ruhenden Vorwurfselementen; der Täter stellt die Umwelteinflüsse in den Vordergrund, verdrängt dabei die eigenen Motivationen und Triebkräfte und gelangt so zu einem Leugnen des eigenen Schuldigseins und zu der Minderung des Wertes des angegriffenen Rechtsguts[346].

---

[341] Zum Unterschied zwischen Motiv und Anlaß vgl. *Graßberger*, Psychologie des Strafverfahrens, S. 170: Das Motiv eines Geständnisses aus Opportunismus ist die erstrebte Strafmilderung, der Anlaß die Einsicht in die Unausweichlichkeit einer Verurteilung.

[342] Vgl. dazu *Graßberger*, Psychologie des Strafverfahrens, S. 157.

[343] *Graßberger*, Psychologie des Strafverfahrens, S. 158.

[344] *Graßberger*, Psychologie des Strafverfahrens, S. 182 ff.

[345] Beispiele bei *Graßberger*, Psychologie des Strafverfahrens, S. 160.

[346] Vgl. dazu ebenfalls *Graßberger*, Psychologie des Strafverfahrens, S. 159 ff.

Damit steht der Richter bei der Bewertung von Nachhandlungen des Täters vor ganz erheblichen Schwierigkeiten. Gerade aus ihnen ist dann auch die Folgerung gezogen worden, daß es wenigstens für die allermeisten Fälle ausgeschlossen erscheine, auf diese Weise hinreichend gesicherte Erkenntnisse über die Beziehung zwischen Täterpersönlichkeit und Tat zu gewinnen[347]. Hiergegen läßt sich einwenden, daß die Beurteilung der seelischen Vorgänge in dem Täter bei Tatbegehung sowie die Bewertung der Täterpersönlichkeit angesichts der Vielfalt der in Betracht kommenden Regungen und Motivationen sowie angesichts der Kürze der Hauptverhandlung regelmäßig auf erhebliche Schwierigkeiten stößt, deren Lösung zudem ein außerordentliches Verständnis des Richters voraussetzt; hierdurch wird aber nicht etwa die Verwertung der Motive der Tat oder der Täterpersönlichkeit unzulässig. Allerdings bietet die Bewertung des Nachtatverhaltens insoweit weitere Schwierigkeiten, als nicht nur Anlaß und Motivation einer Verhaltensweise erforscht werden muß, sondern zusätzlich die Frage zu beantworten ist, ob und inwieweit sich im Einzelfall Rückschlüsse gerade aus dieser Erkenntnis auf die Größe der individuellen Verschuldung bei der Begehung der Tat ziehen lassen. Die Kompliziertheit dieser Vorgänge auf der einen Seite, der Wille des Richters, bestimmte Verhaltensweisen des Täters bei der Strafzumessung zu berücksichtigen, auf der anderen Seite kann dann zu einer schematischen Verwertung der Verhaltensweisen führen; die Gefahr von Fiktionen liegt nahe[348].

Das wird besonders deutlich bei zwei großen Gruppen von Nachhandlungen: bei den Verhaltensweisen, die auf einem neuen Entschluß beruhen, und bei dem Verhalten des Täters nach der Begehung von fahrlässigen Delikten.

Die erste Gruppe umfaßt Fälle, in denen der Täter nach der Begehung des Delikts einen völlig neuen Entschluß faßt und diesen durch eine Handlung betätigt. Der Täter denkt beispielsweise bei dem Diebstahl eines kostbaren, unersetzlichen Gemäldes noch nicht an die Möglichkeiten der Verwertung, verkauft es aber später auf Grund eines erst nach der Tatbegehung gefaßten Entschlusses ins Ausland[349]; ein Täter beschließt nach einer Verkehrsunfallflucht, durch einen sog. Nachtrunk die Feststellung seines Blutalkoholgehalts zur Tatzeit zu

---

[347] *Wimmer*, Gestehen und Leugnen im Strafprozeß, a. a. O., S. 590, 593; vgl. ferner *Grünwald*, Tatrichterliches Ermessen bei der Strafzumessung?, in: MDR 1959, S. 808 ff., 810, insbesondere FN 46.

[348] So auch *Lang-Hinrichsen*, Bemerkungen zum Begriff der Tat, a. a. O., S. 359.

[349] Vgl. dazu *Spendel*, Die Begründung des richterlichen Strafmaßes, a. a. O., S. 1763; *Lang-Hinrichsen*, Bemerkungen zum Begriff der Tat, a. a. O., S. 357.

verhindern und trinkt deshalb größere Mengen von Alkohol[350]. Derartige, auf einem neuen Entschluß beruhende Verhaltensweisen lassen sich mittels der Indizkonstruktion kaum erfassen[351] — eine andere Frage ist die, ob man sie bei der Strafzumessung verwerten will —; denn diese Handlungen vermögen in aller Regel keine Aufschlüsse über die Beweggründe des Täters, die Motive, Tateinstellungen und Ziele bei der Begehung der Tat zu geben. Gleiches gilt für das Bemühen um Wiedergutmachung, wenn es auf einem völlig neuen Entschluß beruht; man kann dann nicht sagen, dieses Verhalten zeige, daß der Tatentschluß in dem Täter von vornherein nicht stark gewesen sei. Gerade bei diesen Fallgruppen liegt also die Gefahr von Fiktionen nahe, wenn der Richter im Einzelfall die Verhaltensweise dennoch erfassen will. Bezeichnend ist in diesem Zusammenhang eine Entscheidung des Landgerichts Stuttgart[352], die zwar nicht die Strafzumessung im engeren Sinne betrifft, aber dennoch die Problematik in besonderem Maße erhellt:

Nach dem Sachverhalt hatte die Staatsanwaltschaft ein Verfahren wegen überhöhter Geschwindigkeit beim Fahren eingestellt, nachdem der Betroffene auf einen Hinweis der Staatsanwaltschaft eine Buße an eine kirchliche Einrichtung gezahlt hatte. Dieser erhob später eine Schadensersatzklage mit der Begründung, er sei zu der Zahlung genötigt worden. In den Gründen führt das Landgericht u. a. aus: „§ 153 I StPO gestattet den Strafverfolgungsbehörden, bei Vorliegen bestimmter Voraussetzungen von der Verfolgung geringfügiger Übertretungen abzusehen. Als eine dieser Voraussetzungen ist das Verhalten nach der Tat anzusehen. Von Bedeutung kann die Zahlung einer angemessenen Geldbuße sein, denn aus der nach begangener Straftat gezeigten Bereitschaft, eine Geldbuße zu zahlen, kann auf eine gewisse, schon zur Tatzeit vorhandene Einsicht und aus dieser inneren Haltung auf eine geringe Schuld geschlossen werden. Auf diese Einstellungsmöglichkeit darf auch hingewiesen werden. Ebensowenig ist zu beanstanden, wenn die StA ihre Zustimmung zur Einstellung eines Verfahrens gemäß § 153 Abs. 3 von der vorherigen Zahlung einer Buße an gemeinnützige Einrichtungen abhängig macht.“

Hier wird aus der Zahlung der Geldbuße auf eine geringe Schuld bei Tatbegehung geschlossen, obwohl die Zahlung nicht nur auf einem neuen Entschluß beruhte, sondern zusätzlich die Entschlußfreiheit durch die Wahl zwischen der Zahlung und der Fortführung des Verfahrens immerhin eingeengt war. Der Anlaß für die spätere Ver-

---

[350] Fall von BGHSt. 17, 143.

[351] So auch *Spendel*, Die Begründung des richterlichen Strafmaßes, a. a. O., S. 1763; *Lang-Hinrichsen*, Bemerkungen zum Begriff der Tat, a. a. O., S. 357.

[352] LG Stuttgart in MDR 1969, S. 598.

haltensweise und deren Motivation hatten mit dem Tatschuldgehalt des Fahrens mit überhöhter Geschwindigkeit nichts zu tun; der Täter zahlte, um die Einstellung des Verfahrens zu erreichen, nicht weil „nach Tatbeendigung die gegen die Tat in ihm lebendigen Faktoren wirksam in Erscheinung"[353] traten[354].

Die gleichen Bedenken ergeben sich gegen die Verwertung von Nachhandlungen als Indiz der Tatschuld bei der Beurteilung von Fahrlässigkeitsdelikten. Diese sind gerade dadurch gekennzeichnet, daß es an einem Tatentschluß, der dem bei den Vorsatztaten vergleichbar wäre, fehlt. Das Verhalten des Täters nach der Tat beruht daher immer auf einem neuen Entschluß; eine Aussage über den Schuldgehalt des fahrlässigen Verhaltens wird erschwert, wenn nicht unmöglich. Sicherlich mag das Nachtatverhalten im Einzelfall Aufschluß geben beispielsweise über die Frage, ob es sich um einen der inneren Einstellung nach rücksichtslosen Kraftfahrer handelt[355]. Aber damit ist in der Regel nichts gewonnen; denn es geht hier um die Einzeltatgesinnung, für deren Ausmaß nur bedeutsam ist, ob und inwieweit diese rücksichtslose Einstellung gerade in dem konkreten Verhalten seinen Niederschlag gefunden hat. Hier liegt dann wieder die Gefahr schematischer Verwertung von Nachhandlungen nahe. Diese Gefahr ist auch von der Rechtsprechung erkannt worden; sie geht daher zunehmend dazu über, gerade im Bereich der Fahrlässigkeitstaten das Verhalten des Täters nach der Tat nicht als Schuldindiz zu verwenden, sondern auf präventive Überlegungen abzustellen[356].

bb) Aus den vorangegangenen Erörterungen ist ersichtlich geworden, daß im Grundsatz das Verhalten des Täters nach der Tat Aufschlüsse über die Persönlichkeit des Täters zu geben vermag. Auch

---

[353] *Dreher*, Über die gerechte Strafe, S. 97.

[354] Zutreffend insoweit LG Köln, NJW 1962, 1024: „... der Angekl. wird sich zu derartigen ‚freiwilligen' Verpflichtungen nur zu dem Zweck bereit finden, sich freizukaufen von der an sich verwirkten Strafe, mag er diese nun als an sich verdient anerkennen oder als unverdient, aber kaum vermeidbar erwarten ... Die Beurteilung des Schuldmaßes und der Tatfolgen kann nicht davon abhängig sein, ob der Täter vor oder in der Hauptverhandlung eine Buße oder die Verfahrensauslagen zahlt oder sich gar erst notgedrungen zu solchen Zahlungen verpflichtet. Soweit man im Einzelfall von einer wirklich freigebigen Bußzahlung auf die Einsicht und den Besserungswillen des Angekl. glaubt schließen zu dürfen, können doch diese Umstände weder am Schuldmaß zur Tatzeit noch an den Tatfolgen etwas ändern."

[355] Vgl. BGH in NJW 1952, S. 434 f.

[356] Vgl. für den Fall der „Uneinsichtigkeit" des Täters insbesondere BGH VRS Bd. 26, S. 22 f.; OLG Saarbrücken, VRS Bd. 17, 431; ferner die Nachweise bei Bruns, Strafzumessungsrecht, S. 528.

Vertreter der Indizkonstruktion weisen auf die Persönlichkeitsrelevanz des Nachtatverhaltens hin[357].

Dabei erhebt sich die Frage, in welchem Umfang die Persönlichkeit des Täters Gegenstand der Erkenntnis zu sein hat, wenn das Tatschuldprinzip in den Vordergrund gestellt wird. Es soll außer Betracht bleiben, daß die Praxis einen auf die reine Tatschuld begrenzten Schuldbegriff nicht vertreten hat[358]; angesichts des modellhaften Charakters dieses Teils der Untersuchung muß vielmehr gerade auf eine Einzeltatgesinnung im engen Sinne abgestellt werden[359].

Aus dem Tatschuldprinzip ist gefolgert worden, die Täterpersönlichkeit habe in der Tatschuldermittlung keinen Raum[360]. Es ist bereits dargelegt worden, daß der Satz in dieser Allgemeinheit nicht zutrifft[361]. Immerhin ergeben sich aus dem Tatschuldprinzip wesentliche Einschränkungen, wie Äußerungen der Anhänger dieses Gedankens zeigen: „Ob es ‚gute' oder ‚schlechte' Charaktereigenschaften sind, die im Einzelfall zum Verbrechen geführt haben, das kann als solches für die strafrechtliche Beurteilung der Tat nicht interessieren, soweit unter Charaktereigenschaften das über die Tat hinaus zurückliegende Verhalten des Täters mitgemeint wird. Es ist vielmehr allein die einzelne ‚Willensbildung', auf die hier die unterschiedlich bemessene Strafe sich bezieht"[362]. In diesen Äußerungen wird eine rückläufige Tendenz gegenüber früheren Strömungen, die auf eine weitergehende persönlichkeitsbedingte Individualisierung abstellten, deutlich[363]. Dementsprechend erörtert beispielsweise Bruns in dem Abschnitt „Die Täterpersönlichkeit als realer Strafzumessungsgrund" neben den persönlichen und wirtschaftlichen Verhältnissen des Täters insbesondere die seelischen Wurzeln der Tat, zu denen er die Beweggründe und Ziele, die in der Tat zum Ausdruck gekommene Gesinnung, den bei der Tat aufgewendeten Willen und das Maß der Pflichtwidrigkeit rechnet[364]. Das aber sind Faktoren, die in dieser

---

[357] Vgl. u. a. *Baumann*, AT, § 42 I 4 b; *Bruns*, Strafzumessungsrecht, S. 519.

[358] Siehe *Jescheck*, Die kriminalpolitische Konzeption des Alternativ-Entwurfs eines Strafgesetzbuchs (Allgemeiner Teil), in: ZStW Bd. 80, S. 54 ff., 58.

[359] Wie er dem Alternativ-Entwurf zugrunde zu liegen scheint.

[360] *Zipf*, Die Strafmaßrevision, S. 40.

[361] Siehe oben S. 62 f.

[362] *Schmidhäuser*, Gesinnungsmerkmale, S. 127. Zu der „Willensbildung" ist dann die Täterpersönlichkeit heranzuziehen. Vgl. auch *Bruns*, Strafzumessungsrecht, S. 428, *Maurach*, AT, S. 843.

[363] So *Bruns*, Strafzumessungsrecht, S. 426; vgl. auch *Jescheck*, Die kriminalpolitische Konzeption des Alternativ-Entwurfs (Allgemeiner Teil) a. a. O., S. 58.

[364] *Bruns*, Strafzumessungsrecht, S. 482 ff.

Untersuchung bereits bei der Beurteilung des Nachtatverhaltens als Indiz für die Tatschuld im eigentlichen Sinne verwertet worden sind. Die Persönlichkeit des Täters, sein Charakter hängen zwar auch nach Bruns mit der Gesinnung zusammen, berücksichtigt werden soll aber nur die in der Tat aktualisierte Gesinnung, „die unrechte Gesinnung des Täters im jeweiligen Grad ihrer Verwerflichkeit, also nicht eine mehr oder weniger dauernde Eigenschaft, nicht etwas Beständiges“[365]. Damit wird der Wert eines „allgemeinen Persönlichkeitsanteils der Schuld“[366] geleugnet.

Die danach relevante Täterkomponente der Strafzumessung ist bereits erörtert worden; das Nachtatverhalten als Indiz für die Persönlichkeit des Täters führt insoweit nicht weiter.

c) Zusammenfassung

Die Verwertung von Verhaltensweisen des Täters nach der Tat als Indiz für den Unrechtsgehalt der Tat ist nur zulässig, wenn man — im Einzelfall, also im Rahmen eines Deliktstypus, oder im allgemeinen — einem personalen Unrechtsgehalt, einem Gesinnungsunwert in dem dargestellten Sinne, Einfluß auf den Grad des Unrechts einräumt. Die Frage nach der Berechtigung eines solchen Vorgehens[367] bleibt an dieser Stelle unberührt.

Der Rückschluß aus den Nachhandlungen auf den Schuldgehalt der Tat ist unter dogmatischen Gesichtspunkten nicht zu beanstanden. Die Indizkonstruktion begegnet aber sehr erheblichen Bedenken bei der Anwendung im Einzelfall, insbesondere in den Fällen der Nachhandlungen auf Grund eines neuen Entschlusses und nach der Begehung von fahrlässigen Delikten. Der Anwendungsbereich ist angesichts der Notwendigkeit des Rückschlusses und der daraus resultierenden Schwierigkeiten stark eingeschränkt. Vertreter der Indizkonstruktion nehmen diese Nachteile in Kauf, weil sie die „Tatschuld“ im engen Sinne als entscheidendes Kriterium der Strafzumessung ansehen.

2. Das Nachtatverhalten und die Persönlichkeit des Täters

Soll bei der Strafzumessung nicht so sehr die in der Einzeltat aktualisierte Haltung des Täters, sondern auch die allgemeine Per-

---

365 *Bruns*, Strafzumessungsrecht, S. 487; vgl. auch *Maurach*, AT, S. 843.

366 *Lange*, Die Schuld des Teilnehmers, a. a. O., S. 167.

367 Vgl. dazu insbesondere *Würtenberger*, Die geistige Situation der deutschen Strafrechtswissenschaft, S. 55 ff.; *Kohlrausch-Lange*, System. Vorbem. III 1.

sönlichkeitsstruktur berücksichtigt werden, so ist ein Eingehen auf andere Schuldbegriffe erforderlich.

a) Das Nachtatverhalten und die Schuld als Lebensführungs-, Tendenz- oder Hangschuld

Den Auffassungen von der Lebensführungs-, Tendenz- oder Hangschuld ist gemeinsam, daß sie jedenfalls die Frage nach dem Wie der Strafe[368] „nicht nach Maßgabe der Tat als eines isolierbaren Einzelgeschehens, sondern nach einem Maßstab beantworten" wollen, „den das menschliche So-Sein der zu strafenden Persönlichkeit liefert"[369]. Der Mensch in seiner besonderen Individualität entscheidet über das Maß der Strafe. *Eb. Schmidt* spricht in diesem Zusammenhang von einer Schuld im materiellen Sinne[370], von der „durch die Tat bewiesene Einstellung des Täters zu den Anforderungen der Gesellschaft"[371]; er sieht in der Schuld „ein die ganze Täterpersönlichkeit treffendes sozialethisches Unwerturteil"[372].

Aus einer solchen Auffassung folgt für die Strafzumessung zwangsläufig die Forderung nach einer umfassenden Erforschung der Gesamtpersönlichkeit des Täters in ihrem So-Geworden-Sein und in ihrem So-Sein. Dann aber bestehen keine Bedenken, nicht nur das Vorleben des Täters, seine allgemeine Lebensführung, sondern auch das Verhalten nach der Tat als selbständige Bewertungsgrundlage für die Persönlichkeit bei der Strafzumessung heranzuziehen, und zwar ohne Einschränkungen. Das Nachtatverhalten gibt ebenso wie etwa die Tat selbst Aufschluß über die Einstellung des Täters zu den Anforderungen der Gesellschaft[373].

---

[368] Die Frage nach dem Ob der Strafe ist in diesem Zusammenhang nicht von Bedeutung.

[369] *Bockelmann*, Wie würde sich ein konsequentes Täterstrafrecht auf ein neues Strafgesetzbuch auswirken?, a. a. O., S. 29. *Bockelmann* weist allerdings darauf hin, daß die Mehrzahl dieser Ansichten auf ein Präventionsrecht hinzielen.

[370] *Schmidt*, Kriminalpolitische und strafrechtsdogmatische Probleme in der deutschen Strafrechtsreform, ZStW Bd. 69, S. 359 ff., 372.

[371] *Schmidt*, Strafzweck und Strafzumessung in einem künftigen Strafgesetzbuch, a. a. O., S. 21.

[372] *Schmidt*, Kriminalpolitische und strafrechtsdogmatische Probleme in der deutschen Strafrechtsreform, a. a. O., S. 372.

[373] Bezeichnenderweise hält *Schwalm*, Der Stand der Strafrechtsreform, MDR 1959, S. 797 ff., 798, die Berücksichtigung des Verhaltens nach der Tat für einen Einbruch des Persönlichkeitsschuldgedankens (insbesondere FN 5); vgl. aber auch *Sax*, Dogmatische Streifzüge durch den Entwurf des Allgemeinen Teils eines Strafgesetzbuchs nach den Beschlüssen der Großen Strafrechtskommission, a. a. O., S. 419.

b) Das Nachtatverhalten und die Schuld als Tat-Täter-Schuld

Nun besteht sicherlich die Gefahr, daß — folgt man diesen Auffassungen — „die Tat zum bloßen Anlaß wird, Charaktermängel des Täters nachzuprüfen und durch Bestrafung zu ahnden“[374]. Der Mittelweg zwischen strengem Tatschuldprinzip und dem Gedanken von der Lebensführungsschuld geht dahin, die Tat auf ihre Wurzeln in der Persönlichkeit des Täters zurückzuführen, den allgemeinen Persönlichkeitsanteil der Schuld mitzuberücksichtigen und damit die Einzeltatschuld zur Tat-Täter-Schuld zu vertiefen[375].

Zur Erkennung dieses allgemeinen Persönlichkeitsanteils der Schuld, zur Zurückführung der Tat auf ihre Wurzeln in der bleibenden inneren Haltung des Täters ist das Heranziehen von Handlungen, die zeitlich nach der Tatbestandsverwirklichung liegen, nicht nur möglich, sondern geboten.

Die weitere Frage kann nur sein, in welchem Umfang und mit welchen Grenzen Nachhandlungen zur Kennzeichnung der Täterkomponente herangezogen werden können, soll nicht der Vorwurf des „Gesinnungsstrafrechts“ erhoben werden. Hier gilt es, auf Normen zurückzugreifen, in denen eine Anerkennung dieser Tat-Täter-Schuld gesehen werden kann.

Nach *Lange* liegt ein strafbarer Versuch vor, wenn die Handlung für das angegriffene Rechtsgut gefährlich ist oder sonst den Täter als gefährlichen Angreifer dieses Rechtsguts erweist[376]. Entscheidend ist damit nicht allein die Tatkomponente, die Beziehung des Gefährlichkeitsgedankens auf die Tat, sondern ebenso die Täterkomponente, bei der der Gefährlichkeitsgedanke auf den Täter bezogen wird. Diese Auffassung folgt aus der unlösbaren Sinneinheit von Tat und Täter; der Gefährlichkeitsgedanke muß mit „der Erfassung des verbrecherischen Willens als tatgestaltenden oder über die Einzeltat hinaus relevanten Faktors verbunden werden“[377].

Die teleologische Rechtfertigung der Strafe liegt dann im Bereich des untauglichen Versuchs in der aktuellen Tätergefährlichkeit, der kriminellen Energie[378]. Der Täter erweist sich durch die Handlung als

---

[374] *Bockelmann*, Wie würde sich ein konsequentes Täterstrafrecht auf ein neues Strafgesetzbuch auswirken?, a. a. O., S. 32.

[375] *Lange*, Die Schuld des Teilnehmers, a. a. O., S. 167; vgl. auch *Engisch*, Bietet die Entwicklung der dogmatischen Strafrechtswissenschaft seit 1930 Veranlassung, in der Reform des allgemeinen Teils des Strafrechts neue Wege zu gehen?, a. a. O., S. 359, 360.

[376] Vgl. hierzu *Kohlrausch-Lange*, Vorbem. § 43 III 2, 3, und *Lange*, Anm. zu BGH JZ 1958, 669.

[377] *Kohlrausch-Lange*, Vorbem. § 43 III 2.

[378] So *Reinhard v. Hippel*, Untersuchungen, S. 27; vgl. auch *Fiedler*, Vorhaben und Versuch, S. 99 f.

gefährlicher Angreifer eines Rechtsguts[379]. Nur wenn diese personale Gefährlichkeit im Einzelfall fehlt, kann in Zukunft das Gericht von Strafe absehen oder die Strafe nach seinem Ermessen mildern, § 23 Abs. 2 2. Strafrechtsreformgesetz[380]. Weil der materielle Verbrechensbegriff entscheidend ist, ist die kriminelle Energie gegenüber einem Rechtsgut Bezugspunkt und Maßstab: Verhaltensweisen, die auf Bösartigkeit oder Skrupellosigkeit hinweisen, den Täter aber nicht als gefährlichen Angreifer des Rechtsguts erweisen, scheiden ebenso aus der Betrachtung aus wie bloße Manifestationen einer bösen Gesinnung[381].

Die besondere kriminelle Energie wird ferner bedeutsam in Normen, die diese Energie zum Anlaß einer Schärfung der Strafe nehmen, so beispielsweise in § 243 Ziffer 2 StGB. Auch hier ist der Gefährlichkeitsgedanke nicht nur auf die Tat, sondern auch auf den Täter bezogen[382].

Überträgt man diese Gedanken auf das hier zu behandelnde Problem, ergibt sich folgendes: Wenn neben der Tatseite auch das Maß der personalen Gefährlichkeit des Täters entscheidend ist, so gilt es, bei der Strafzumessung diesen verbrecherischen Willen als auch über die Einzeltat hinaus relevanten Faktor bei der Prüfung des Ausmaßes der Schuld zu erfassen. Dabei unterliegt es keinem Zweifel, daß auch Nachhandlungen zur Beurteilung herangezogen werden können, wenn und soweit sie Aufschluß über diese kriminelle Energie zu geben geeignet sind, und zwar unabhängig davon, ob sie auf einem erst nach der Begehung der Tat gefaßten Entschluß beruhen. Aber auch hier hat die Gefährlichkeit für ein Rechtsgut Bezugspunkt und Maßstab zu sein. Handlungen, die nicht mit dem Rechtsgutgedanken in Beziehung gebracht werden können, die nur auf einer bloßen moralischen Verwerflichkeit beruhen — beispielsweise ein niederträchtiges Benehmen gegenüber der Geliebten nach der Begehung eines zu ihren Gunsten geleisteten Meineids[383] — scheiden aus der Beurteilung aus; sie weisen den Täter nicht als gefährlichen Angreifer des Rechtsguts aus. Ebenso können aber auch „positive" Handlungen nicht berücksichtigt werden, wenn sie keinen Zusammenhang mit einem angegriffenen Rechtsgut haben; die Tatsache etwa einer Errichtung einer Stiftung für alte Menschen nach der Begehung von Wirtschaftsdelikten läßt das Maß

---

[379] Zustimmend u. a. *Engisch*, Der Unrechtstatbestand im Strafrecht, a. a. O., S. 435; *Oehler*, Das objektive Zweckmoment in der rechtswidrigen Handlung, S. 121.

[380] Nur von einer solchen Auffassung her läßt sich die fakultative Strafmilderung in § 23 Abs. 3 verstehen, vgl. auch *Kohlrausch-Lange*, Vorbem. § 43 III 3 f; *Reinhard v. Hippel*, Untersuchungen, S. 28 FN 189.

[381] Vgl. *Kohlrausch-Lange*, Vorbem. § 43 III 4.

[382] Vgl. dazu *Stöger*, Versuch des untauglichen Täters, S. 54.

[383] Vgl. BGH in MDR 1954, S. 693.

der verbrecherischen Energie des Täters, die Beurteilung seiner Haltung gegenüber der Rechtsordnung, unberührt.

Damit hat sich bisher ergeben, daß die Nachhandlungen, um strafzumessungsrelevant zu sein, sich auf ein Rechtsgut beziehen müssen. Nun reicht dieses Kriterium noch nicht aus, um eine hinreichende Abgrenzung zu ermöglichen; denn eine solche Betrachtungsweise ließe die weitere Komponente, die Tat, weitgehend außer Betracht. Der Zusammenhang mit der Tat legt den Gedanken nahe, daß es sich um das gleiche Rechtsgut handeln muß, das durch die Tat verletzt wurde. Da nicht das verletzte Einzelinteresse oder gar das Tatobjekt entscheidend ist — geht man aus von dem Rechtsgut als generelle Unverletzlichkeit von Leben, Gesundheit, Vermögen etc.[384] —, müßten dann Nachhandlungen einbezogen werden, die sich auf das Rechtsgut in diesem Sinne beziehen[385]. Strafzumessungsrelevant wäre dann beispielsweise die Rettung eines ertrinkenden Kindes durch den Täter eines Tötungsverbrechens, unerheblich die Mitnahme von Geiseln nach der Begehung eines Banküberfalles. Aber wirft die Lebensrettung ein kennzeichnendes Licht auf die Erfassung des verbrecherischen Willens als tatgestaltenden oder über diese Einzeltat hinaus relevanten Faktors? Unserer Ansicht nach nicht. Und zeigt nicht gerade die Mitnahme von Geiseln nach einem Banküberfall, ungeachtet der darin liegenden Freiheitsberaubung, das Ausmaß der kriminellen Energie des Täters, der unter bewußter Gefährdung von Menschenleben[386] sein Ziel zu erreichen sucht? Das letztere Beispiel erweist deutlich die Untauglichkeit eines Kriteriums, das an dem durch die Tat verletzten Rechtsgut ausgerichtet ist.

Damit bleibt als weiterer entscheidender Maßstab der Zusammenhang mit der Tat. Dieser Zusammenhang ist kein zeitlicher oder räumlicher, sondern ein materieller. Zeigt der Täter durch das mit der Tat zusammenhängende spätere Verhalten, daß seine verbrecherische Energie in ihm verwurzelt, ein über die Einzeltat hinaus verfestigter Teil seiner Persönlichkeit ist, so bestehen keine Bedenken dagegen, daß der Staat auf diesen Beweis der aktuellen Tätergefährlichkeit mit erhöhter Strafe reagiert. Erweisen Nachhandlungen des Täters, die mit der Tat zusammenhängen, eine Hinwendung zum Recht, so kommt ihm das durch eine geminderte Strafe zugute. Wenn sich der Täter aus eigenem Antrieb um die Wiedergutmachung des Schadens bemüht, zeigt sich darin — ähnlich wie beim Rücktritt vom Versuch[387] — nicht bloß ein nachträgliches Indiz geringerer Willensstärke; der Täter sieht vielmehr die letzte Möglichkeit zur Umkehr, die ihm bei der Strafzumessung honoriert wird.

---

[384] *Kohlrausch-Lange*, System. Vorbem. III 1.

[385] Vgl. dazu *Lange*, Strafrechtsreform, S. 83.

[386] Man denke an den Münchner Vorfall am 4. August 1971.

[387] *Kohlrausch-Lange*, § 46 I.

c) Zusammenfassung

Die Auffassungen von der Schuld als Lebensführungs-, Tendenz- und Hangschuld erlauben eine sehr weitgehende Einbeziehung der Verhaltensweisen nach der Tat in die Strafzumessung.

Die Theorie von der Tat-Täter-Schuld wahrt die Sinneinheit von Tat und Täter. Sie erlaubt es, die Tat auf die Persönlichkeit des Täters zurückzuführen, ohne daß die Gefahr eines Gesinnungsstrafrechts besteht. Sie führt einerseits zu einer selbständigen Berücksichtigung von Nachhandlungen des Täters als Erkenntnisquelle für seine Persönlichkeit, bietet andererseits durch die Bezogenheit auf ein Rechtsgut und den materiellen Zusammenhang mit der Tat Kriterien für die Abgrenzung der unbeachtlichen von den relevanten Nachhandlungen des Täters.

3. Das Verhalten des Täters nach der Tat als Teil einer „Außenzone" des Verbrechens

Ein andersartiger Ansatz zur strafrechtlichen Erfassung von Nachhandlungen des Täters geht auf *Beling* zurück.

In seiner „Lehre vom Verbrechen" hat *Beling* ausgeführt[388]: Der Verbrechenstypus liege in der Gesamtheit der Tatbestandsmerkmale. Gewisse außerhalb des eigentlichen Tatbestandes liegende Momente gehörten derart zum Tatbestand, daß sie ihm notwendig als Anhängsel angegliedert werden müßten. Sie fielen in die Interessensphäre des Tatbestandes und bildeten mit ihm ein Ganzes. Neben den Tatbestandskern trete so eine Außenzone mit sekundären Elementen, die sich um den Kern herum legten und die mit ihm zusammen den weiteren Tatbestand bildeten. Hierzu gehörten neben den Vorbereitungshandlungen und den Nebenhandlungen auch die Nachhandlungen, Nachstöße, die das fertige Delikt fortführten. Das Ergebnis der Tatbestandsverwirklichung sei ein dauernder oder abänderbarer Zustand. Wer diesen Zustand festhalte, befestige, verschlimmere, bewege sich noch in der weiteren tatbestandlichen Sphäre.

Aus der Umschreibung des Nachhandelns als „Festhaltung des durch die Tatbestandsverwirklichung erzeugten rechtswidrigen Zustandes"[389] folgt für *Beling:* Nachhandlungen scheiden aus der Bewertung aus, wenn durch die Tatbestandsverwirklichung ein rechtswidriger Zustand nicht entsteht, aber auch dann, wenn der durch die Handlung entstandene Zustand unabänderbar ist. Erhebliche Nach-

---

[388] *Beling*, Lehre vom Verbrechen, S. 245 ff. Vgl. dazu auch *Spendel*, Zur Lehre vom Strafmaß, S. 231 ff.

[389] *Beling*, Lehre vom Verbrechen, S. 255.

handlungen können nur angenommen werden, wenn ein Zustand entsteht, dessen Abänderung möglich und von der Rechtsordnung gewollt ist[390].

Die Aufteilung der Handlungen in solche, die dem Tatbestand im engeren Sinne angehören, und in solche, die der Außenzone zugehören, hatte bei *Beling* in erster Linie nicht den Sinn, Hilfsmittel bei der Strafzumessung zu sein; sie diente der Bestimmung des Umfangs des engeren Tatbestandes, insbesondere unter dem Gesichtspunkt der Abgrenzung von Versuchs- und Ausführungshandlungen[391], sowie der des weiteren Tatbestandes als Grundlage für die Konkurrenzlehre[392]. Die Feststellung, daß die Sphäre, die sich um den Tatbestandskern herum lege, der Tat ein individuelles Gepräge gebe, das für die Strafzumessung bedeutsam sei[393], führt nicht weiter; denn sie besagt nicht, daß nur diese Sphäre strafzumessungsrelevant ist.

So scheinen zunächst die Kriterien zu fehlen, die aufhellen, welche Nachhandlungen im Einzelfall in die „Interessensphäre des Tatbestandes"[394] hineinfallen; dementsprechend meint *Lang-Hinrichsen*, die Außenzone werde formal durch den Tatbestand bestimmt[395]. Jedoch liegt ein anderes Kriterium nahe: das des Zeitraums zwischen Vollendung und Beendigung der Tat. Hierfür sprechen einerseits die von *Beling* angeführten Beispiele — etwa die Unzuchtverübung mit dem entführten Mädchen —, andererseits der Umstand, daß Beling den weiteren Tatbestand als Rahmen für die Tateinheit verwendet[396]. Dann aber ergibt sich gleichzeitig ein materielles Kriterium für die Frage, welche Nachhandlungen zu berücksichtigen sind. Ein Delikt ist beendet, wenn der „volle Unwertsachverhalt vorliegt, der der Konzeption des Unrechtssachverhaltes zugrunde liegt"[397]. Für die Nachhandlungen im Sinne *Belings* wäre entscheidend, ob durch sie dieser volle Unwertsachverhalt herbeigeführt wird; das durch den jeweiligen Tatbestand geschützte Rechtsgut wäre der Bezugspunkt. Für eine derartige Auslegung der *Beling*schen Ausführungen spricht auch, daß nur die Verhaltensweisen nach der Tat in die Außenzone des Tatbestandes gehören sollen, die einen Zustand „fortspinnen"[398], dessen Aufhebung tatsächlich möglich und von der Rechtsordnung gewollt ist; ausschei-

---

[390] *Beling*, Lehre vom Verbrechen, S. 255.

[391] So auch *Spendel*, Zur Lehre vom Strafmaß, S. 236, 237 FN 1; vgl. auch *Lang-Hinrichsen*, Bemerkungen zum Begriff der Tat, a. a. O., S. 362 ff.

[392] Vgl. *Beling*, Lehre vom Verbrechen, S. 344 ff.

[393] *Beling*, Lehre vom Verbrechen, S. 246.

[394] *Beling*, Lehre vom Verbrechen, S. 246.

[395] *Lang-Hinrichsen*, Bemerkungen zum Begriff der Tat, a. a. O., S. 363.

[396] *Beling*, Lehre vom Verbrechen, S. 344 ff.

[397] So *Schmidhäuser*, AT, 8/53; vgl. auch *Schönke-Schröder*, StGB, Vorbem. § 43 Rdn. 2; *Jescheck*, AT, S. 342.

[398] *Beling*, Lehre vom Verbrechen, S. 255.

den sollen Nachhandlungen nach Delikten, die keinen rechtswidrigen Zustand erzeugen, und Nachhandlungen, wenn der rechtswidrige Zustand unwiderruflich, der volle Unwertsachverhalt also herbeigeführt ist.

Bei der Beschränkung auf die Nachhandlungen zwischen formeller Vollendung und materieller Beendigung drängt sich die Frage auf, ob es sich überhaupt um Handlungen nach der „Tat" handelt. Das hängt davon ab, ob unter „Tat" hier lediglich die Verwirklichung des Tatbestandes zu verstehen ist.

Die Delikte, bei denen eine Unterscheidung zwischen Vollendung und Beendigung der Tat vorgenommen wird, sind in drei Gruppen erfaßt[399]. Es handelt sich zum einen um Fälle, bei denen schon das Unternehmen der Handlung bestraft wird, zum anderen um die Absichtsdelikte und letztlich um Delikte, bei denen der Täter einen über die Tatbestandsverwirklichung hinausgehenden Gesamterfolg anstrebt. In allen Fällen ist der volle Unrechtssachverhalt noch nicht herbeigeführt, die Tat mit der Verwirklichung des Tatbestandes noch nicht abgeschlossen. Dementsprechend hat die Rechtsprechung und ihr folgend die überwiegende Meinung in der Literatur eine Beihilfe nach der Tatbestandsverwirklichung, aber vor der Beendigung der Tat, für möglich gehalten[400].

Hieraus wird klar ersichtlich, daß unter dem Begriff der „Tat" nicht nur die formelle Verwirklichung des Tatbestandes verstanden werden kann. Nachhandlungen des Täters zwischen formeller Vollendung und materieller Beendigung, die sich auf das geschützte Rechtsgut beziehen, sind daher keine Handlungen nach der Tat, sondern bei der Begehung der Tat[401]. Diese Verhaltensweisen haben in dem hier zu erörternden Zusammenhang außer Betracht zu bleiben.

4. Das Nachtatverhalten als Teil einer „Tat" im Sinne der Strafzumessung

Lang-Hinrichsen versucht, das Problem durch einen erweiterten Begriff der „Tat" zu lösen[402].

Der Begriff der „Tat" sei ein teleologischer. Es bestünden daher keine Bedenken, ihn im Rahmen der Strafzumessung anders zu be-

---

[399] Vgl. dazu *Stratenwerth*, Urteilsanmerkung, JZ 1961, S. 95 ff.

[400] Vgl. BGHSt. 2, 344 m. w. N.; OLG Hamm in JZ 1961, S. 94 f.; *Schönke-Schröder*, StGB, § 49 Rdn. 8; *Kohlrausch-Lange*, § 49 III 3.

[401] So auch *Wahle*, Die Rechtsnatur der „besonders schweren Fälle" im Strafrecht, S. 95 f.

[402] *Lang-Hinrichsen*, zunächst in: Probleme der strafrechtlichen Schuld und der Kriminologie, Civitas II, 1963, S. 206 ff., 217 ff.; Diskussionsbeitrag, in: Zur österreichischen Strafrechtsreform, S. 111 ff.; ausführlich jetzt in: Bemerkungen zum Begriff der Tat, a. a. O., S. 353 ff.

stimmen als im Bereich der Tatbestandslehre. Während der gesetzliche Tatbestand aus der Fülle des Gesamtgeschehens einige typische Merkmale herausgreife, um zu bestimmen, was strafbar sei, wann eine Straftat begonnen habe und wann sie vollendet sei, werde die verbrecherische Tat durch zahlreiche weitere Umstände gekennzeichnet. Bei der Strafzumessung komme es darauf an, den vollen Unrechts- und Schuldgehalt dieses gesamten verbrecherischen Verhaltens auszuschöpfen. Die Gesamttat in diesem Sinne sei Grundlage der Strafzumessung, auf sie bezögen sich Unrecht und Schuld[403]. Das Verhalten des Täters nach der Tat sei Teil des in der „Tat" zum Ausdruck gelangten verbrecherischen Verhaltens[404]; damit sei das aus dem Verhalten nach der Tat sich ergebende Verschulden in Wahrheit ein „Tatverschulden" im Sinne der Strafzumessung[405].

Es ist *Lang-Hinrichsen* darin zuzustimmen, daß der Begriff der „Tat" nicht notwendig einer einheitlichen Umschreibung bedarf. Es sei in diesem Zusammenhang auf § 264 StPO hingewiesen: die „Tat" im prozessualen Sinne meint nicht die Handlung im Sinne der Verwirklichung eines Tatbestandes, sondern den historischen Lebensvorgang, in den das Verhalten des Angeklagten eingebettet ist[406]; der prozessuale Tatbegriff dient unter teleologischen Gesichtspunkten zur Klärung von Fragen der Rechtshängigkeit und der Rechtskraft. Mag also im Bereich der Strafvoraussetzungen der Begriff der „Tat" eine bestimmte Funktion haben, so bietet dies doch keine Gewähr dafür, daß der gleiche Begriff gemeint ist, wenn im Bereich der Strafzumessung von der „Tat" die Rede ist. Gegen die Annahme eines „Strafzumessungstatbestandes" in diesem Sinne ergeben sich daher insoweit keine Bedenken[407].

Die weitere Frage allerdings ist die, inwieweit hierdurch eine sachliche Änderung gegenüber der bisherigen Verwendung der Begriffe „Tatunrecht" und „Tatschuld" eintritt. Das Verhalten des Täters nach der „Tat" — hier im Sinne der Verwirklichung des Tatbestandes — soll Teil einer Gesamttat sein, die die Erfassung des vollen Unrechts- und Schuldgehalts ermöglicht. Soweit es sich dabei um den Zeitraum

---

[403] *Lang-Hinrichsen*, Bemerkungen zum Begriff der Tat, a. a. O., S. 359 f.

[404] *Lang-Hinrichsen*, Zur österreichischen Strafrechtsreform, S. 118.

[405] *Lang-Hinrichsen*, Bemerkungen zum Begriff der Tat, S. 366.

[406] Vgl. *Eb. Schmidt*, Lehrkommentar, § 264, Rdn. 5.

[407] *Schmidhäuser*, AT, 20/63, stimmt dem erweiterten Tatbegriff zu; auch *Jagusch*, Die Praxis der Strafzumessung, B I 3 b, meint, „Tat" bei der Strafzumessung sei im weitesten Sinne zu verstehen. Vgl. auch *Dreher*, Niederschriften, Bd. XII, S. 23, und *Welzel*, Niederschriften, Bd. XII, S. 25. Der Begriff „Strafzumessungstatbestand" findet sich bei *Reinhard v. Hippel*, Untersuchungen, S. 56 FN 353. Vgl. zu unterschiedlichen Tatbestandsbegriffen *Engisch*, Die normativen Tatbestandsmerkmale im Strafrecht, in: Festschrift für Mezger, S. 127 ff., 129 ff.

zwischen formeller Vollendung und materieller Beendigung handelt, gehören die Nachhandlungen, die den vollen Unrechts- und Schuldgehalt herbeiführen, auch nach herkömmlicher Auffassung zum Tatkomplex im engeren Sinne und damit zu Tatunrecht und Tatschuld; insoweit tritt eine sachliche Änderung nicht ein. Anders verhält es sich mit außerhalb dieses Bereichs liegenden Verhaltensweisen des Täters; hier wird — wenn auch unter teleologischen Aspekten — der Strafzumessungssachverhalt erweitert[408]. Diesem erweiterten Strafzumessungssachverhalt entspricht dann ein erweiterter Unrechts- und Schuldbegriff; Unrecht und Schuld werden auf einen anderen Lebensvorgang bezogen. Man mag auch dieses Unrecht und diese Schuld „Tatunrecht" und „Tatschuld" nennen, muß sich aber darüber im klaren sein, daß ein Unterschied zu der herkömmlichen Ausfüllung der Begriffe besteht.

Für *Lang-Hinrichsen* folgt aus dem Begriff der „Tat" im Sinne der Strafzumessung die Ausscheidung der täterschaftlichen Faktoren wie Persönlichkeit und Gefährlichkeit des Täters; in ihnen sieht er allein Anknüpfungspunkte für spezialpräventive Zwecke[409]. Für die „Gesamteinzeltat"[410] soll nur das Tatverhalten mit seiner äußeren und inneren Seite maßgebend sein[411]. Die Abgrenzung der beachtlichen Nachhandlungen von den nicht in die Bewertung einzubeziehenden Verhaltensweisen erfolgt nach materiellen Kriterien; nur diejenigen Handlungen sind für die Strafzumessung von Bedeutung, die als „Teil des in der Einzeltat zum Ausdruck gelangten verbrecherischen Verhaltens"[412] betrachtet werden können: „alle Umstände des sonstigen Verhaltens, die unter Wertgesichtspunkten erst eine volle Würdigung des Täterverhaltens gestatten, die sich mit dem Wertkern normativ zu einer Werteinheit zusammenschließen und erst so eine sinnhafte und umfassende Wertungsgrundlage für die Strafzumessung geben, gehören zu dem erweiterten Tatbegriff"[413].

Hier erhebt sich die Frage, woraus der Wertkern besteht und wie die Werteinheit näher zu bestimmen ist. Für ein teleologisches System, das vom Zweck des Rechtsgüterschutzes ausgeht, muß dieser Wertkern auf die Begriffe „Rechtsgut" und „krimineller Gehalt" ausgerichtet

---

[408] So auch *Bruns*, Strafzumessungsrecht, S. 494. *Bruns* meint, es sei offensichtlich abwegig, beispielsweise weit vor der „Tat" liegende Vortaten unter dem Gesichtspunkt eines erweiterten Tatbegriffs zu fassen; gleiches gelte für zeitlich weit nach der Tatbestandsverwirklichung liegende Handlungen.

[409] *Lang-Hinrichsen*, Bemerkungen zum Begriff der Tat, a. a. O., S. 361 f.

[410] *Lang-Hinrichsen*, Zur österreichischen Strafrechtsreform, a. a. O., S. 118.

[411] *Lang-Hinrichsen*, Bemerkungen zum Begriff der Tat, a. a. O., S. 361 f.

[412] *Lang-Hinrichsen*, Zur österreichischen Strafrechtsreform, a. a. O., S. 118.

[413] *Lang-Hinrichsen*, Bemerkungen zum Begriff der Tat, a. a. O., S. 363.

sein[414]. Damit erscheint zunächst das jeweilige Rechtsgut als Bezugspunkt und Maßstab. Handlungen, die sich auf das Rechtsgut beziehen, sind zur materiellen Erfassung der Schwere der Rechtsgutsverletzung in die Strafzumessung einzubeziehen; sie erst geben im Einzelfall das vollständige Bild des Verhaltens, wenn durch die Nachhandlungen beispielsweise das Rechtsgut noch mehr beeinträchtigt oder eine eingetretene Beeinträchtigung gemildert wird. In Fällen, in denen eine weitere Beeinträchtigung, aber auch eine Minderung einer eingetretenen Beeinträchtigung nicht möglich ist, muß sich die Gesamtbetrachtung auf den weiteren Teil der Bewertung, die verbrecherische Energie, beziehen; auch über ihr Ausmaß können die Nachhandlungen Aufschluß geben, wenn sie die Nachhaltigkeit des in der Tatbestandsverwirklichung aktualisierten Willens des Täters oder die Rückkehr zu einer rechtstreuen Haltung erweisen.

Fraglich erscheint unter dem Gesichtspunkt des Rechtsgüterschutzes die Strafzumessungsrelevanz anderer Rechtsgutsverletzungen als des durch die zunächst verletzte Norm geschützten Gutes. *Lang-Hinrichsen* will auch das auf die Verletzung eines weiteren Rechtsguts gerichtete Verhalten einbeziehen, wenn es sich mit dem übrigen Verhalten zu einer Werteinheit zusammenschließt[415]. Ein solches Vorgehen erscheint zwar zur Erfassung des Unrechtsgehalts eines erweiterten Tatkomplexes, eines Lebensvorganges, als möglich, aber unter dem teleologischen Aspekt des Schutzes des durch die weitere Handlung verletzten Rechtsguts als nicht zwingend geboten, weil die weitere Verletzung eine eigenständige Straffolge auslöst; eine Strafbarkeitslücke entsteht nicht. Unter dem Gesichtspunkt der Reaktion auf die erwiesene kriminelle Energie werden Nachhandlungen gegen andere Rechtsgüter nur zu erfassen sein, wenn es um den verbrecherischen Willen als auch über die Einzeltat hinaus relevanten Faktor geht. Diese Konsequenz aber will Lang-Hinrichsen, der die täterschaftlichen Faktoren nur im Rahmen spezialpräventiver Erwägungen berücksichtigt, nicht ziehen.

Die Auffassung *Lang-Hinrichsens* leistet insgesamt einen Beitrag zur Erweiterung des Strafzumessungssachverhalts und damit zu einer gegenüber der Indiztheorie weitergehenden Erfassung des Unrechts- und Schuldgehalts eines verbrecherischen Verhaltens. Nachhandlungen des Täters können als selbständige Strafzumessungstatsachen in die Bewertung einbezogen werden, wenn sie sich mit dem Wertkern normativ zu einer Werteinheit zusammenfassen lassen. Ob allerdings das Kriterium der materialen Werteinheit ausreicht, der Gefahr schema-

---

414 Vgl. dazu *Grünhut*, Methodische Grundlagen der heutigen Strafrechtswissenschaft, in: Festgabe für Frank, Bd. I, S. 1 ff., 8 ff., insbesondere 10, und neuerdings *Reinhard v. Hippel*, Untersuchungen, S. 15.

415 *Lang-Hinrichsen*, Bemerkungen zum Begriff der Tat, a. a. O., S. 365.

tischer Verwertung von Nachhandlungen durch den Richter bei der Strafzumessung zu begegnen, wird erst eine Anwendung dieser Auffassung durch die Rechtsprechung erweisen. Nachteilig wirkt sich aus die Trennung zwischen Tatverhalten und täterschaftlichen Faktoren, nicht nur, weil eine strenge Trennung beider Gruppen häufig nicht möglich ist[416], sondern weil nur das Tatverhalten unrechts- und schuldrelevant sein soll, die täterschaftlichen Faktoren aber spezialpräventiven Erwägungen zugewiesen werden. Damit bleiben Nachhandlungen, die für diese Täterkomponente aufschlußreich sind, in einem auf Unrecht und Schuld hin orientierten System als Strafzumessungstatsachen außer Betracht[417]. Der Strafzumessung nach der Persönlichkeit des Täters, der Individualisierung auf den Täter hin, wird eine enge Grenze gesetzt, die Sinneinheit von Tat und Täter aufgelöst. Hierzu ist *Lang-Hinrichsen* gezwungen, weil er an den — wenn auch anders verstandenen — Begriffen „Tatunrecht" und „Tatschuld" festhält.

5. Das Nachtatverhalten als Unrecht und Schuld nach Tatbeendigung erhöhender oder mindernder Umstand

Im folgenden Teil der Untersuchung hat eine Auseinandersetzung mit der wiederholt aufgestellten These zu erfolgen, Unrecht und Schuld seien mit der Begehung der Tat festgelegt, um hieraus möglicherweise einen weiteren Ansatz zur Lösung des Problems zu gewinnen.

a) Die Wandelbarkeit des Unrechts

In Rechtsprechung und Schrifttum wird — soweit das Problem überhaupt Erwähnung findet — ganz überwiegend die Ansicht vertreten, durch ein nach der Tat liegendes Verhalten könne der Unrechtsgehalt der Tat selbst nicht verändert werden[418].

---

[416] Das gibt *Lang-Hinrichsen* selber zu, vgl. Bemerkungen zum Begriff der Tat, a. a. O., S. 362.

[417] Nicht ganz deutlich wird, ob damit zeitlich weit nach der Tatbestandsverwirklichung liegende Umstände, etwa die Wiedergutmachung nach einem langen Zeitraum, ausscheiden sollen, vgl. Bemerkungen zum Begriff der Tat, a. a. O., S. 361 f., aber auch S. 366.

[418] Vgl. BGHSt. 1, 105 ff., 106; *Bruns*, Strafzumessungsrecht, S. 493; *Kaufmann*, Das Schuldprinzip, S. 259; *Zipf*, Die Strafmaßrevision, S. 92; aus der Diskussion der Großen Strafrechtskommission vgl. *Bockelmann*, Niederschriften, Bd. IV, S. 271; *Gallas*, Niederschriften, Bd. IV, S. 272; *Jescheck*, Niederschriften, Bd. XII, S. 21; *Fränkel*, Niederschriften, Bd. XII, S. 25. Vgl. ferner *Lange*, Niederschriften, Bd. V, S. 12, und *Baldus*, Niederschriften, Bd. XII, S. 23.

Beispielshaft sind — auch hinsichtlich der Begründung — die Ausführungen von Wahle: „Das Tatunrecht und die Tatschuld sind aber grundsätzlich mit der Tatbestandserfüllung endgültig festgelegt und durch ein Verhalten nach der Tat grundsätzlich nicht zu beeinflussen. Denn jede Straftat ist — als Widerspruch zur Rechtsordnung und als Rechtsgutsverletzung — ‚einmalig' und, wenn einmal begangen, ein Faktum (mit quantitativ und qualitativ festgelegtem Unrechtsgehalt), das weder positiv noch negativ revidierbar ist"[419]. Andere Autoren meinen, die Rechtswidrigkeit einer Handlung müsse für jeden Augenblick feststehen, es könne unmöglich der zeitlich oft erst weit später liegende Zeitpunkt der richterlichen Untersuchung für das Rechtswidrigkeitsurteil maßgebend sein[420]; ein staatlicher Strafanspruch sei erwachsen, der nicht mehr nach rückwärts annulliert werden könne[421].

Die erste Argumentationskette für die These von der Unwandelbarkeit des Unrechts lautet demnach: Die Straftat ist ein „Faktum"; „Tatsachen sind unerbittlich"[422]; deshalb steht der Unrechtsgehalt mit der Beendigung der Handlung fest. Daran ist sicher richtig, daß die Handlung als solche nicht ungetan gemacht werden kann; die Kausalkette läßt sich nicht nach rückwärts aufrollen[423]. Aber das ist nicht der entscheidende Gesichtspunkt: „Dem Recht kommt es niemals auf Tatsachen als solche an, sondern auf deren Bedeutung"[424]. Die Aussage, die Verwirklichung eines Tatbestandes stelle Unrecht dar, beinhaltet eine Wertung von Tatsachen; das Rechtswidrigkeitsurteil ist Geschehensurteil[425]. Die Bewertung, nicht die Tatsache als solche ist damit entscheidend.

Was in die Bewertung, in das Geschehensurteil, einzubeziehen ist, wird nicht durch die Tatsache, sondern funktionell durch den Zeitpunkt der gerichtlichen Entscheidung, im übrigen durch das Gesetz bestimmt: „Was ... zum Objekt der Bewertung gehört, ist eine Frage

---

419 *Wahle,* Die Rechtsnatur der „besonders schweren Fälle" im Strafrecht, S. 93, der im folgenden allerdings differenziert. Vgl. auch *Spohr,* Rücktritt und tätige Reue, S. 1: „Was einmal geschehen ist, kann nicht wieder ungeschehen gemacht werden. Ist eine rechtswidrige Handlung, die den Tatbestand eines Delikts erfüllt, schuldhaft durch einen Zurechnungsfähigen zur Ausführung gekommen ..., so vermag kein späteres Verhalten des Schuldigen ... den Deliktscharakter der Handlung mit rückwirkender Kraft zu vernichten. Weder die Rechtswidrigkeit noch die Schuld kann nachher wieder beseitigt werden."

420 *Stöger,* Versuch des untauglichen Täters, S. 48.

421 *Spohr,* Rücktritt und tätige Reue, S. 2.

422 *Spohr,* Rücktritt und tätige Reue, S. 2.

423 *E. v. Hippel,* Untersuchungen zum Problem des fehlerhaften Staatsakts, S. 42.

424 *Reinhard v. Hippel,* Untersuchungen, S. 43.

425 *Maurach,* AT, S. 290.

normativer Relevanz"[426]. Die oben dargestellte Argumentation beruht auf einer — fehlerhaften — Gleichsetzung von tatsächlichen und normativen Gesichtspunkten. Wenn es darum geht, „aus dem Gesamtbereich des Unrechts den Kern herauszuheben, der als besonders schwere Verletzung der Rechtsidee und Störung der Rechtsordnung zu werten ist"[427], so steht die Bestimmung des Umfanges und damit auch der Grenzen des Kerns grundsätzlich zur Disposition des Gesetzgebers. Ebenso wie das Gesetz häufig bereits Gefährdungen von Rechtsgütern in den strafrechtlich relevanten Ausschnitt des Unrechts einbezieht — beispielsweise durch die Bestrafung des Versuchs oder die Aufstellung besonderer Gefährdungstatbestände —, kann es auch im Einzelfall oder generell den Nachhandlungen einen Einfluß auf den Unrechtsgehalt der Tat einräumen[428]. Unter diesem Gesichtspunkt bestehen daher keine Bedenken gegen die Einbeziehung von Nachverhaltensweisen des Täters in das Geschehensurteil.

Ein weiteres Argument geht dahin, es könne unmöglich der zeitlich erst weit später liegende Zeitpunkt der richterlichen Entscheidung für das Rechtswidrigkeitsurteil maßgebend sein[429]. Soweit sich diese Aussage auf die Abgrenzung zwischen Rechtswidrigkeit und Rechtmäßigkeit, also auf die Frage der formellen Rechtswidrigkeit, bezieht, kann hier auf sie nicht eingegangen werden[430]; es geht nicht um die — formelle — Rechtswidrigkeit, sondern um den — materiellen — Unrechtsgehalt. Hier zeigt bereits die Unterscheidung zwischen formeller Vollendung und materieller Beendigung, der Herbeiführung des weiteren Unwertsachverhalts, daß mit der Handlung, die den Tatbestand verwirklicht, das Ausmaß des Unrechts der Tat noch nicht feststeht. Ferner ist auf § 265 Abs. 2 StPO hinzuweisen: erst in der Verhandlung können sich vom Strafgesetzbuch besonders vorgesehene Umstände ergeben, welche die Strafbarkeit erhöhen, beispielsweise der Eintritt einer schweren Körperverletzung durch die Aussetzung, § 221 Abs. 3 StGB. Es besteht kein Zweifel daran, daß sich in einem solchen

---

[426] *Reinhard v. Hippel*, Untersuchungen, S. 62.

[427] *Kohlrausch-Lange*, System. Vorbem. III 1.

[428] So etwa in § 40 Ziff. 12 Entwurf eines Strafgesetzbuches für Österreich von 1964. Die Bestimmung sieht in der Wiedergutmachung durch den Täter oder einen Dritten einen besonderen Milderungsgrund; aus der Begründung ergibt sich die Unrechtsrelevanz der Wiedergutmachung: „Auch objektiv wiegt die Tat nach allgemeinem Empfinden weniger schwer, wenn der Täter den Geschädigten später schadlos gehalten hat. Wird der Schaden durch einen Dritten für den Täter wiedergutgemacht ... das objektive Gewicht der Tat ist auch dann vermindert" (S. 67).

[429] *Stöger*, Versuch des untauglichen Täters, S. 46.

[430] Vgl. dazu *Reinhard v. Hippel*, Untersuchungen, S. 50 ff., insbesondere S. 53.

[431] Vgl. *Schmidhäuser*, AT, 8/29, 15/9.

Fall nach der Begehung der Handlung das Ausmaß des Unrechts erhöht; der Unrechtsgehalt steht nicht mit der Verwirklichung des Tatbestandes fest.

Vor allem aber verkennt die Ansicht, nach der der zeitlich spätere Zeitpunkt der richterlichen Entscheidung nicht maßgebend sein kann, weitgehend die Aufgabe des Richters in der Strafrechtspflege. „Das materielle Strafrecht hat als solches keine unmittelbare Wirkung. Es kommt erst in der Rechtspflege zur Geltung"[432]. Weil das Gesetz im materiellen Strafrecht nur Rahmen geben kann, sind für den Strafausspruch Sachverhalte rechtserheblich, die sich nicht unmittelbar aus dem Gesetz ergeben, sondern die der Richter um der Gerechtigkeit willen als erheblich anerkennt[433]. Hier gilt der Satz: „Im Strafprozeß findet das Strafrecht erst seine nähere rechtliche Ausgestaltung"[434]. Die Besonderheiten des Einzelfalles hat der Richter „zum Merkmal der konkreten Norm zu konstituieren"[435]. Von diesem Standpunkt aus bedeutet die Außerachtlassung von nicht im Gesetz normierten Sachverhalten, denen nach Ansicht des Richters ein Einfluß auf das Ausmaß des Unrechts zukommt, und damit die Annahme der Unwandelbarkeit des Unrechts nach Tatbegehung eine „unerklärliche Vorverlagerung der Rechtskraft in die Tat"[436]. Die Schwere der Rechtsgutsverletzung kann im Einzelfall durchaus durch das Nachtatverhalten beeinflußt werden, wie die in den Sitzungen der Großen Strafrechtskommission erörterten Beispiele zeigen: Der Täter entwendet eine Amati und verbrennt sie, als polizeiliche Ermittlungen gegen ihn eingeleitet werden[437]; bei einem Raubüberfall mit Waffen ist ein Opfer schwer verletzt worden, der Täter hindert nach Vollendung der Tat, daß dem Opfer Hilfe zuteil wird[438]; der Täter beseitigt nach der Tat den angerichteten Schaden[439]. Ein Grund dafür, dem Richter die Berücksichtigung dieser Handlungen mit einem Hinweis auf eine Unwandelbarkeit des Unrechts zu verwehren, ist nicht ersichtlich. In den genannten Fällen wurde dann auch von Mitgliedern

---

432 *Peters*, Die strafrechtsgestaltende Kraft des Strafprozesses, S. 10.

433 *Arndt*, Rechtsprechende Gewalt und Strafkompetenz, in: Festgabe für Carlo Schmid, S. 5 ff., 17.

434 *Peters*, Die strafrechtsgestaltende Kraft des Strafprozesses, S. 10. *Arndt*, Rechtsprechende Gewalt und Strafkompetenz, a. a. O., S. 17, spricht in diesem Zusammenhang von dem „notwendigen Auftrag zur Gesetzes-Ergänzung".

435 *Arndt*, Rechtsprechende Gewalt und Strafkompetenz, S. 17.

436 *Reinhard v. Hippel*, Untersuchungen, S. 53.

437 Niederschriften, Bd. V, S. 18 f.

438 Niederschriften, Bd. XII, S. 23.

439 Niederschriften, Bd. IV, S. 272.

der Großen Strafrechtskommission eine Erhöhung oder Minderung des Unrechts bejaht[440].

Einer solchen Auffassung könnte entgegengehalten werden, es werde nicht das Unrecht der Tat, sondern nur der Schaden erhöht oder gemindert[441], es liege also eine — unrichtige — Identifizierung von Rechtsgut und Einzelinteresse vor; denn nicht das einzelne Angriffsobjekt ist entscheidend, sondern das Rechtsgut als generelle Unverletzlichkeit von Leben, Gesundheit, Vermögen, Freiheit, Ehre etc.[442]. Immerhin ist das Verbrechen aber auch Angriff auf das einzelne Objekt als Substrat des Rechtsguts[443]. Das Rechtsgut als idealer Wert ist dem unmittelbaren Zugriff des Täters entzogen, kann aber mittelbar durch die Verletzung des Handlungsobjekts getroffen werden[444]. Anders läßt sich nicht erklären, daß bei der Strafzumessung innerhalb des Strafrahmens nach der Schwere der Rechtsgutsverletzung differenziert und dabei auch auf die Höhe des eingetretenen Schadens abgestellt wird. Die Frage, wie schwer der Verstoß gegen die generelle Unverletzlichkeit von Leben, Vermögen etc. zu werten ist, richtet sich im Bereich der Strafzumessung auch nach dem Ausmaß des eingetretenen Schadens und der Intensität des Angriffs auf das Angriffsobjekt[445]. Insoweit kann dann die Bedeutung der Rechtsgutsverletzung durch Verhaltensweisen des Täters nach der Tat erhellt werden[446].

Das weitere Argument, der staatliche Strafanspruch sei mit der Verwirklichung des Tatbestandes entstanden, vermag ebenfalls nicht zu überzeugen. Daß die Lehre vom Strafanspruch rechtstheoretisch nicht haltbar ist, hat bereits *Reinhard v. Hippel* nachgewiesen[447]. Selbst wenn man jedoch der These folgt, mit der Begehung einer Tat sei ein öffentlich-rechtliches Strafverhältnis zwischen dem Staat und den Schuldigen zur Entstehung gekommen, der staatliche Straf-

---

440 Vgl. insbesondere *Mezger*, Niederschriften, Bd. IV, S. 272; *Koffka*, Niederschriften, Bd. IV, S. 273; *Skott*, Niederschriften, Bd. V, S. 17 f.; *Schafheutle*, Niederschriften, Bd. V, S. 18; *Dreher*, Niederschriften, Bd. V, S. 18; *Schäfer*, Niederschriften, Bd. XII, S. 23; *Lackner*, Niederschriften, Bd. XIV, S. 275; dagegen insbesondere *Bockelmann*, Niederschriften, Bd. IV, S. 271, und *Gallas*, Niederschriften, Bd. IV, S. 272.

441 So wohl *Welzel*, Niederschriften, Bd. IV, S. 273.

442 Siehe dazu *Kohlrausch-Lange*, System, Vorbem. III 1; ferner BGHSt. 2, 364 ff., 368.

443 *Kohlrausch-Lange*, Vorbem. § 43 III 3 b.

444 *Jescheck*, AT, S. 177.

445 Die Auffassung von *Welzel* beruht unseres Erachtens auf der Lehre vom „personalen Unrecht", bei der die Rechtsgutsverletzung in den Hintergrund tritt.

446 Vgl. oben S. 58 ff.

447 *Reinhard v. Hippel*, Untersuchungen, S. 46 ff.

anspruch sei erwachsen, diese Tatsache stehe fest[448], so besagt das doch für das hier zu behandelnde Problem nichts: es geht nicht um die Frage nach dem Ob des Unrechts, sondern um die nach dessen Ausmaß. Daß insoweit das Gesetz nicht von einem „unabänderlichen Strafanspruch" ausgeht, zeigen Normen wie § 49 a Abs. 4 und § 158 StGB, nach denen trotz Tatbestandsverwirklichung der Täter nicht bestraft oder die Strafe gemildert wird. Warum sich die „Abänderbarkeit des Strafanspruchs" nur auf Schuldgesichtspunkte[449], nicht aber auf den Unrechtsgehalt beziehen soll, ist nicht ersichtlich.

Auch von kriminalpolitischen Erwägungen wird eine Fixierung des „Strafanspruchs" auf den Zeitpunkt der Tatbegehung nicht getragen: Steht der Rechtsgüterschutz im Vordergrund, so erscheint es sinnvoll und geboten, einerseits Handlungen, die das Rechtsgut nach der Verwirklichung des Tatbestandes weiterhin beeinträchtigen, entgegenzuwirken, andererseits die Wiederherstellung des dem Recht entsprechenden Zustandes zu fördern; beides wird durch eine Fixierung des Unrechtsgehalts auf den Zeitpunkt der Tat nicht bewirkt.

Im Ergebnis ist daher festzuhalten, daß gegen eine Einbeziehung von Nachhandlungen des Täters in die Bewertung des Unrechtsgehalts und damit gegen eine Wandelbarkeit des Unrechts in diesem Sinne im Grundsatz keine Bedenken bestehen[450].

Mit diesem Ergebnis ist noch keine Aussage darüber verbunden, welche Verhaltensweisen des Täters in der Lage sind, das Unrecht zu erhöhen oder zu mindern. Dieser Frage gilt es nunmehr nachzugehen.

aa) Als Tatbestände, bei denen Nachhandlungen des Täters das Unrecht der Tat erhöhen können, bieten sich zunächst diejenigen an, bei denen der Rechtsgüterschutz vorverlagert ist. Es handelt sich um Delikte, die mit der Tatbestandsverwirklichung vollendet, aber nicht beendet sind. Es ist bereits dargelegt worden, daß es sich, soweit es den Zeitraum zwischen formeller Vollendung und materieller Beendigung betrifft, um ein Verhalten des Täters bei der Tat handelt[451]. Ein derartiges Verhalten scheidet damit aus der Betrachtung aus.

Als weiterer Bereich kommt der der straflosen oder „mitbestraften"[452] Nachtaten in Betracht. Unter „Nachtat" wird in diesem Zusammenhang die Verwirklichung eines Tatbestandes verstanden,

---

[448] *Spohr*, Rücktritt und tätige Reue, S. 1 f.

[449] Vgl. dazu *Kohlrausch-Lange*, § 49 a VII.

[450] So bereits *Kern*, Grade der Rechtswidrigkeit, a. a. O., S. 287; vgl. auch *Mezger*, Niederschriften, Bd. IV, S. 272; *Koffka*, Niederschriften, Bd. IV, S. 273; *Mezger*, Niederschriften, Bd. IV, S. 275. Auf die Frage, ob auch das Verhalten Dritter Einfluß auf den Unrechtsgehalt der Tat haben kann, vgl. § 40 Ziff. 12 des Österreichischen Entwurfs von 1964, kann hier nicht eingegangen werden.

[451] Siehe oben S. 86.

[452] *Maurach*, AT, S. 771; vgl. auch *Kohlrausch-Lange*, Vorbem. § 73 III 3.

die einer anderen nachfolgt und den Erfolg dieser Haupttat verwertet, ausbeutet oder den durch die Handlung geschaffenen rechtswidrigen Zustand aufrechterhält oder sichert[453]. Straflos ist die Nachtat jedenfalls nur dann, wenn durch das nachfolgende Verhalten des Täters kein neues Rechtsgut desselben Opfers oder ein anderes Rechtsgut verletzt wird[454]. Grundsätzlich muß der durch die Straftat angerichtete Schaden mit dem durch die Haupttat verursachten zusammenfallen[455]. Streit herrscht über die Frage, ob eine mitbestrafte Nachtat angenommen werden kann, wenn durch das weitere Verhalten des Täters eine Perpetuierung oder Vertiefung des geschaffenen Zustands eintritt[456]. Da in der Praxis die Nachtaten nach Eigentums- und Vermögensdelikten die größte Rolle spielen, soll das Problem anhand dieser Delikte erörtert werden.

Als Ausgangspunkt kann der „Amati-Fall" dienen, der wiederholt in den Beratungen der Großen Strafrechtskommission Erwähnung gefunden hat: Der Täter entwendet einem berühmten Geigenvirtuosen eine Amati; als die polizeilichen Ermittlungen gegen ihn beginnen, erfährt er den Wert der Geige und verbrennt sie aus lauter Bosheit[457]. Geht man davon aus, daß hier über die Entziehung des Besitzes hinaus durch die Zerstörung der Sache der durch die Vortat entstandene Schaden vertieft wird, so kann das Nachtatverhalten nicht als mitbestrafte Nachtat gewertet werden; es liegen also zwei — realkonkurrierende — Delikte vor[458]. Wenn nun — mit der Großen Strafrechtskommission — angenommen wird, durch das Nachtatverhalten erhöhe sich der Unrechtsgehalt des Diebstahls, besteht die Gefahr der Doppelbestrafung: wegen der Erhöhung des Unrechts — und der Schuld — ist der Diebstahl schwerer zu bestrafen, zusätzlich aber wird die in der Zerstörung liegende Sachbeschädigung strafrechtlich geahndet. Hieraus ist dann auch die Folgerung gezogen worden, man könne und müsse auf die Annahme einer Unrechtssteigerung durch das Nachtatverhalten verzichten[459].

Unseres Erachtens bietet sich eine andere Lösung an. Die Annahme einer Sachbeschädigung als selbständig zu bestrafendes Delikt folgt

---

453 Vgl. statt aller *Geerds*, Zur Lehre von der Konkurrenz im Strafrecht, S. 205 ff.

454 BGH in GA 1957, S. 409 f. m. w. N.; *Baumann*, AT, § 38 III 3 b.

455 Vgl. *Kohlrausch-Lange*, Vorbem. § 73 III 3.

456 Vgl. *Maurach*, AT, S. 778 einerseits, *Baumann*, AT, § 38 III 3 b andererseits.

457 Vgl. *Dreher* und *Lackner*, Niederschriften, Bd. V, S. 18 f., ferner *Schafheutle*, Niederschriften, Bd. XII, S. 22 f.

458 So in der Tat *Wahle*, Die Rechtsnatur der „besonders schweren Fälle" im Strafrecht, S. 100 f.

459 *Wahle*, Die Rechtsnatur der „besonders schweren Fälle" im Strafrecht, S. 101 f.

offenbar aus dem Unbehagen darüber, daß hier ein als strafbar angesehenes Verhalten „straflos" bleiben soll; man meint, der Unrechtsgehalt des Verhaltens sei nicht ausreichend erfaßt, der Täter sei mit der Sache nicht wie ein „normaler Eigentümer" verfahren[460]. Diese Auffassung beruht letztlich auf der Annahme, das Unrecht des Diebstahls stehe mit dessen Beendigung fest, die Zerstörung der Geige könne daher nicht mehr in ihrem kriminellen Gehalt erfaßt werden. Geht man aber gerade davon aus, daß das Unrecht des Diebstahls durch das Nachtatverhalten erhöht wird, und berücksichtigt man diese Erhöhung bei der Straffestsetzung — sei es durch Straferhöhung im Rahmen des normalen Strafrahmens, sei es durch Annahme eines schweren Falles —, besteht kein Anlaß, die Zerstörung durch die zusätzliche Bejahung einer Sachbeschädigung zu erfassen; der Unrechtsgehalt des Verhaltens wird hinreichend berücksichtigt. Die Sachbeschädigung kann deshalb als straflose oder mitbestrafte Nachtat gewertet werden, weil die Zerstörung der Sache den Unrechtsgehalt — und den Schuldgehalt — des Diebstahls erhöht[461].

Eine solche Behandlung derartiger und gleichgearteter Fälle hat zudem einen weiteren Vorteil: Eine „Häufung der Tatbestände"[462], die die Rechtsprechung belastet und den Urteilseffekt mindert[463], wird vermieden; dem kriminellen Gehalt sowohl des Diebstahls als auch der Sachbeschädigung wird durch die Anwendung eines Tatbestandes und damit eines Strafrahmens Genüge getan. Der „Flut der Konkurrenzen"[464] kann auf diesem Wege entgegengewirkt werden. Das sei noch an einem weiteren Beispiel verdeutlicht: Der Täter täuscht eine Firma unter Vorspiegelung der Zahlungsfähigkeit und -willigkeit und erreicht auf diese Weise die Überlassung von Möbeln unter Eigentumsvorbehalt; er hat zunächst die Absicht, die Möbel entsprechend den Bedingungen des Kaufvertrages zu benutzen, verkauft sie aber später aufgrund eines neuen Entschlusses. Der Bundesgerichtshof hat Realkonkurrenz zwischen Betrug und Unterschlagung mit der Begründung angenommen, der Täter habe sich zunächst nur den Fremd-

---

[460] Vgl. dazu *Eb. Schmidt*, Niederschriften, Bd. XII, S. 25.

[461] Sieht man dagegen die Sachbeschädigung von vornherein als mitbestrafte Nachtat an — vgl. etwa *Maurach*, AT, S. 778 —, so bestehen ebenfalls keine Bedenken gegen die Annahme einer Unrechtssteigerung. Nach h. M. kann die straflose Nachtat bei der Strafzumessung verwertet werden, vgl. *Kohlrausch-Lange*, Vorbem. § 73 III 3, ferner die Nachweise bei *Geerds*, Zur Lehre von der Konkurrenz im Strafrecht, S. 231. Die gegenteilige Meinung von *Geerds* beruht auf der Annahme, der Unrechtsgehalt der Haupttat erschöpfe den kriminellen Gehalt des Verhaltens voll; dem kann nach den vorangegangenen Ausführungen nicht zugestimmt werden.

[462] *Peters*, Die strafrechtsgestaltende Kraft des Strafprozesses, S. 25.

[463] *Peters*, Die strafrechtsgestaltende Kraft des Strafprozesses, S. 23.

[464] *Peters*, Die strafrechtsgestaltende Kraft des Strafprozesses, S. 23.

besitz verschafft, durch den Verkauf dann aber einen neuen weitergehenden Willen zur alleinigen und uneingeschränkten Herrschaft über die Möbel bekundet[465]. Auch hier liegt die Annahme einer Unrechtssteigerung nahe, so daß das neue und weitergehende Vorgehen gegen das Rechtsgut als mitbestrafte Nachtat gewertet werden kann. Auch hier ist die Entlastung der Konkurrenzlehre die Folge.

Einem Einwand gilt es noch zu begegnen. Baumann hat die Auffassung vertreten, die erneute Verletzung des Rechtsguts könne nicht unrechtserhöhend wirken, weil die Eigentumsverletzung — oder Vermögensverletzung — durch § 242 StGB — bzw. § 263 StGB — voll erfaßt sei[466]. Die oben dargestellten Beispiele zeigen aber, daß eine Erhöhung des Unrechtsgehalts der Tat durchaus denkbar ist. An anderer Stelle meint Baumann dann auch, eine straflose Nachtat liege nicht vor, wenn der Täter bei der Nachtat die Rechtsgutsverletzung vertiefe oder den eingetretenen Schaden vergrößere[467]. Das beruht doch offenbar auf der Auffassung, daß in diesen Fällen das Unrecht der Nachtat gerade nicht durch die Bestrafung der Haupttat vollständig abgegolten wird, die — weitere — Eigentums- oder Vermögensverletzung durch § 242 bzw. § 263 StGB also nicht voll erfaßt wird. Die Bedenken greifen daher unseres Erachtens nicht durch.

Als vorläufiges Ergebnis ist daher festzuhalten: Unrechtserhöhend wirken Nachhandlungen, die den durch die Haupttat geschaffenen Zustand perpetuieren oder vertiefen sowie den angerichteten Schaden erweitern oder vergrößern, sofern sie sich auf das gleiche Rechtsgut beziehen.

Als nächstes Problem ist zu erörtern, wie Nachhandlungen zu bewerten sind, die sich gegen ein anderes Rechtsgut richten, ob also auch „ungleichartige Rechtsgutsverletzungen durch Nachtatverhalten"[468] das Unrecht erhöhen könne. Das Unrecht eines Deliktstypus ist zwar durch den jeweiligen Tatbestand in seinem Ausmaß nicht umfassend beschrieben, doch ist es ausgerichtet am jeweiligen Rechtsgut; das Unrecht wird wesentlich durch das in dem einzelnen Tatbestand geschützte Rechtsgut bestimmt. Nachhandlungen, die sich gegen ein anderes als das durch die Haupttat verletzte Rechtsgut richten, können grundsätzlich also dieses Unrecht nicht erhöhen, sondern bewirken ein anderes Unrecht, das selbständig zu bewerten ist.

Eine Ausnahme von diesem Grundsatz ist zu erwägen: In manchen Fällen findet ein Tatbestand keine Anwendung, weil der Unrechtsgehalt der Tat durch ein anderes Strafgesetz miterfaßt wird. So sollen Hausfriedensbruch und Sachbeschädigung durch den Einbruchsdieb-

---

[465] BGHSt. 16, 280 ff.

[466] *Baumann*, Das Verhalten des Täters nach der Tat, a. a. O., S. 1797 f.

[467] *Baumann*, AT, § 38 III 3 b.

[468] *Baumann*, Das Verhalten des Täters nach der Tat, a. a. O., S. 1798.

stahl, nach Ansicht des Bundesgerichtshofs auch die vorsätzliche Körperverletzung der Schwangeren durch Fremdabtreibung verdrängt werden[469]. Stellt man sich in derartigen Fällen auf den Standpunkt, die zur Anwendung kommende Norm schütze die weiteren Rechtsgüter mit[470], so richten sich Nachhandlungen gegen diese Rechtsgüter nicht gegen ein anderes als das im Straftatbestand geschützte Rechtsgut; eine Ausnahme von dem oben aufgestellten Grundsatz liegt in Wahrheit nicht vor. Folgt man dieser Auffassung nicht, so richtet sich das Nachtatverhalten gegen ein anderes Rechtsgut. Die Nichtanwendung des „verdrängten" Tatbestandes besagt aber nicht, daß nicht das Ausmaß des Unrechts auch von der Verletzung dieser Rechtsgüter beeinflußt werden kann[471]. Folglich vermögen auch Nachhandlungen gegen diese Rechtsgüter das Unrecht der Tat zu erhöhen. In diesem Rahmen sind daher auch „ungleichartige Rechtsgutsverletzungen durch Nachhandlungen" relevant.

Können auch Verhaltensweisen des Täters das Unrecht erhöhen, die für sich allein kein Unrecht darstellen, weil sie weder das im Tatbestand geschützte noch ein anderes Rechtsgut verletzten? Der Gedanke, dies zu verneinen, erscheint auf den ersten Blick einleuchtend: Wenn eine Verhaltensweise kein — selbständiges — Unrecht darstellt, kann durch sie auch nachträglich der Unrechtsgehalt der Tat nicht erhöht werden[472]. Dabei wird jedoch der Sinn strafrechtlicher Tatbestände verkannt. Unter teleologischen Gesichtspunkten besteht der Sinn des Straftatbestandes darin, aus dem Gesamtgeschehen Merkmale herauszugreifen, um zu bestimmen, unter welchen Voraussetzungen ein Verhalten mit Strafe bedroht ist[473]. Der Tatbestand stellt damit nicht eine umfassende Umschreibung des materiellen Unrechts dar, das für die Strafzumessung erheblich ist. In einigen Tatbeständen ist die Art und Weise der Ausführung, die Anwendung bestimmter Mittel, Merkmal des Tatbestandes. Das bedeutet aber nicht, daß nicht auch bei anderen Delikten die Art und Weise der Ausführung der Tat den Unrechtsgehalt der Tat beeinflussen, Kriterien für das Ausmaß des Unrechts sind[474]. Die angewandten Mittel sind häufig kein selbständiges Unrecht; im Zusammenhang aber mit einer Rechtsgutsverletzung können sie im Einzelfall der Tat ihr individuelles Gepräge geben und

---

[469] BGHSt. 10, 312 ff., dagegen *Maurach*, AT, S. 754.

[470] *Baumann*, AT, § 38 II 3 b.

[471] Dementsprechend darf nach der Rechtsprechung die Mindeststrafe des verdrängten Tatbestandes nicht unterschritten werden, vgl. u. a. BGHSt. 15, 345; 20, 235 ff., 238, jeweils mit weiteren Nachweisen.

[472] Vgl. *Baumann*, Das Verhalten des Täters nach der Tat, a. a. O., S. 1798; *Wahle*, Die Rechtsnatur der „besonders schweren Fälle" im Strafrecht, S. 94.

[473] Vgl. *Lang-Hinrichsen*, Bemerkungen zum Begriff der Tat, a. a. O., S. 359 f.; *Dreher*, Die erschwerenden Umstände, a. a. O., S. 225 f.

[474] Vgl. *Bruns*, Strafzumessungsrecht, S. 406 ff.; *Jescheck*, AT, S. 566.

damit für den Grad des Unrechts maßgebend sein. Es ist kein Grund dafür ersichtlich, warum das nicht auch für Verhaltensweisen gelten soll, die zeitlich nach der Beendigung der Tat liegen, wenn sie noch einen konkreten Bezug zu der Rechtsgutsverletzung haben, beispielsweise für den „Nachtrunk" nach einer Verkehrsunfallflucht[475]. Der Tatbestand des § 142 StGB ist durch die Flucht des Täters erfüllt, die Tat auch beendet. Wenn aber durch § 142 StGB das öffentliche und private Interesse an alsbaldiger Feststellung über Unfallverlauf und Unfallbeteiligung geschützt ist[476], besteht ein „erhebliches Interesse an der Beweissicherung und der Aufklärung der Verantwortlichkeit"[477]. Durch das spätere Verhalten des Täters werden die Beweismöglichkeiten — wenn auch in einer vom Tatbestand nicht ausdrücklich erfaßten Weise — zusätzlich beeinträchtigt[478]; es besteht damit ein unmittelbarer und konkreter Zusammenhang mit der Rechtsgutsverletzung. Unseres Erachtens erhöht dieses Verhalten das Unrecht der Tat, so daß im Ergebnis der Entscheidung des Bundesgerichtshofs zuzustimmen ist.

Nunmehr ist die Frage zu behandeln, ob das Unrecht der Tat auch dann durch Nachhandlungen erhöht werden kann, wenn durch die Tat kein rechtswidriger Zustand entstanden ist, der aufrechterhalten oder verändert werden kann. Als Beispiel soll die Tötung dienen. In diesem Zusammenhang meint Wahle: „§ 212 StGB — z. B. — schützt das Rechtsgut ‚Leben'; wird ein Mensch getötet, so stellt dieses Verhalten (töten) im Zusammenhang mit dem Erfolg ein abgeschlossenes, nicht veränderbares Unrecht dar. Jedes ‚Nachtatverhalten' in Richtung gegen das Rechtsgut vermag dieses nicht weiter zu beeinträchtigen"[479]. Diese Auffassung beruht auf einer Gleichsetzung von Erfolg und materiellem Unrecht. Geht man dagegen davon aus, daß nicht nur der Erfolg das Ausmaß des Unrechts bestimmt, sondern auch die Art und Weise der Durchführung der Tat, die Handlungsintensität, die Größe des Unrechts beeinflussen[480], so bestehen keine grundsätzlichen Bedenken gegen die Erhöhung des Unrechts durch Nachhandlungen, soweit sie sich noch auf das Rechtsgut beziehen. Daß nicht der Erfolg allein bei der Tötung das Ausmaß des Unrechts bestimmt, zeigt die Möglichkeit, in besonders schweren Fällen auf lebenslange Freiheitsstrafe zu erkennen, § 212 Abs. 2 StGB. Für die Annahme eines besonders schweren Falles sind sowohl Unrechts- als auch Schuld-

---

475 Vgl. BGHSt. 17, 143 ff.

476 So *Kohlrausch-Lange*, § 142 II.

477 *Schönke-Schröder*, StGB, § 142 Rdn. 1.

478 So auch *Schönke-Schröder*, StGB, § 142 Rdn. 53.

479 *Wahle*, Die Rechtsnatur der „besonders schweren Fälle" im Strafrecht, S. 95.

480 Die Handlungsintensität wird von *Wahle* völlig außer acht gelassen.

gesichtspunkte maßgebend[481]; worin aber soll die Unrechtssteigerung gegenüber dem „Normalfall" liegen, wenn es allein auf den Erfolg ankommt[482]? Ein Beispiel eines Falles, in dem das Unrecht der Tat nachträglich erhöht wird, ist nach unserer Ansicht die Zerstückelung der Leiche oder aber der sexuelle Mißbrauch des getöteten Opfers. Das Verhalten steht jeweils in unmittelbarem Zusammenhang mit der Rechtsgutsverletzung und läßt das Verhalten objektiv als schwerer erscheinen. Die Tatsache, daß der Erfolg eingetreten ist, hindert aus diesen Gründen die Erhöhung des Unrechts nicht.

Sowohl hinsichtlich der Ausführungen zu § 142 StGB als auch hinsichtlich des Beispiels zu § 212 StGB ist der Einwand zu erwarten, hier werde der nullum-crimen-Grundsatz ausgehöhlt und praeter legem Pönalisierungseffekte erreicht, die die gesetzliche Pönalisierung überspielen könnten[483]. Dieser Einwand ist sicherlich berechtigt, wenn der gesetzliche Tatbestand das materielle Ausmaß des Unrechts abschließend umschreibt. Der Tatbestand hat jedoch in erster Linie die Aufgabe zu umreißen, welche Verhaltensweisen unter Strafe gestellt sind, wann eine Straftat rechtlich vollendet ist etc.; es geht um das Ob der Strafe, nicht um das Wie. Den Unterschied zur Strafzumessung machen die plastischen Ausführungen *Drehers* deutlich, denen nichts hinzugefügt zu werden braucht: „Zu diesem Zweck schneidet der Gesetzgeber in seiner Beschreibung der Tat aus dem gleichsam historischen Gesamtgeschehen, das mit der Vorbereitung der Tat beginnt und mit ihren letzten Folgen endet, nur das Haupt- und Zwischenstück mit ihrem unmittelbaren Erfolg heraus. Bei der Bestimmung der staatlichen Reaktion auf die Tat, vor allem bei der Zumessung der Strafe, wäre aber eine derartige Beschränkung zu eng. Hier muß der Richter das gesamte Geschehen werten können, das in der Tatbestandsverwirklichung lediglich kulminiert"[484]. Also wird weder der nullum-crimen-Grundsatz ausgehöhlt noch ein Pönalisierungseffekt praeter legem erreicht, wenn außerhalb des gesetzlichen Tatbestandes liegende Faktoren in die Bewertung des Ausmaßes des Unrechts einbezogen werden.

bb) Aus den vorangegangenen Ausführungen ergibt sich bereits, daß eine nachträgliche Minderung des Unrechts im Grundsatz für möglich gehalten wird. Auch in diesem Zusammenhang hat das durch die Tat verletzte Rechtsgut Maßstab und Bezugspunkt zu sein. Daher

---

[481] Vgl. insgesamt *Oske*, Der besonders schwere Fall des Totschlags im Sinne des § 212 Abs. 2 StGB, MDR 1968, S. 811 ff. m. w. N.

[482] Soll nicht allein die Tötung mehrer Menschen einen besonders schweren Fall begründen können.

[483] *Baumann*, Das Verhalten des Täters nach der Tat, a. a. O., S. 1798, 1793, zu der „Nachtrunkentscheidung" des Bundesgerichtshofes.

[484] *Dreher*, Die erschwerenden Umstände im Strafrecht, a. a. O., S. 225.

können nur Handlungen das Unrecht mindern, die sich auf das Rechtsgut beziehen und die Schwere der Rechtsgutsverletzung nachträglich als leichter erscheinen lassen.

Hier ist die Wiedergutmachung des Schadens zu nennen, Fälle, in denen der Täter die gestohlene Sache zurückgibt, den durch das Vermögensdelikt angerichteten Schaden ersetzt, nach einer Beleidigung Abbitte leistet oder nach einer Körperverletzung durch eigenhändige oder materielle Hilfe zu der Gesundung des Verletzten beiträgt, mit anderen Worten dann, wenn der Täter zur Herstellung des der Rechtsordnung entsprechenden Zustandes beiträgt. Ist eine derartige Herstellung nicht möglich, kann ein Nachhandeln des Täters das Unrecht nicht mindern; die materielle Hilfe gegenüber Angehörigen eines Getöteten vermag daher im Einzelfall die Schuld, nicht aber das Unrecht der Tat zu beeinflussen. Hier zeigt sich das Erfordernis der Rechtsgutsbezogenheit des Nachtatverhaltens.

Als weitere Fallgruppe kommt die Verhinderung von zusätzlichen Folgen der Straftat in Betracht, beispielsweise: Der Täter setzt ein größeres Wohnhaus in Brand, und zwar derart, daß das Feuer aller Voraussicht nach zur völligen Vernichtung des Gebäudes führen wird. Im weiteren Verlauf wird sich der Täter darüber klar, daß durch sein Verhalten Menschenleben gefährdet werden, er ruft die Feuerwehr, durch deren Eingreifen der Brand sofort gelöscht wird; nur ein kleiner Teil des Hauses ist vernichtet worden[485]. Wenn die Größe des Schadens Einfluß auf das Ausmaß des Unrechts hat, so handelt es sich in derartigen Fällen nicht um eine Minderheit bereits entstandenen Unrechts, sondern um die Verhinderung der Entstehung eines weiteren Schadens, der die Bewertung des Unrechtsgehalts beeinflußt[486]. Die Verhinderung weiterer Folgen der Straftat ist also nicht geeignet, das bereits entstandene Ausmaß des Unrechts zu vermindern.

Als Fall der Unrechtsminderung bleibt daher der Beitrag zur Wiedergutmachung in den oben dargestellten Grenzen.

b) Die Wandelbarkeit der Schuld

Auch hinsichtlich der Schuld wird überwiegend die Auffassung vertreten, sie sei durch ein Verhalten des Täters nach der Tat nicht veränderbar[487].

So hat *Max Ernst Mayer,* bezogen auf das Geständnis, ausgeführt: „Zur Zeit, in der es abgelegt wird, ist der die Strafe bestimmende

---

[485] Beispiel in Anlehnung an *Lackner,* Niederschriften, Bd. IV, S. 273; *Lackner* will hier eine Minderung des Unrechts bejahen.

[486] So auch *Welzel,* Niederschriften, Bd. IV, S. 273.

[487] Vgl. u. a. *Kaufmann,* Das Schuldprinzip, S. 259; *Bruns,* Strafzumessungsrecht, S. 493; im Grundsatz auch *Zipf,* Die Strafmaßrevision, S. 87 ff.

Faktor, ist die Schuld längst in einen unwandelbar festen Aggregatzustand übergegangen"[488]. Und auch im Zusammenhang mit der Schuld heißt es: „Tatsachen sind unerbittlich"[489]; es wird „präjudiziert, daß es rechtlich nur auf Tatsachen ankomme und daß die Schuld eine Tatsache sei"[490].

Immerhin finden sich auch Stimmen, die auf die Möglichkeit einer Schuldminderung nach der Tat schließen lassen. Andeutungen enthalten zunächst einzelne Erörterungen zum Rücktritt vom Versuch. So halten *Schönke-Schröder* den Rücktritt unter den Voraussetzungen des § 46 StGB im Gegensatz zu der herrschenden Lehre nicht für einen Strafaufhebungsgrund, sondern für einen Schuldtilgungsgrund[491], und meinen, der Täter werde straffrei, weil sein durch die Versuchshandlung begründetes Verschulden durch die Verdienstlichkeit seines Rücktritts getilgt werde[492]; dem Verhalten des Täters nach der (Versuchs-) Tat wird also ein Einfluß auf die Schuld beigemessen. Bei *James Goldschmidt* findet sich der Satz: „... die sog. thätige Reue annulliert die Schuld nach rückwärts hin"[493].

Auch *Sauer* hatte zunächst Rücktritt und tätige Reue als Ausgangspunkt genommen, die Möglichkeit einer Schuldminderung dann aber auch auf andere Verhaltensweisen bezogen: „Schuldaufhebung (nachträgliche Entschuldigung) bei Rücktritt vom Versuch und tätiger Reue. Ein Fall gesetzlicher Schuldausgleichung! Da die Schuld nicht, wie oft angenommen wird, ein nur die Tatausführung begleitender kurzer Willensakt, sondern ein das gesamte Wirken begleitende Kette von Willensregungen bedeutet ..., so kann der Schuldvorwurf noch während des Wirkens, noch vor Abschluß der Ausführungshandlung i. w. S., wegen besserer Willensentschließung des Täters wieder zurückgenommen und die Schuld selbst wieder rückgängig gemacht werden ... Ein geringerer Grad ist die Schuldermäßigung ... Im weiteren Sinne gehört hierher auch die gute Führung des Täters als Voraussetzung der Begnadigung; sein Wohlverhalten wirkt schuldbefreiend oder schuldermäßigend"[494].

Die gegen eine Veränderbarkeit der Schuld nach der Begehung der Tat angeführten Argumente sind die gleichen, die bereits bei der

---

[488] *Mayer*, Das Leugnen des Angeklagten als Strafschärfungsgrund, ZStW Bd. 27, S. 921 ff., 922.

[489] *Spohr*, Rücktritt und tätige Reue, S. 1; vgl. auch *Zipf*, Die Strafmaßrevision, S. 92 f.: „Die Vorwerfbarkeit der Unrechtshandlung ist ein mit der Tatbegehung abgeschlossenes Faktum."

[490] *Reinhard v. Hippel*, Untersuchungen, S. 43.

[491] *Schönke-Schröder*, § 46, Rdn. 38.

[492] *Schönke-Schröder*, § 46, Rdn. 2.

[493] *Goldschmidt*, Die Lehre vom unbeendigten und beendigten Versuch, Strafrechtliche Abhandlungen, Heft 7, S. 30.

[494] *Sauer*, Allgemeine Strafrechtslehre, S. 196 f.

Frage der Unrechtserhöhung und -minderung erörtert worden sind; ihnen gegenüber gilt das bereits dazu Gesagte. Hier soll nochmals auf den kriminalpolitischen Gesichtspunkt und auf den Begriff der Strafe eingegangen werden. Soweit es die Möglichkeit einer nachträglichen Erhöhung der Schuld betrifft, wird durch die Schärfung der Strafe bei der Strafbemessung der Rechtsgüterschutz erhöht. Die Annahme einer Schuldminderung in den noch darzustellenden Grenzen trägt dem Gedanken Rechnung, daß es erwünscht ist, dem Täter eine Brücke zur Umkehr zu bauen; dieser Gesichtspunkt hat in den Bestimmungen, die die tätige Reue prämieren, seinen Niederschlag gefunden[495]. Von dem Begriff der Strafe her ergibt sich folgendes Argument: Ist die Strafe rechtlich-sozialethische Mißbilligung, so erscheint es gerechtfertigt, eine weitere Hinwendung des Täters zur Rechtsfeindlichkeit schärfer zu ahnden, ihm aber die Rückkehr zu einer rechtstreuen Haltung durch Minderung der Strafe zugute zu halten. Und hinsichtlich der Sühneleistung des Täters gilt, „daß die rechtlich nicht erzwingbare Sühne das Äußerste ist, was hinsichtlich der Schuld ... mit der Strafe intendiert werden kann"[496].

Durch ein Verhalten des Täters nach der Tat kann daher unseres Erachtens die Schuld der Tat erhöht oder vermindert werden[497].

aa) Im vorangegangenen Teil der Untersuchung sind Verhaltensweisen des Täters nach der Tat umschrieben worden, die geeignet sind, das Unrecht der Tat zu erhöhen. Sind diese Verhaltensweisen von einer Einstellung des Täters getragen, die einen Schuldvorwurf begründen, sind also in diesen Fällen objektive und subjektive Seite des Verhaltens kongruent, erhöht sich jeweils auch das Ausmaß der Schuld nach der Begehung der Tat. Insoweit bedarf es keiner weiteren Erörterung.

---

[495] Vgl. dazu *Kohlrausch-Lange*, § 46 I.

[496] *Reinhard v. Hippel*, Untersuchungen, S. 46. Vgl. auch das dort angeführte Zitat von *Scheler:* Der Täter „kann nicht die äußere Naturwirklichkeit der Tat und ihrer Kausalfolgen, auch nicht den ihr als Tat zukommenden bösen Charakter aus der Welt schaffen. Diese alle bleiben in der Welt. Aber er vermag die Schuld als das rückgewirkte Werk dieser Tat in der Seele des Menschen — und damit die Wurzel einer Unendlichkeit von neuer böser Tat und Schuld — völlig zu töten und auszulöschen. Die Reue vernichtet wahrhaft jene psychische Qualität, welche ‚Schuld' heißt. Sie vermag dies wenigstens in ihrer vollkommenen Gestalt. Sie sprengt also die Kette der durch das Schuldwachstum der Menschen und Zeiten vermittelten Fortzeugungskraft des Bösen. Sie macht eben damit neue, schuldfreie Anfänge des Lebens möglich".

[497] So im Ergebnis insbesondere auch *Schafheutle*, Niederschriften, Bd. IV, S. 271; *Mezger*, Niederschriften, Bd. IV, S. 272; *Koffka*, Niederschriften, Bd. IV, S. 273; *Lange*, Niederschriften, Bd. V, S. 12; *Schäfer*, Niederschriften, Bd. XII, S. 23; *Baldus*, Niederschriften, Bd. XII, S. 23.

Die problematischere Frage ist vielmehr die, ob es auch Nachhandlungen gibt, die allein die Schuld erhöhen. Wenn nämlich durch die — schuldhafte — Unrechtserhöhung alle Verhaltensweisen erfaßt sind, die die Tatauswirkungen vertiefen oder vergrößern oder die durch ihren Zusammenhang mit der Rechtsgutsverletzung der objektiven Seite des Tatverhaltens ihr individuelles Gepräge geben, besteht bei einer darüber hinausgehenden Berücksichtigung von Nachhandlungen bei der Bewertung der Schuld die Gefahr, daß die Tat zum Anknüpfungspunkt der strafrechtlichen Reaktion degradiert und die allgemeine Haltung und Gesinnung des Täters — ohne Bindung an die Tat — erforscht wird. Um dieser Gefahr zu begegnen, bedarf es bei der Einbeziehung von Nachhandlungen eben dieser Bindung an die Tat. So wie im Bereich der Unrechtssteigerung sich die Bezogenheit auf das jeweilige Rechtsgut als das entscheidende Kriterium erwiesen hat, so muß im Bereich der Schuld die Einstellung des Täters gerade gegenüber dieser Tat sowie die kriminelle Energie des Täters im Hinblick auf diese Tat im Vordergrund stehen. Nachhandlungen, die in diesem Rahmen das Ausmaß des den Täter wegen seiner Tat treffenden Vorwurfs unberührt lassen, müssen außer Betracht bleiben.

Als erste Gruppe, hinsichtlich derer eine Schulderhöhung durch Nachhandlungen zu erwägen ist, ist die derjenigen Tatbestände zu nennen, bei denen bereits das Gesetz eine bestimmte seelische Haltung des Täters als Ausdruck schwerer Schuld ansieht: der Bereich der sogenannten Gesinnungsmerkmale. In diesem Zusammenhang stehen nur Gesinnungsmerkmale zur Erörterung, die allein die Schuld modifizieren; soweit im Einzelfall Gesinnungsmerkmale auch das Ausmaß des Unrechts beeinflussen[498], gilt für sie das oben zur Frage der gleichzeitigen Erhöhung von Unrecht und Schuld Gesagte. Als Beispiele eines reinen Schuldmerkmals werden etwa angesehen das Merkmal „aus Habgier" beim Mord[499], ferner u. a. die Merkmale „gewissenlos" (§§ 170 c, 170 d StGB)[500], „rücksichtslos" (§ 315 c Abs. 1 Ziff. 2 StGB)[501] etc. Zeigen Nachhandlungen des Täters, daß sich das „sittlich-wertwidrige geistige Verhalten des Täters in bezug auf die unrechte Tat"[502] verstärkt hat, kann sich die Schuld erhöhen, so dann, wenn aus Nachhandlungen die Nachhaltigkeit der rücksichtslosen oder gewissenlosen Gesinnung entnommen werden kann; Grund des erhöhten Schuldvorwurfes ist hier die durch Handlungen erwiesene

[498] Die Frage, ob es solche Merkmale gibt und gegebenenfalls welche Tatbestände davon erfaßt werden, kann hier nicht erörtert werden, vgl. dazu neuerdings *Schmidhäuser*, AT, 8/104 ff.

[499] *Schmidhäuser*, AT, 10/129; *Kohlrausch-Lange*, §§ 211, 212, II 2, VII.

[500] *Schmidhäuser*, Gesinnungsmerkmale, S. 249; vgl. aber auch *Hardwig*, Die Gesinnungsmerkmale im Strafrecht, ZStW Bd. 68, S. 14 ff., 24.

[501] Vgl. *Kohlrausch-Lange* zu § 315 a a. F., II zu Nr. 4

[502] *Schmidhäuser*, AT, 8/103.

dauernde Rechtsfeindschaft des Täters. Grundstock bleibt auch hier die unrechte Tat und die ihr entsprechende unrechtliche Gesinnung[503], doch wird die auf die Tat bezogene dauernde Haltung in das Geschehensurteil einbezogen. Die Nachhandlungen können insoweit dazu beitragen, „die Tat auf ihre Wurzeln in der Persönlichkeit des Täters“[504] zurückzuführen. Da nur die Einstellung des Täters gegenüber dieser Tat maßgebend ist, ist die Beurteilung der Gesamtperson an die Tat gebunden und damit nicht dem Vorwurf des „Gesinnungsstrafrechts“ ausgesetzt[505].

Gleiches gilt für diejenigen Fälle, in denen eine in der Tat zum Ausdruck gekommene Gesinnung nicht — gesetzliches — Schuldmerkmal ist, aber bei der Strafzumessung das Ausmaß der Schuld beeinflußt[506]. Ändert sich diese Haltung des Täters gegenüber der Tat in einer Weise, die einen erhöhten Schuldvorwurf begründet, wird die Schuld der Tat durch ein die Änderung erweisendes Nachtatverhalten erhöht.

In engem Zusammenhang mit der in der Tat zum Ausdruck gekommenen Gesinnung stehen die Beweggründe und Ziele des Täters, soweit sie sich im Einzelfall überhaupt von der Gesinnung trennen lassen[507]. Hier sind Fälle denkbar, in denen sich Beweggrund und Ziel der Tat nach deren Begehung ändern. Tritt eine solche Veränderung ein und ist sie negativ zu werten, bedeutet sie also eine Hinwendung zum „Bösen“, wird unseres Erachtens die Schuld des Täters erhöht.

Als Beispiel für die beiden vorangegangenen Fallgruppen soll folgender Fall dienen: Ein Täter, der die Verteilung des Eigentums und Vermögens in unserem Gesellschaftssystem aus Überzeugung für unsozial hält, setzt sich durch ein Eigentumsdelikt in den Besitz von erheblichen Vermögenswerten, um sie den seiner Ansicht nach sozial Benachteiligten zukommen zu lassen; nach der Tat erwacht in ihm die eigene Begehrlichkeit, und er verwendet die Vermögenswerte zur Hebung des eigenen Lebensstandardes. Bei einem Überzeugungstäter, der „durch eine nach Motiv, Ziel und Gesinnung besondere Struktur gekennzeichnet“[508] wird, kann man immerhin erwägen, ob ihn nicht

---

[503] *Schmidhäuser*, Gesinnungsmerkmale, S. 221.

[504] *Lange*, Die Schuld des Teilnehmers, a. a. O., S. 167.

[505] Die Gefahr einer Doppelverwertung von Strafzumessungstatsachen besteht nicht, weil es nicht um die Frage geht, ob der Täter überhaupt rücksichtslos, gewissenlos etc. handelt, sondern um die nach dem Ausmaß dieser Haltung.

[506] Vgl. § 13 Abs. 2 StGB.

[507] Aus den Beweggründen und Zielen mag häufig auf die Gesinnung geschlossen werden können, aber auch umgekehrt aus der Gesinnung auf die Beweggründe und Ziele.

[508] *Bruns*, Strafzumessungsrecht, S. 489.

wegen seiner Überzeugung ein milderer Schuldvorwurf trifft[509]; nach *Bruns* billigt jedenfalls die Praxis häufig einen Strafminderungsgrund zu[510]. Geht man einmal hiervon aus, so begründet in dem Ausgangsfall das Verhalten des Täters unter Berücksichtigung seiner Überzeugung, der Beweggründe und Ziele einen verminderten Schuldvorwurf. Das spätere Verhalten, das Behalten der Vermögenswerte aus eigensüchtigen und habgierigen Beweggründen, kann als Ausdruck schwerer Schuld gewertet werden. Die Schuld wird durch das Verhalten des Täters nach der Tat erhöht.

Letztlich kommen als Fälle der Schulderhöhung solche in Betracht, bei denen sich nach der Tat der verbrecherische Wille und die kriminelle Energie des Täters verstärken. Wenn ein Mittäter nur auf Drängen der weiteren an der Tat Beteiligten und nur zögernd, „halbherzig" die Tat begeht — als einmalige Entgleisung —, aber dann durch sein Verhalten nach der Tat zeigt, daß er nunmehr die Tat billigt und mit allen Mitteln versucht, sich die Vorteile der Tat zu sichern, wird durch die Verfestigung der kriminellen Energie im Täter die Schuld erhöht.

bb) Ebenso wie bei der Schulderhöhung durch Nachhandlungen des Täters dem erhöhten Unrecht eine erhöhte Schuld entsprechen kann, vermag der Minderung des Unrechts auch eine Minderung der Schuld zu entsprechen; objektive und subjektive Seite sind kongruent. Das ist der Fall, wenn die Minderung des Unrechts auf einer Haltung beruht, die durch eine innere Umkehr des Täters zur Rechtstreue gekennzeichnet ist. Der „gute Wille"[511] findet in der Form der nachträglichen Minderung des Schuldvorwurfs Berücksichtigung[512]. Hieraus folgt der Ausschluß einer Schuldminderung durch Nachhandlungen, die auf einer unveränderten Haltung gegenüber der Tat beruhen, so wenn der Täter eine Geldbuße entrichtet, nur um die Einstellung des gegen ihn angelaufenen Verfahrens zu erreichen, nicht weil er der Tat nunmehr anders gegenübersteht[513].

Auch hier bei der Frage der Schuldminderung sind Nachhandlungen des Täters denkbar, die allein die Schuld des Täters mindern. Es gilt — nur mit umgekehrtem Vorzeichen — Entsprechendes wie bei der Schulderhöhung. Wenn sich die Gesinnung des Täters, seine Beweg-

---

[509] So jedenfalls *Zipf*, Die Strafmaßrevision, S. 93; dagegen *Bruns*, Strafzumessungsrecht, S. 490, vgl. auch *Lange*, Niederschriften, Bd. III, S. 61. Hiervon unberührt bleibt die Frage, ob die Strafe nicht unter general- oder spezialpräventiven Gesichtspunkten zu schärfen ist.

[510] *Bruns*, Strafzumessungsrecht, S. 495.

[511] Vgl. *Kohlrausch-Lange*, § 46 VII 2 a.

[512] So wie bei der Versuchsstrafe der gefährliche Wille erfaßt wird, vgl. *Kohlrausch-Lange*, Vorbem. vor § 43 III.

[513] Siehe dazu auch oben S. 76 f.

gründe und Ziele oder die kriminelle Energie nach der Tat in einer Weise wandeln, die eine Abkehr des Täters von seiner rechtsfeindlichen Haltung erweisen, wird die Schuld gemindert. Damit gelingt es insbesondere, bei der Strafzumessung solche Wiedergutmachungsbemühungen des Täters zu erfassen, die das Unrecht der Tat nicht verändern können, aber auch etwa die Aufgabe eines Berufs, dessen Verführungen der Täter nicht gewachsen ist, sowie die freiwillige Unterziehung einer Heilbehandlung[514]. Abgrenzungskriterium bleibt auch hier die Einstellung des Täters hinsichtlich der konkreten Tat, nicht völlig losgelöst von dieser die allgemeine Haltung gegenüber der Rechtsordnung.

c) Zusammenfassung

Abschließend kann festgestellt werden, daß mit einem auf die Strafmaßprinzipien „Unrecht" und „Schuld" ausgerichteten System die Berücksichtigung der Nachhandlungen als Unrecht und Schuld nachträglich erhöhende oder mindernde Faktoren bei der Strafzumessung vereinbar ist. Ein weiterer möglicher Ansatz für die Einbeziehung des Verhaltens des Täters nach der Tat in die Strafzumessung ist gewonnen.

Durch eine solche Betrachtungsweise wird der Strafzumessungssachverhalt gegenüber einer Verwertung allein der Tatumstände im engeren Sinne erweitert. Die Nachhandlungen bilden in den dargestellten Grenzen eigenständige und selbständig zu bewertende Strafzumessungstatsachen.

An den Begriffen „Tatunrecht" und „Tatschuld" kann — legt man eine solche Auffassung zugrunde — nicht festgehalten werden. Doch ist das Tatunrecht und die Tatschuld Grundlage und Ausgangspunkt. Das hat gegenüber einer Gesamtwürdigung des Tatkomplexes und einer sozialen Gesamtbewertung der Täterpersönlichkeit den Vorteil, daß der Richter mit Rücksicht auf diese Grundlage gezwungen ist, das

---

[514] Vgl. dazu *Koffka*, Leipziger Kommentar, § 13 Rdn. 82. Siehe auch *Peters*, der für bestimmte Fälle sogar ein Absehen von Strafe befürwortet: „Es wäre durchaus denkbar, im Rahmen des Strafrechts dem Gedanken des ‚Sich-Verdienens von Straffreiheit durch sozial wertvolles Verhalten' Raum zu geben. So sollte der Unfalltäter, der durch Fahrlässigkeit den Tod oder eine schwere Verletzung eines anderen herbeigeführt hat, durch freiwilligen Dienst in einem Krankenhaus sich Straffreiheit verdienen können ... Ernsthaftes Bemühen um Überwindung von Anfälligkeiten wie z. B. eine freiwillig übernommene psychotherapeutische Behandlung bei Ärgerniserregung sollte zum Absehen von einem Strafverfahren führen, das niemand hilft" (*Peters*, Beschränkung der Tatbestände im Besonderen Teil, ZStW Bd. 77, S. 470 ff., 503).

spezifische Tatunrecht und die konkrete Tatschuld festzustellen und zu belegen, inwieweit Nachhandlungen gerade dieses Unrecht und diese Schuld erhöhen oder mindern[515]. Die Betrachtungsweise ist damit tatbezogen. Der Gefahr schematischer Verwertung von Nachbehandlungen wird soweit wie möglich Einhalt geboten.

[515] Vgl. zu dieser Forderung *Baumann,* Das Verhalten des Täters nach der Tat, a. a. O., S. 1798.

DRITTES KAPITEL

Die Folgerungen für die Auslegung des § 13 StGB

Nachdem durch die vorangegangenen Untersuchungen Klarheit über das Verhältnis des Strafzumessungsgrundes „Verhalten nach der Tat" zu den Strafzwecken und den Strafmaßprinzipien gewonnen worden ist, hat erneut eine Auseinandersetzung mit § 13 StGB zu erfolgen.

I. Die Folgerungen für die Auslegung von § 13 Abs. 1 StGB

Für die Auslegung von § 13 Abs. 1 StGB ergeben die Erörterungen:

1. Weil die Berücksichtigung von Nachhandlungen des Täters bei der Strafzumessung sowohl unter spezial- und generalpräventiven Gesichtspunkten möglich als auch mit einer Auffassung von der Strafe als Vergeltung, Ausdruck rechtlich-sozialethischer Mißbilligung und Sühne vereinbar ist, lassen sich aus der ausdrücklichen Anerkennung des Verhaltens nach der Tat als Strafzumessungsgrund keine Rückschlüsse auf Grundentscheidungen des 1. Strafrechtsreformgesetzes zur Frage der Strafzwecke ziehen.

2. Ebenso erscheint es nicht möglich, aus der Normierung des Strafzumessungsgrundes „Verhalten nach der Tat" verläßliche Aussagen über den in § 13 Abs. 1 Satz 1 StGB verankerten Schuldbegriff zu gewinnen. Es hat sich gezeigt, daß die Berücksichtigung des Nachtatverhaltens bei der Strafzumessung — wenn auch unter jeweils anderen Voraussetzungen — mit den in Rechtsprechung und Schrifttum vertretenen Schuldbegriffen in Einklang zu bringen ist.

II. § 13 StGB und das Verhalten des Täters nach der Tat

Da die Erörterungen aber Klarheit darüber gebracht haben, unter welchen Voraussetzungen die Berücksichtigung von Nachhandlungen des Täters bei der Strafzumessung mit den Strafzwecken und den verschiedenen Strafmaßprinzipien zu vereinbaren ist, kann eine erneute Betrachtung des § 13 StGB insgesamt eine Auslegung des Strafzumessungsgrundes „Verhalten nach der Tat" ermöglichen.

1. Die Schuld als Grundlage der Strafanmessung

Die Schuld des Täters ist die Grundlage der Strafzumessung. Deshalb muß zunächst auf die Verbindung des Verhaltens nach der Tat mit dem Schuldgrundsatz eingegangen werden.

a) Das 1. Strafrechtsreformgesetz hat den Begriff der „Tatschuld“ nicht in das Gesetz aufgenommen. Offenbar wurde der Begriff, von dem zusätzlich gesagt wurde, niemand wisse wirklich, was Tatschuld sei[516], als zu eng empfunden[517].

Immerhin enthält der Katalog des § 13 Abs. 2 Satz 2 StGB mehrere Strafzumessungsgesichtspunkte, die gerade bei Zugrundelegung eines strengen Tatschuldgedankens strafzumessungsrelevant sind.

§ 13 Abs. 2 Satz 2 StGB zählt zunächst „psychische Faktoren der Tat“[518] auf, nämlich die Beweggründe und die Ziele des Täters, die Gesinnung, die aus der Tat spricht, sowie den bei der Tat aufgewendeten Willen[519]. Es handelt sich um Umstände, „die die Willensbildung des Täters in einem mehr oder weniger günstigen Licht erscheinen lassen und damit den Grad der Vorwerfbarkeit der Tat vermindern oder erhöhen“[520]. Diese subjektiven Faktoren sind auch bisher bei der Bewertung der Tatschuld in den Strafzumessungsvorgang einbezogen worden.

Es folgen objektive Faktoren der Tat, nämlich die Art der Ausführung und die verschuldeten Auswirkungen der Tat, also Merkmale, die das Ausmaß des Unrechts beeinflussen. Die Schwere dieses Unrechts — das zeigt die Aufnahme der Strafzumessungsgesichtspunkte in die Zumessungsrichtlinien deutlich — beeinflußt ihrerseits den Grad der Schuld unmittelbar; Schuld ist damit jedenfalls auch „für die Strafzumessung verschuldetes Unrecht“[521]. Auch hier spricht nichts gegen die Annahme, daß es sich um für die Tatschuld relevante Faktoren handelt.

Erst im letzten Teil des Kataloges ist — neben dem Vorleben des Täters, seinen persönlichen und wirtschaftlichen Verhältnissen — das Verhalten des Täters nach der Tat aufgeführt.

---

[516] *Dreher*, SondAusProt. V, 2232.

[517] *Dreher*, StGB, § 13 2) A. Vgl. aber auch *Maurach*, AT, S. 841 f., nach dem das StGB das Prinzip der Tatschuld zum Ausdruck bringen will.

[518] *Dreher*, StGB, § 13 2) A.

[519] Ob zu den subjektiven Umständen auch das Maß der Pflichtwidrigkeit gehört, wird nicht einhellig beurteilt, vgl. *Jescheck*, AT, S. 566 einerseits, *Dreher*, StGB, § 13 5) B andererseits; vgl. auch *Koffka*, Leipziger Kommentar, § 13 Rdn. 46.

[520] *Jescheck*, AT, S. 566.

[521] *Koffka*, Leipziger Kommentar, § 13 Rdn. 8; vgl. auch *Dreher*, StGB, § 13 2) A.

Diese Trennung von den die subjektive Willenshaltung des Täters umschreibenden Merkmalen spricht zunächst gegen die Indiztheorie. Denn was hätte näher gelegen, als das Verhalten des Täters nach der Tat im Aufbau der Norm mit den Merkmalen in Zusammenhang zu bringen, auf die es nach Ansicht der Vertreter dieser Auffassung im Einzelfall ein Licht werfen soll, also mit der aus der Tat sprechenden Gesinnung und dem bei der Tat aufgewendeten Willen?

Gegen eine solche Argumentation lassen sich jedoch Einwände erheben: Man kann sich auf den Standpunkt stellen, die zunächst aufgeführten Faktoren kennzeichneten die — objektive und subjektive — Seite der Tat, während die letztgenannten Merkmale die Täterpersönlichkeit umschrieben, die ihrerseits für die Tatschuld bedeutsam ist[522]; dann aber ist der Aufbau der Norm sinnvoll. Gleiches gilt, wenn davon ausgegangen wird, daß die an erster Stelle aufgeführten Strafzumessungsgesichtspunkte unmittelbar das Ausmaß der Schuld beeinflussen, während die weiteren Strafzumessungstatsachen nur mittelbar, also im Falle des Nachtatverhaltens mittels eines Rückschlusses auf die Tatgesinnung, für den Grad der Schuld bedeutsam sind[523].

Auch die Entstehungsgeschichte des § 13 StGB ergibt keine eindeutige Stellungnahme gegen die Indiztheorie. Vielmehr hat beispielsweise *Güde* bei den einschlägigen Beratungen des Sonderausschusses für die Strafrechtsreform *Schönke-Schröder* zitiert, nach denen das Nachtatverhalten ein Indiz für die Schuld und für die Gefährlichkeit ist[524]. Danach sprechen weder der Wortlaut noch der Aufbau der Norm noch die Entstehungsgeschichte entscheidend gegen die Indiztheorie. Gegen sie sind nur die erörterten Schwierigkeiten bei der Anwendung durch den Richter anzuführen. Das ändert aber nichts an der grundsätzlichen Vereinbarkeit der Auffassung mit der jetzigen Fassung des § 13 StGB. Wenn und soweit das Nachtatverhalten im Einzelfall Aufschluß über die Tatschuld gibt, steht einer Berücksichtigung dieses Verhaltens nichts im Wege[525].

b) Faßte man die Schuld im Sinne des § 13 Abs. 1 StGB als Lebensführungsschuld, als Tendenz- oder Hangschuld auf, so würde

---

[522] So hat BGH in JZ 1972, S. 130, das Vorleben des Täters dem Tatschuldgedanken untergeordnet.

[523] Man könnte dann die zunächst normierten Gesichtspunkte als Hauptstrafzumessungstatsachen, die weiteren als Hilfsstrafzumessungstatsachen bezeichnen; in diesem Sinne wäre die aus der Tat sprechende Gesinnung Haupttatsache, das Verhalten nach der Tat, soweit es im Einzelfall Aufschluß über diese Gesinnung zu geben geeignet ist, Hilfsstrafzumessungstatsache.

[524] Vgl. *Güde*, SondAusProt. V, 355; vgl. aber auch die Ausführungen von *Schafheutle*, SondAusProt. V, 356.

[525] So — nach Inkrafttreten des 1. Strafrechtsreformgesetzes — BGH in NJW 1971, S. 1758.

der Täter „in seinem ganzen Sosein oder Sogewordensein als Persönlichkeit strafrechtlich beurteilt und zur Verantwortung gezogen"[526]; er würde aus Anlaß, nicht aber in den Grenzen seiner Tat bestraft[527].

Gegen eine solche Auffassung spricht zunächst, daß der Katalog des § 13 Abs. 2 Satz 2 StGB in erster Linie Strafzumessungsgesichtspunkte aufzählt, die auf die äußere und innere Seite der Tat abstellen. Die Tat ist jedoch nicht der entscheidende Strafzumessungsfaktor, wenn es auf die Täterschuld ankommt.

Als weiterer Gesichtspunkt ist die Streichung des § 20 a StGB anzuführen. Die Strafschärfung für den sogenannten gefährlichen Gewohnheitsverbrecher war — wenn überhaupt — nur mit der Anerkennung des Lebensführungsschuldprinzips zu erklären: der Täter hatte seinen Persönlichkeitsverfall insgesamt zu sühnen[528]. Hierzu hatte bereits die Amtliche Begründung zum Entwurf 1962 ausgeführt, eine solche Schuld feststellen zu müssen, würde vielfach eine kaum lösbare Aufgabe für den Richter bedeuten[529]. Der Entwurf 1962 hatte dementsprechend auf die Aufnahme einer § 20 a StGB entsprechenden Norm verzichtet; in Übereinstimmung mit dem Entwurf hat das 1. Strafrechtsreformgesetz die Vorschrift gestrichen[530]. Hieraus kann gefolgert werden, daß unter Schuld nicht der Vorwurf zu verstehen ist, der dem Täter allein wegen seiner Lebensführung oder seines Soseins gemacht werden kann[531].

Weiterhin ergibt sich aus den Beratungen sowohl der Großen Strafrechtskommission als auch des Sonderausschusses für die Strafrechtsreform, daß die Auffassung vorherrschte, das Verhalten des Täters nach der Tat müsse, um schuldrelevant zu sein, in einem Zusammenhang mit der Tat stehen[532]. Die Erörterungen zu der Frage des Verhältnisses von Lebensführungsschuld und Nachhandlungen des Täters haben gezeigt, daß es eines solchen Zusammenhanges, geht man von

---

[526] *Kaufmann*, Das Schuldprinzip, S. 188.

[527] Während er in einem Tatschuldrecht aus Anlaß und in Grenzen seiner Tat beurteilt wird, vgl. dazu *Kaufmann*, Das Schuldprinzip, S. 188.

[528] *Kohlrausch-Lange*, § 20 a, II 2; vgl. auch BGHSt. 2, 194 ff., 209, sowie die Amtl. Begründung des Entwurfs 1962, S. 182.

[529] Amtliche Begründung Entwurf 1962, S. 182.

[530] Vgl. auch den Ersten Schriftlichen Bericht des Sonderausschusses für die Strafrechtsreform, BT-Drucksache V/4094, S. 8 f.

[531] So auch *Dreher*, StGB, § 13 2) A; *Stratenwerth*, Tatschuld und Strafzumessung, S. 5 ff.; vgl. auch *Jescheck*, AT, S. 571, und *Horstkotte*, Die Vorschriften des Ersten Gesetzes zur Reform des Strafrechts über die Strafbemessung, a. a. O., S. 125.

[532] Vgl. u. a. *Lange*, Niederschriften, Bd. XII, S. 23; *Lackner*, Niederschriften, Bd. XII, S. 275; *Mezger*, Niederschriften, Bd. IV, S. 275; *Sturm*, SondAusProt. IV, 511; siehe auch die Beispiele von *Corves*, SondAusProt. V, 355.

der Schuld als Lebensführungsschuld aus, nicht bedarf. Wenn dennoch im Zusammenhang mit dem Verhalten des Täters nach der Tat von Täterstrafrecht und Lebensführungsschuld die Rede war[533], so beruht das offenbar auf der Auffassung, daß die Berücksichtigung von außerhalb der eigentlichen Tat liegenden Umständen nur unter Zugrundelegung einer Lebensführungsschuld möglich ist. Die Unrichtigkeit einer solchen Auffassung ist dargelegt worden[534].

Aus alledem kann gefolgert werden, daß sich der Schuldvorwurf hier nicht auf das Sogewordensein oder auf das Sosein des Täters bezieht. Dem Begriff der Schuld im Sinne des § 13 Abs. 1 StGB liegt keine Lebensführungs-, Tendenz- oder Hangschuld zugrunde. Damit ist eine von der Tat völlig losgelöste, selbständige Bewertung von Nachhandlungen des Täters, soweit es um die Schuldrelevanz geht, mit § 13 StGB nicht vereinbar.

c) Die Vertiefung der Tatschuld zur Tat-Täter-Schuld ist gekennzeichnet durch die Zurückführung der Tat auf die Wurzeln in der Persönlichkeit des Täters, bei der die Beurteilung der Gesamtperson an die Tat gebunden ist.

Das 1. Strafrechtsreformgesetz hat auf den Begriff der „Tatschuld" verzichtet. Er wurde offenbar als zu eng empfunden: nach *Dreher* ist Gegenstand des Schuldvorwurfs das „gesamte tatrelevante Täterverhalten"[535]. „Tatrelevant" können aber nicht nur Umstände sein, die sich unmittelbar aus der Tat ergeben, sondern auch solche, die in der Persönlichkeit des Täters begründet sind, soweit sie Bezug zu der Tat haben und sich in Handlungen des Täters manifestieren: § 13 Abs. 1 Satz 1 StGB „spricht daher auch von der Schuld des Täters"[536]. Hierin kann eine Hinwendung zum Täterschuldgedanken, begrenzt nur durch den materiellen Zusammenhang mit der Tat, gesehen werden.

Das Gesetz zeigt ferner durch die ausdrückliche Normierung des spezialpräventiven Aspekts der Strafzumessung in § 13 Abs. 1 Satz 2 StGB[537] die Tendenz, mehr den Täter als die Tat in den Mittelpunkt des Strafzumessungsvorganges zu stellen. Diesem Grundsatz der Individualisierung[538] kann im Bereich der Schuld eine Abwendung vom Tatdenken und eine Hinwendung zum „eigentlichen und unmittelbaren Ziel der strafrechtlichen Funktionen: dem Menschen"[539] entsprechen. Folgt man diesem Gedanken, ist die Vertiefung der Tatschuld zur Tat-Täter-Schuld die notwendige Konsequenz.

---

[533] *Kaffka*, SondAusProt. V, 344.

[534] Vgl. dazu auch *Koffka*, Leipziger Kommentar, § 13, Rdn. 7.

[535] *Dreher*, StGB, § 13 2) A.

[536] *Dreher*, StGB, § 13 2) A.

[537] Auf die Frage des Verhältnisses von Schuldgrundsatz und spezialpräventiven Überlegungen kommt es hier nicht an.

[538] So ausdrücklich BGHSt. 24, 40 ff., 42.

[539] *Lange*, Die Systematik der Strafdrohungen, a. a. O., S. 73.

Für diese Tendenz lassen sich gerade im Zusammenhang mit dem Verhalten des Täters nach der Tat Äußerungen während der entscheidenden Beratungen des Sonderausschusses für die Strafrechtsreform anführen. So war die Rede davon, das Verhalten des Täters nach der Tat lasse auf eine ganz bestimmte Gesinnung, auf ein bestimmtes Bild von der Persönlichkeit des Täters schließen[540], es gebe sowohl in positivem als auch in negativem Sinne wertvolle Hinweise auf die Täterpersönlichkeit[541].

Geht man ferner davon aus, daß § 23 Abs. 3 in der Fassung des 2. Strafrechtsreformgesetzes den Maßstab der personalen Gefährlichkeit voraussetzt, wenn die Norm bei grobem Unverstand des Täters von Strafe abzusehen gestattet[542], so wird auch hierin eine Anerkennung des Täterschuldgedankens durch die Strafrechtsreformgesetze zu sehen sein. Zusätzlich zeigt sich in der allgemeinen Rückfallschärfung des § 17 StGB die Anerkennung einer auf die Tat hin konkretisierten Täterschuld[543]; der Täter hat sich die früheren Verurteilungen nicht zur Warnung dienen lassen. Dann aber besteht kein Grund, dem Begriff im Bereich des § 13 StGB einen anderen Inhalt zugrunde zu legen.

Nach alledem ist eine Auffassung, die die Schuld im Sinne des § 13 Abs. 1 StGB als Tat-Täter-Schuld ansieht, mit Wortlaut und Entstehungsgeschichte der Norm sowie mit der Tendenz der Strafrechtsreformgesetze vereinbar. Damit ist die Auslegung des Strafzumessungsgrundes „Verhalten nach der Tat" in der im Zusammenhang mit dem Prinzip erörterten Weise — selbständige Bewertung der Nachhandlungen, soweit sie sich auf ein Rechtsgut beziehen und in materiellem Zusammenhang mit der Tat stehen — möglich.

d) Das schuldrelevante Verhalten des Täters nach der Tat ist — sieht man die „Tat" unter teleologischen Gesichtspunkten und ausgerichtet auf den Sinn der Strafzumessung material als Wertkomplex zur Erfassung des Schuldgehaltes des gesamten verbrecherischen Verhaltens — ein Verhalten während oder bei der Tat; das „aus dem Verhalten ‚nach der Tat' sich ergebende Verschulden ist im Sinne der Strafzumessung in Wahrheit ein Tatverschulden"[544].

In § 13 Abs. 2 Satz 2 StGB ist der Begriff der „Tat" mehrfach erwähnt. So sollen berücksichtigt werden die Gesinnung, die aus der Tat spricht, der bei der Tat aufgewendete Wille, die Art und Weise der Ausführung und die verschuldeten Auswirkungen der Tat, schließ-

---

540 *Köppler*, SondAusProt. V, 354, vgl. ferner *Güde*, SondAusProt. V, 355.

541 *Diemer-Nicolaus*, SondAusProt. V, 354; *Corves*, SondAusProt. V, 355.

542 *Kohlrausch-Lange*, Vorbem. § 43 III 3 f.; vgl. ferner *Reinhard v. Hippel*, Untersuchungen, S. 28.

543 Vgl. auch BGH in JZ 1972, S. 130.

544 *Lang-Hinrichsen*, Bemerkungen zum Begriff der Tat, a. a. O., S. 360; zustimmend *Schmidhäuser*, AT, 20/63.

lich das Verhalten nach der Tat. Wird der Begriff als „Gesamttat" in dem dargestellten Sinne verstanden, so sind schuldrelevant zunächst die Gesinnung, die aus dem gesamten verbrecherischen Verhalten spricht, der bei der „Gesamttat" aufgewendete Wille, die Art der Ausführung sowie die verschuldeten Auswirkungen des Gesamtverhaltens. Der Strafzumessungsgrund „Verhalten nach der Tat" bezieht sich dann auf ein Verhalten nach der „Gesamttat", also gerade nicht auf Nachhandlungen, die Teil dieses Strafzumessungstatbestandes sind.

Man könnte sich auf den Standpunkt stellen, bei der Gesinnung, dem Willen, der Ausführung und den Auswirkungen der Tat stelle das Gesetz auf das gesamte verbrecherische Verhalten ab, während bei den Nachhandlungen der Begriff der „Tat" im Sinne von Tatbestandsverwirklichung oder Tatbegehung — einschließlich der materiellen Beendigung — zu verstehen sei. Gegen eine solche Auffassung lassen sich jedoch Einwände erheben: Es entspricht nicht dem Aufbau einer Norm, ein und demselben Begriff innerhalb eines Tatbestandes unterschiedliche Inhalte zugrunde zu legen. Wenn das Verhalten „nach der Tat" in Wahrheit ein Verhalten „bei der Tat" ist, erscheint die Aufnahme des Strafzumessungsgrundes in den Katalog der Richtlinien wenig sinnvoll. Daß ein Verhalten bei der Tat strafzumessungsrelevant ist, unterliegt keinem Zweifel. Es ist bereits von den in Abs. 2 Satz 2 am Anfang aufgeführten Richtlinien erfaßt und bedarf keiner besonderen Normierung.

Erst wenn unter dem Begriff der Tat im Sinne des § 13 Abs. 2 Satz 2 StGB in herkömmlicher Weise die Verwirklichung des Tatbestandes und die materielle Beendigung verstanden wird, ist eine einheitliche und sinnvolle Ausfüllung des Begriffs gegeben. Die Annahme eines erweiterten Tatbegriffs in § 13 Abs. 2 Satz 2 StGB ist mit dem Wortlaut der Norm und mit dem Sinn der einzelnen Strafzumessungsgesichtspunkte nicht vereinbar[545].

Dennoch bleibt es das Verdienst *Lang-Hinrichsens,* den Unterschied zwischen dem Straftatbestand als Voraussetzung der Strafbarkeit und dem Strafzumessungssachverhalt als Grundlage für die Erfassung des Unrechts- und Schuldgehalts des gesamten verbrecherischen Verhaltens des Täters in aller Deutlichkeit herausgestellt zu haben. Dieser Gedanke hat letztlich auch die Aufnahme von außerhalb der objektiven und subjektiven Seite der Tat liegenden Umständen in den Katalog der Strafzumessungsgründe gefördert, weil er eine weitere Möglichkeit eröffnet hat, die Berücksichtigung von außerhalb des Tatbestandes liegenden Faktoren mit dem (Tat-)Schuldgedanken zu vereinbaren.

---

[545] Ebenso *Dreher,* StGB, § 13 4) A, obwohl *Dreher* während der Beratungen der Großen Strafrechtskommission zunächst auch von einem erweiterten Tatbegriff ausgegangen war, vgl. Niederschriften, Bd. XII, S. 22.

e) Für die Möglichkeit, dem Nachtatverhalten einen unmittelbaren Einfluß auf Unrecht und Schuld in den dargestellten Grenzen einzuräumen, lassen sich im wesentlichen Argumente aus der Entstehung des Ersten und des Zweiten Strafrechtsreformgesetzes anführen.

Im Entwurf 1962 war das Verhalten des Täters nach der Tat nicht nur als Strafzumessungsgrund im Rahmen der allgemeinen Strafzumessungsgrundsätze erwähnt, sondern gewann zusätzlich Bedeutung bei der Definition der besonders schweren und minder schweren Fälle. Nach § 62 Entwurf 1962 war ein besonders schwerer Fall dann anzunehmen, „wenn Umstände, die zur Tat gehören oder ihr vorausgehen, oder das Verhalten des Täters nach der Tat das Unrecht und die Schuld wesentlich erhöhen"; für die Annahme eines minder schweren Falles, § 63 Entwurf 1962, dem im übrigen die gleichen Zumessungsgesichtspunkte zugrunde lagen, sollte die Minderung entweder des Unrechts oder der Schuld ausreichen. Die Definition der besonders schweren und minder schweren Fälle wurde nur deshalb nicht in das 2. Strafrechtsreformgesetz aufgenommen, weil die Reform des Besonderen Teils noch nicht hinreichend fortgeschritten war; es herrschte die Ansicht vor, man könne nicht eine Definition für die besonders schweren und die minder schweren Fälle geben, wenn eine Umschreibung der schweren Fälle, besonders aber der mildernden Umstände unterlassen werde[546]. Der Verzicht auf die Aufnahme der Definitionen in das Gesetz beruht daher allein auf gesetzestechnischen Gründen, nicht auf Einwänden gegen die sachliche Aussage des Entwurfs.

Geht man einmal von dieser inhaltlichen Ausfüllung der Begriffe „besonders schwerer Fall" und „minder schwerer Fall" aus, so ergibt sich für das Verhalten des Täters nach der Tat:

Der Wortlaut spricht für einen unmittelbaren Einfluß des Nachtatverhaltens auf Unrecht und Schuld nach der Tatbegehung; denn die Nachhandlungen sollen Unrecht und Schuld erhöhen und mindern können. Die Notwendigkeit eines Rückschlusses auf die Schuld bei der Begehung der Tat ist der Fassung nicht zu entnehmen[547].

Für einen unmittelbaren Einfluß der Nachhandlungen und gegen die Notwendigkeit des Rückschlusses sind weiterhin die Ausführungen in der Amtlichen Begründung anzuführen. Dort heißt es, die Tat könne durch ihr nachfolgende Umstände in ihrer Bedeutung verändert werden[548]; ob und inwieweit damit für den Bereich der Strafzumessung eine Erweiterung des Begriffs der Tat über die Tatbestandsver-

---

[546] Vgl. den Zweiten Schriftlichen Bericht des Sonderausschusses für die Strafrechtsreform, BT-Drucksache V/4095, S. 23.

[547] So auch *Baumann*, Das Verhalten des Täters nach der Tat, a. a. O., S. 1797.

[548] Amtl. Begründung, S. 181.

wirklichung hinaus eintrete oder aber eine Erweiterung des Begriffs der Schuld über die Tatschuld hinaus, müsse der Erörterung in Rechtsprechung und Schrifttum überlassen bleiben[549]. Sollten die Verfasser des Entwurfs der Ansicht gewesen sein, die Berücksichtigung des Verhaltens nach der Tat erfordere einen Rückschluß auf die Gesinnung des Täters bei der Begehung der Tat oder auf die Persönlichkeit des Täters, soweit sie in der Tat Ausdruck gefunden habe, so wäre die Frage nach einer Erweiterung der Schuld über die Tatschuld hinaus nicht aufgetreten. Auch die in den Beratungen der Großen Strafrechtskommission genannten Beispiele für unrechts- und schuldrelevante Nachhandlungen deuten auf einen unmittelbaren Einfluß des Verhaltens nach der Tat auf Unrecht und Schuld hin[550].

Daß jedenfalls für die besonders schweren und für die minder schweren Fälle das Nachtatverhalten nicht allein unter dem Aspekt des auf die Tat hin konkretisierten Täterschuldgedankens gesehen werden kann, ist deshalb deutlich, weil die Annahme eines besonders schweren Falles die kumulative Erhöhung von Unrecht und Schuld erfordert und ein minder schwerer Fall auch durch die Minderung des Unrechts begründet wird.

Danach spricht jedenfalls für den Bereich der besonders schweren und minder schweren Fälle vieles für die Auffassung, nach der Nachhandlungen des Täters Unrecht und Schuld im Sinne einer nachträglichen Erhöhung oder Minderung unmittelbar beeinflussen.

Daraus ergeben sich auch für den Bereich der allgemeinen Strafzumessung Folgerungen. Wenn auch die Auslegung des Strafzumessungsgrundes „Verhalten nach der Tat" dort nicht zwingend die gleiche sein muß, weil die besonders schweren und minder schweren Fälle Wertgruppen mit besonderen Anforderungen darstellen, so bestehen doch keine grundsätzlichen Bedenken gegen die Annahme, eine solche Auslegung des Strafzumessungsgrundes sei möglich; denn es sind keine Gründe dafür ersichtlich, daß eine nachträgliche Erhöhung oder Minderung von Unrecht und Schuld nur im Bereich der besonders schweren und minder schweren Fälle möglich sein soll, nicht aber im Bereich der Strafzumessung. So meinen denn auch *Lackner-Maassen,* in den Fällen der Vergrößerung oder Minderung der Tatauswirkungen könne das Nachtatverhalten unmittelbar straferhöhend und strafmindernd ins Gewicht fallen[551]. Auch der Bundesgerichtshof ist offenbar von dem den §§ 62 und 63 des Entwurfs 1962 zugrunde liegenden Gedanken nicht unbeeinflußt geblieben[552].

---

549 Amtl. Begründung, S. 180 f.

550 Vgl. oben S. 93.

551 *Lackner-Maassen,* StGB, § 13 5 b cc.

552 Vgl. BGHSt. 17, 143 ff.; siehe dazu auch *Baumann,* Das Verhalten des Täters nach der Tat, a. a. O., S. 1797.

2. Das Verhalten des Täters nach der Tat als Strafzumessungsgrund im Bereich spezialpräventiver Überlegungen

Nach § 13 Abs. 1 Satz 2 StGB sind bei der Strafzumessung die Wirkungen, die von der Strafe für das zukünftige Leben des Täters in der Gesellschaft zu erwarten sind, zu berücksichtigen.

Die Frage nach der Tragweite dieses Satzes erfordert eine Rückbesinnung auf den Inhalt des Strafzwecks Spezialprävention. Dieser hat — wie dargestellt — mehrere Teilaspekte[553]: Zum einen gilt es, auf den nicht sozialisierten Täter mit dem Ziel einer Ein- oder Rückführung in die Gemeinschaft einzuwirken und zu verhindern, daß ein sozial bisher hinreichend eingepaßter Täter aus der sozialen Ordnung herausgerissen wird[554]; zum anderen geht es darum, den Täter, soweit erforderlich, durch spezialpräventive Abschreckung von der Begehung weiterer Straftaten abzuhalten; letztlich handelt es sich darum, die Allgemeinheit zu sichern, falls der Täter weder der Sozialisierung fähig noch einer Abschreckung zugänglich ist[555].

Nach einhelliger Auffassung wird jedenfalls der erstgenannte Aspekt, die Resozialisierung des Täters beziehungsweise die Verhinderung der Entsozialisierung, durch Wortlaut und Entstehungsgeschichte der Norm gedeckt[556]. Zweifelhaft erscheint dies im Hinblick auf den Abschreckungsgesichtspunkt. Mit dem Wortlaut der Vorschrift ist eine Berücksichtigung dieses Aspekts durchaus vereinbar; denn auch die Abschreckung des Täters ist eine Wirkung der Strafe für dessen künftiges Leben in der Gesellschaft. Wenn dennoch überwiegend die Ansicht vertreten wird, in § 13 Abs. 1 Satz 2 StGB sei nur der Gedanke der Resozialisierung beziehungsweise der Verhinderung der Entsozialisierung niedergelegt, so beruht das offenbar auf der Entstehungsgeschichte der Norm. In den entscheidenden Beratungen des Sonderausschusses für die Strafrechtsreform ist im Zusammenhang mit spezialpräventiven Erwägungen fast ausschließlich von der Resozialisierung die Rede gewesen[557]; es wurde sogar überlegt, ob nicht anstatt des Begriffs „künftige Lebensführung" der der „Resozialisierung" verwendet werden sollte[558]. Auf der anderen Seite heißt es in dem Ersten Schriftlichen Bericht des Sonderausschusses zu § 13 Abs. 1

---

[553] Vgl. dazu neuerdings auch *Zipf*, Die Strafmaßrevision, S. 114 ff.

[554] So ausdrücklich jetzt BGHSt. 24, 40 ff., 42 f.

[555] Vgl. dazu oben S. 43 ff.

[556] Vgl. u. a. *Dreher*, StGB, § 13 2) B; *Lackner-Maassen*, StGB, § 13 4 c; *Koffka*, Leipziger Kommentar, § 13, Rdn. 12; *Schönke-Schröder*, StGB, Vorbem. § 13, Rdn. 15; siehe ferner BGHSt. 24, 40 ff., 42; *Horstkotte*, Die Vorschriften des Ersten Gesetzes zur Reform des Strafrechts über die Strafbemessung, a. a. O., S. 124.

[557] Vgl. SondAusProt. V, 2228 ff., 2239 ff.

[558] SondAusProt. V, 2239 f.

Satz 2: „Der Inhalt dieses Satzes erschöpft sich nicht in einem ausdrücklichen gesetzlichen Hinweis auf die Resozialisierung des Täters im Sinne seiner Wiedereingliederung in die Gesellschaft. Vielmehr erfaßt er auch andere Gesichtspunkte, die von der Strafe für das künftige Leben des Täters zu erwarten sind, z. B. eine Denkzettelwirkung bei der Geldstrafe und eine Warnfunktion bei sog. Konflikttätern“[559]. Angesichts dieser Ausführungen und angesichts des Wortlautes erscheint ein Ausschluß des Teilaspektes der Spezialprävention „Abschreckung des Täters“ innerhalb des § 13 Abs. 1 Satz 2 StGB nicht gerechtfertigt. Der Wortlaut erfaßt ferner „bei der im Strafrecht gebotenen objektiven Auslegung auch den Gesichtspunkt, daß die Auswirkungen des künftigen Lebens in Freiheit auf die Gesellschaft zu berücksichtigen sind, mit anderen Worten das Sicherheitsinteresse der Gesellschaft“[560].

Das Verhältnis dieser spezialpräventiven Gesichtspunkte zu dem in Absatz 1 Satz 1 verankerten Schuldgrundsatz ist nicht eindeutig. So wird die Auffassung vertreten, nach wie vor stehe der Schuldgrundsatz im Vordergrund[561]; es heißt aber auch, die Schuld sei nur „gedanklicher Ausgangspunkt der Strafzumessung“, sie ermögliche dem Richter den „Einstieg in die Strafzumessung“, während „Zielpunkt“ die Sozialisation in ihrem umfassendsten Sinne sei[562]. Eine Entscheidung braucht hier nicht getroffen zu werden: Die Erörterung der in § 13 Abs. 2 Satz 2 aufgeführten Strafzumessungsgründe hat ergeben, daß die Zumessungsgründe bis auf das Vorleben des Täters, seine persönlichen und wirtschaftlichen Verhältnisse und das Nachtatverhalten in erster Linie die Tat selbst nach ihrer inneren und äußeren Seite hin und damit Unrecht und Schuld charakterisieren. Aus Wortlaut, Entstehungsgeschichte sowie aus Sinn und Zweck der Norm ergibt sich, daß die in Absatz 2 Satz 2 angeführten Zumessungstatsachen nicht allein der Konkretisierung der Schuldschwere dienen sollen[563]. Als Merkmale, die unter spezialpräventiven Gesichtspunkten bedeutsam sind, bieten sich daher die außerhalb der eigentlichen Tatbegehung liegenden Strafzumessungsgründe, also auch das Verhalten

---

[559] Erster Schriftlicher Bericht des Sonderausschusses für die Strafrechtsreform, BT-Drucksache V/4094, S. 4; vgl. auch *Dreher*, SondAusProt. V, 2239.

[560] *Lange*, Strafrechtsreform, S. 82; a. A. beispielsweise *Stratenwerth*, Tatschuld und Strafzumessung, S. 9.

[561] *Schönke-Schröder*, StGB, Vorbem. § 13, Rdn. 6; *Schwalm*, Schuld und Schuldfähigkeit, a. a. O., S. 490.

[562] *Horstkotte*, Die Vorschriften des Ersten Gesetzes zur Reform des Strafrechts über die Strafbemessung, a. a. O., S. 124.

[563] Vgl. auch *Horstkotte*, SondAusProt. V, 2242; *Horstkotte*, Die Vorschriften des Ersten Gesetzes zur Reform des Strafrechts über die Strafbemessung, a. a. O., S. 125.

des Täters nach der Tat, geradezu an. Es bestehen daher keine Bedenken dagegen, daß das Verhalten des Täters nach der Tat jedenfalls auch bei der Strafzumessung für die von dem Richter anzustellenden Überlegungen hinsichtlich der Sozialisierungsfähigkeit und -bedürftigkeit sowie der Abschreckungsbedürftigkeit des einzelnen Täters ins Gewicht fällt. Auch § 23 Abs. 1 StGB erwähnt in diesem Zusammenhang das Nachtatverhalten.

Hieraus folgt für die Auslegung des Strafzulessungsgrundes „Verhalten nach der Tat“: Das Verhalten nach der Tat ist Gegenstand der Prüfung des Richters mit dem Ziel, den Grad der Gefährlichkeit des Täters, das Ausmaß der Sozialisierungsfähigkeit und -bedürftigkeit sowie der Abschreckungsbedürftigkeit festzustellen. Eines irgendwie gearteten Zusammenhanges des Nachtatverhaltens mit der Tat bedarf es grundsätzlich nicht[564]; das Nachtatverhalten ist selbständiger Bewertungsgesichtspunkt.

3. Das Verhalten des Täters nach der Tat und generalpräventive Überlegungen bei der Zumessung der Strafe

§ 13 Abs. 1 StGB erwähnt die Generalprävention nicht. Es besteht jedoch, soweit ersichtlich, Einigkeit darüber, daß der Katalog der „Leitgesichtspunkte der Strafzumessung“[565] nicht abschließender Natur ist[566]. Es ist zu erörtern, ob nicht gerade aus der Aufnahme der Generalprävention oder eines Ausschnitts der Generalprävention in andere Vorschriften aus dem Gebiet der Strafbemessung im weiteren Sinne die Zulässigkeit ihrer Berücksichtigung bei der Zumessung der Strafe folgt.

Das 1. Strafrechtsreformgesetz verwendet in den §§ 14 Abs. 1 und 23 Abs. 3 StGB den Begriff der „Verteidigung der Rechtsordnung“. Die Entstehungsgeschichte und die Handhabung dieses Begriffs ist in jüngster Zeit einer umfassenden Darlegung und Kritik unterzogen worden[567]. Dennoch kann in diesem Zusammenhang nicht völlig darauf verzichtet werden, den dem Begriff von Rechtsprechung und Schrifttum zugeschriebenen Inhalt kurz zu erörtern.

---

[564] So wohl auch *Horstkotte*, Die Vorschriften des Ersten Gesetzes zur Reform des Strafrechts über die Strafbemessung, a. a. O., S. 125.

[565] *Dreher*, StGB, § 13 2) C.

[566] Vgl. u. a. *Dreher*, StGB, § 13 2) C; *Koffka*, Leipziger Kommentar, § 13, Rdn. 18; *Lackner-Maassen*, StGB, § 13 4 c; *Schönke-Schröder*, StGB, Vorbem. § 13, Rdn. 11 ff.; *Müller-Emmert/Friedrich*, Die Strafrechtsreform, DRiZ 1969, S. 273 ff., 276.

[567] *Naucke u. a.*, „Verteidigung der Rechtsordnung“.

Während *Dreher* meint, in dem Begriff werde der Gedanke der Generalprävention in einem erweiterten Sinne verstanden[568], vertreten andere Autoren die Auffassung, der Begriff bezeichne nur einen Ausschnitt aus dem Gesamtbereich der Generalprävention[569]. Eine Entscheidung dieser Frage hat auf den Inhalt des Strafzwecks der Generalprävention zurückzugreifen. Dieser Inhalt wird, wie dargestellt, durch zwei Gesichtspunkte oder Komponenten bestimmt: zum einen durch die Abschreckung anderer — potentieller — Täter vor künftigen ähnlichen Rechtsverletzungen, zum anderen durch die Erhaltung der Rechtstreue der Allgemeinheit und durch die Rücksicht auf das Rechtsempfinden[570]. Die Entstehungsgeschichte[571] deutet darauf hin, daß der letztere Gesichtspunkt der entscheidende ist. So wurden noch in den Beratungen des Sonderausschusses für die Strafrechtsreform die Begriffe „Bewährung der Rechtsordnung", gegenüber dem der der „Verteidigung der Rechtsordnung" keine sachliche Änderung bedeutet[572], und „Wahrung der Rechtstreue des Volkes" als gleichbedeutende Varianten behandelt[573]; in der 230. Sitzung des Bundestages ist bei der Behandlung der Frage die Rede von einem „Stückchen Generalprävention"[574] gewesen sowie davon, daß der Ursprungsort der Wendung im schwedischen Strafrecht liege, wo die entsprechende Bestimmung auf „die Rücksicht auf die Rechtstreue des Volkes" abstelle[575]. Gegen eine solche Interpretation ist eingewandt worden, der Begriff enthalte ein objektives und ein subjektives Element; die objektive Seite sei die Durchsetzung des Rechts gegenüber dem Unrecht, das subjektive Element umfasse die Tatsache, daß das Volk, sehe es die Durchsetzung des Rechts, auch selber die Treue zum Recht wahre; werde das Recht nicht durchgesetzt, lasse die Achtung vor der Strafdrohung nach[576]. Gerade der letzte Gesichtspunkt erweist aber doch, daß bei der Durchsetzung des Rechts gegenüber dem Unrecht das Ziel darin besteht, eine Minderung der vorhandenen Rechtstreue — aus welchen Gründen auch immer sie geschehen mag — zu verhindern. Damit steht nicht so sehr die Abschreckung, sondern

---

568 *Dreher,* StGB, § 13 2) C.

569 Vgl. u. a. *Horstkotte,* Der Allgemeine Teil des Strafgesetzbuches nach dem 1. September 1969, in: NJW 1969, 1601 ff., 1603; *Kunert,* Kurze Freiheitsstrafe und Strafaussetzung zur Bewährung nach den Vorschriften des Ersten Gesetzes zur Reform des Strafrechts, a. a. O., S. 709.

570 Vgl. oben S. 34 f.

571 Vgl. dazu auch *Payer,* § 14 StGB in der Fassung des Ersten Gesetzes zur Reform des Strafrechts, S. 10 ff.

572 *Dreher,* Urteilsanmerkung, JR 1970, S. 228.

573 Vgl. SondAusProt. V, 641 ff.

574 *Hirsch,* 230. Sitzung, S. 12 764.

575 *Güde,* 230. Sitzung, S. 12 765.

576 *Dreher,* Urteilsanmerkung, JR 1970, S. 228 f.

die Erhaltung der Achtung vor dem Gesetz und gegenüber der Rechtsordnung und damit die Rücksichtnahme auf das Rechtsempfinden der Bevölkerung im Vordergrund[577]. Im Grundsatz ist dieser Gesichtspunkt auch vom Bundesgerichtshof in dem dargestellten Sinne anerkannt worden: „Der Gesichtspunkt der Erhaltung der Rechtstreue der Bevölkerung, der Abwehr ihrer ernstlichen Beeinträchtigung, den der Bundesgerichtshof schon vor Inkrafttreten der Reformgesetze vereinzelt mit berücksichtigt hat ... ist nunmehr — in seiner begrenzenden Funktion — ein entscheidendes Kriterium für die Versagung einer Strafaussetzung nach der Neufassung des § 23 Abs. 3 StGB“[578].

Inwieweit sich aus dieser Handhabung des Begriffs durch die Rechtsprechung[579] Folgerungen für den Bereich der Strafzumessung im engeren Sinne ziehen lassen, wird nicht einhellig beurteilt. *Dreher* vertritt die Auffassung, aus § 14 Abs. 1 und § 23 Abs. 3 StGB ergebe sich, daß die „Verteidigung der Rechtsordnung“ ein wesentlicher Leitgesichtspunkt der Strafzumessung sei[580]. Wenn *Horstkotte* dagegen einwendet, aus diesen Normen könne eine Anerkennung der Generalprävention als Strafzumessungsgrund nicht hergeleitet werden, weil der Begriff der „Verteidigung der Rechtsordnung“ nur einen schmalen Ausschnitt aus dem Bereich der Generalprävention bezeichne[581], so ist das nicht recht verständlich; denn gerade um diesen Aspekt der

---

[577] So auch *Dünnebier*, Die Strafzumessung bei Trunkenheitsdelikten im Straßenverkehr nach dem Ersten Gesetz zur Reform des Strafrechts, in: JR 1970, S. 241 ff., 247; *Horstkotte*, Der Allgemeine Teil des Strafgesetzbuches nach dem 1. September 1969, a. a. O., S. 1603; *Kunert*, Kurze Freiheitsstrafe und Strafaussetzung zur Bewährung nach den Vorschriften des Ersten Gesetzes zur Reform des Strafrechts, a. a. O., S. 709; *Lackner*, Strafrechtsreform und Praxis der Strafrechtspflege, in: JR 1970, S. 1 ff., 8; *Lackner-Maassen*, StGB, § 14 3; *Sturm*, Die Strafrechtsreform, in: JZ 1970, S. 81 ff., 85; *Koffka*, Leipziger Kommentar, § 14, Rdn. 13; vgl. aus der Rechtsprechung OLG Stuttgart, NJW 1970, S. 228, sowie OLG Hamm, NJW 1970, S. 1614. Soweit ersichtlich meint nur *Schröder*, die jetzige Formel besage nicht mehr und nicht weniger als die des öffentlichen Interesses an der Strafvollstreckung, vgl. *Schönke-Schröder*, StGB, § 23, Rdn. 35 a, vgl. aber auch neuerdings *Schröder*, Zur Verteidigung der Rechtsordnung, in: JZ 1971, S. 241 ff.

[578] BGHSt. 24, 40 ff., 44; vgl. auch BGHSt. 24, 64. Vgl. ferner die Nachweise bei *Naucke u. a.* „Verteidigung der Rechtsordnung“, S. 84 ff., 88.

[579] Die Auslegung ist nach Entstehungsgeschichte, Wortlaut und Bedeutungszusammenhang nicht völlig unzweifelhaft, vgl. *Naucke u. a.*, „Verteidigung der Rechtsordnung“; in der Praxis wird dem Begriff jedenfalls auch dieser Inhalt zugewiesen. Ob daneben noch weitere Gesichtspunkte zu berücksichtigen sind, kann hier nicht erörtert werden, vgl. dazu BGHSt. 24, 40 ff.

[580] *Dreher*, StGB, § 13 2) C.

[581] *Horstkotte*, Die Vorschriften des Ersten Gesetzes zur Reform des Strafrechts über die Strafbemessung, a. a. O., S. 124.

Generalprävention geht es hier. Hinzu kommt, daß kein Grund ersichtlich ist, warum das Gesetz nur bei der Frage der kurzfristigen Freiheitsstrafe und bei der der Strafaussetzung zur Bewährung Wert auf den generalpräventiven Gesichtspunkt der Verteidigung der Rechtsordnung legen sollte.

Einem Einwand gilt es noch zu begegnen. Es mehren sich die Stimmen in der Literatur, die die Berücksichtigung generalpräventiver Erwägungen bei der Strafzumessung für verfassungswidrig halten[582]. Dieser Auffassung ist inzwischen das Bundesverfassungsgericht, jedenfalls soweit es die kurzfristige Freiheitsstrafe betrifft, entgegengetreten[583]. Aber auch abgesehen davon ist dem folgendes Argument entgegenzuhalten: Sicher ist, daß der Gedanke der „Verteidigung der Rechtsordnung" nur im Rahmen oder auf der Grundlage der Schuld der Berücksichtigung fähig ist. Es besteht — anders als im Zusammenhang mit spezialpräventiven Überlegungen — Einhelligkeit darüber, daß eine Erhöhung der Strafe über das der Schuld entsprechende Maß hinaus aus generalpräventiven Gründen nicht zulässig ist[584]. Dann aber ist die Strafe in jedem Fall schuldangemessen. Eine schuldangemessene Strafe kann nicht als im Widerspruch zu den Grundrechten stehend angesehen werden.

Damit ist die Einbeziehung generalpräventiver Erwägungen in die Strafzumessung mit § 13 StGB vereinbar, jedenfalls soweit es die „Verteidigung der Rechtsordnung" erfordert[585]. Bei den Erörterungen zur Generalprävention hat sich gezeigt, daß hinsichtlich des Nachtatverhaltens der Gesichtspunkt der Erhaltung der Rechtstreue und der der Rücksichtnahme auf das Rechtsempfinden der entscheidende ist: Die Allgemeinheit differenziert in ihrer Reaktion auf staatliche Sanktionen danach, wie schwer die Tat wiegt und welche kriminelle Energie der Täter entwickelt hat; sie wird in ihrer Rechtstreue bestärkt, wenn der gefährlichere Täter eine höhere Strafe erhält als der weniger gefährliche Täter. Dementsprechend stellt auch § 14 Abs. 1 StGB auf besondere Umstände in der Tat und in der Persönlichkeit des Täters ab. Soweit in den dargestellten Grenzen das Nachtatverhalten die Bewertung der Schwere der Tat sowie des Ausmaßes der

[582] Vgl. die Nachweise bei *Bruns*, Die „Generalprävention" als Zweck und Zumessungsgrund der Strafe?, a. a. O., S. 89 ff.

[583] Bundesverfassungsgericht, Beschluß vom 9. 6. 1970, NJW 1970, S. 1453 f., 1454.

[584] Vgl. u. a. *Koffka*, Leipziger Kommentar, § 13, Rdn. 18; *Dreher*, StGB, § 13 3) B a; *Schönke-Schröder*, Vorbem. § 13, Rdn. 12, 13; siehe ferner den Ersten Schriftlichen Bericht des Sonderausschusses für die Strafrechtsreform, BT-Drucksache V/4094, S. 5.

[585] Ebenso u. a. *Dreher*, StGB, § 13 2) C; *Lackner-Maassen*, StGB, § 13 4 c; *Koffka*, Leipziger Kommentar, § 13, Rdn. 18; *Schönke-Schröder*, StGB, Vorbem. § 13, Rdn. 12 ff.

Gefährlichkeit des Täters beeinflußt, ist es als Strafzumessungsgrund bei der Prüfung der „Verteidigung der Rechtsordnung" verwertbar.

III. Abschließende Bewertung des Strafzumessungsgrundes „Verhalten nach der Tat"

Damit erweist sich, daß § 13 Abs. 2 StGB in diesem Punkt alles andere ist als eine „bestimmte Leitlinie für die Zumessung der Strafe"[586]. Bei der Aufstellung des Katalogs der Strafzumessungsrichtlinien und bei der Frage nach ihrer Zweckmäßigkeit wurde betont, daß man „an die zahlreichen jungen Richter und Gerichtsassessoren denken müsse, die in den ersten Jahren ihrer Praxis in Großen Strafkammern und an Schöffengerichten oder als Einzelrichter tätig seien. Für diese jungen Richter sei ein derartiger Katalog von vom Gesetz anerkannten Gesichtspunkten, die bei der Strafzumessung zu berücksichtigen seien, von großem Wert"[587]. Es muß angesichts des Ergebnisses der Untersuchungen bezweifelt werden, daß § 13 Abs. 2 StGB, soweit es das Nachtatverhalten betrifft, für den Richter tatsächlich von einem großen Wert ist. Ihm wird nur gesagt, daß er im Einzelfall Nachhandlungen des Täters berücksichtigen kann; wie und in welcher Weise das zu geschehen hat, ist offen geblieben.

1. Die Möglichkeiten für eine gesetzliche Änderung des § 13 StGB

Das 2. Strafrechtsreformgesetz, das eine umfassende Neuregelung des Allgemeinen Teils des Strafgesetzbuches bringen soll, trifft in § 46 für die Strafzumessung eine § 13 StGB entsprechende Regelung. In dem Zeitraum zwischen der Verabschiedung des Gesetzes und dessen Inkrafttreten soll der Gesetzgeber nach der Stellungnahme des Bundesjustizministers für weitere Erkenntnisse und Entwicklungen offen sein[588]. Damit sind gesetzliche Änderungen an dem 2. Strafrechtsreformgesetz nicht von vornherein ausgeschlossen[589].

Wie könnte eine solche gesetzliche Änderung aussehen, die aus dem Strafzumessungsgrund „Verhalten nach der Tat" nicht ein „Kuckucks-

---

[586] So aber der Erste Schriftliche Bericht des Sonderausschusses für die Strafrechtsreform, BT-Drucksache V/4094, S. 5. „Jede gesetzliche Regelung muß sich ... an ihrer Aufgabe messen lassen, bisherige Mißstände zu verringern" (*Stratenwerth,* Tatschuld und Strafzumessung, S. 4); diesen Test besteht § 13 StGB nicht. Vgl. auch *Baumann,* Strafrechtsreformgesetz, S. 54 f.

[587] *Schafheutle,* SondAusProt. V, 350.

[588] Vgl. die 232. und 233. Sitzung des Bundestages, Prot. S. 12 846.

[589] Ebenso *Baumann,* Resozialisierungsgedanke und Rechtsgüterschutz, a. a. O., S. 2.

ei für die Rechtsprechung"[590], sondern eine etwas deutlichere Leitlinie für die Zumessung der Strafe macht?

a) Soweit es das Verhalten des Täters nach der Tat unter dem Schuldgrundsatz betrifft, bieten sich folgende Möglichkeiten an:

Will der Gesetzgeber nur solche Verhaltensweisen nach der Tat erfaßt wissen, die einen Rückschluß auf die Schuld bei Begehung der Tat zulassen, muß die Formulierung in Anlehnung an die Fassung des Alternativ-Entwurfs[591] lauten: ... „sein Verhalten nach der Tat, soweit es auf das Maß der Tatschuld schließen läßt". Ein besonderer Hinweis auf die Wiedergutmachungsbemühungen erübrigt sich. Er verwirrt nur, weil aus den zahlreichen Nachhandlungen eine Verhaltensweise herausgegriffen wird, ohne daß hierfür ein ausreichender Grund ersichtlich ist. Zusätzlich kommt es — wie dargelegt — nicht auf die Tatsache der Bemühung um Wiedergutmachung an, sondern auf die den Bemühungen zugrunde liegende Einstellung des Täters.

Wenn der Gesetzgeber darüber hinaus personale Faktoren außerhalb der Tatbegehung im eigentlichen Sinne selbständig in die Strafzumessung einbezogen haben will, kann dem durch eine andere Fassung Rechnung getragen werden: ... „das mit der Tat zusammenhängende spätere Verhalten des Täters". Durch eine solche Formulierung würde einerseits für den Richter deutlich, daß es ein Stück Lebensführung zu erfassen und dem Schuldgrundsatz unterzuordnen gilt; andererseits wird der Richter darauf hingewiesen, daß es sich wegen der Bezogenheit auf die Tat um eine auf die Tat hin konkretisierte Täterschuld handelt. Damit wird zum einen das „Fundament des rechtlichen Schuldvorwurfs maßgebend verbreitert und vertieft"[592], zum anderen der Gefahr begegnet, daß die Straftat herabsinkt zum bloßen Anknüpfungspunkt für die staatliche Reaktion.

Hat der Gesetzgeber die Absicht, zwar das spezifische Tatunrecht und die konkrete Tatschuld als Ausgangspunkt zu nehmen, aber dennoch den Nachhandlungen einen selbständigen Einfluß einzuräumen, so bietet sich die Formulierung an: ... „das Verhalten des Täters nach der Tat, das Unrecht und Schuld erhöht oder mindert". Diese Fassung hat den Vorteil, daß bei einer umfassenden Normierung des Besonderen Teils des Strafgesetzbuches und einer dann möglichen Umschreibung der Strafschärfungs- und Strafmilderungsgründe im Allgemeinen Teil[593] die Nachhandlungen des Täters im Bereich der Strafzumessung

---

[590] *Baumann*, Resozialisierungsgedanke und Rechtsgüterschutz, a. a. O., S. 5 Fn. 23.

[591] § 59 Abs. 1 Satz 3 Alternativ-Entwurf.

[592] Vgl. zu dieser Forderung *Würtenberger*, Kriminologie und Strafrechtsreform, a. a. O., S. 59.

[593] Vgl. dazu den Zweiten Schriftlichen Bericht des Sonderausschusses für die Strafrechtsreform, BT-Drucksache V/4095, S. 23.

und im Bereich der Strafschärfungs- und Strafmilderungsgründe auf gleiche Art und Weise berücksichtigt werden könnten.

b) Unter spezialpräventiven Gesichtspunkten sind Einschränkungen bei der Verwertung von Nachhandlungen systemwidrig. Insoweit sind daher im Grundsatz gegen die weite Fassung des Strafzumessungsgrundes keine Bedenken zu erheben. Auch in diesem Zusammenhang erscheint allerdings das besondere Hervorheben der Wiedergutmachungsbemühungen nicht sinnvoll, weil es nicht auf die Tatsache als solche, sondern auf die den Bemühungen zugrunde liegende Einstellung des Täters ankommt.

c) Damit scheint sich der Strafzumessungsgrund „Verhalten nach der Tat" einer näheren gesetzlichen Konkretisierung zu entziehen[594]; denn wenn mit Rücksicht auf die erforderliche Einschränkung des Strafzumessungsgrundes unter dem Schuldgrundsatz eine der dargestellten Präzisierungen gesetzlich normiert wird, entsteht die Gefahr eines Widerspruches gegenüber den spezialpräventiven Erwägungen, bei denen die Verwertung des Nachtatverhaltens keinen Beschränkungen unterliegt.

Dieser Widerspruch kann sich auflösen, wenn jeder nach § 13 Abs. 2 StGB zu beachtende Strafzumessungsfaktor immer auch unter dem Schuldgrundsatz zu sehen ist, jede Strafzumessungstatsache also auch schuldrelevant zu sein hat; dann ist es sogar geboten, den Strafzumessungsgrund in einer der dargestellten Weisen zu präzisieren. Hierfür lassen sich jedoch weder in dem Wortlaut noch in der Entstehungsgeschichte noch in Sinn und Zweck der Norm Anhaltspunkte finden. Selbst wenn man davon ausgeht, die Schuld sei weiterhin entscheidendes Maßprinzip der Strafe, so können doch neben der Schuld als Grundlage für die in § 13 Abs. 1 Satz 2 StGB niedergelegten spezialpräventiven Auswirkungen der Strafe auch Gesichtspunkte verwertet werden, die keinen Aufschluß über die Schuld des Täters geben. Und wenn der Akzent — wie dies vielfach getan wird — überwiegend auf spezialpräventive Erwägungen verlagert wird, versteht es sich von selbst, daß eine Schuldrelevanz des einzelnen Strafzumessungsfaktors nicht erforderlich ist.

Dennoch ist zu erwägen, ob nicht der aufgezeigte Widerspruch bei einer gesetzlichen Änderung aufgelöst werden kann, ohne daß wesentliche Grundpositionen der einzelnen Auffassungen aufgegeben werden müssen.

Die Strafrechtsreformgesetze legen in den §§ 13 Abs. 2, 46 Abs. 2 bei der Strafzumessung erkennbar das Gewicht auf die subjektive

---

594 Auf die generalpräventive Funktion braucht hier nicht eingegangen zu werden, weil § 13 Abs. 2 keine Konkretisierung generalpräventiver Strafzumessungsgesichtspunkte darstellt.

Seite der Tat und auf täterschaftliche Faktoren, insgesamt also auf die Persönlichkeit des Täters. Die Beweggründe und die Ziele des Täters, die Gesinnung, die aus der Tat spricht, sowie der bei ihr aufgewendete Wille führen den Katalog der Strafzumessungsrichtlinien an. Das Vorleben des Täters, seine persönlichen und wirtschaftlichen Verhältnisse sind eindeutig persönlichkeitsbezogene Faktoren. Das Nachtatverhalten kann ebenfalls als personaler Faktor aufgefaßt werden. Nimmt man hinzu, daß die allgemeine Rückfallschärfung des § 17 StGB auf einer auf die Tat hin konkretisierten Täterschuld fußt[595], so wird insgesamt die Tendenz der Reformgesetze zu einer wesentlichen Erweiterung des Schuldvorwurfs deutlich. Damit haben die Reformgesetze einen entscheidenden Schritt in Richtung auf eine persönlichkeitsbezogene und individualisierende Strafzumessung getan. Sie haben sich in dieser Hinsicht den spezialpräventiven Auffassungen genähert. Sollten dann nicht auch diese Auffassungen Einschränkungen bei der umfassenden Persönlichkeitserforschung in Kauf nehmen? Der Täter mißt doch sich selber und seine Tat an dieser, nicht an irgendwie gearteten Verhaltensweisen, die keinerlei Zusammenhang mit der Tat haben. Er selber will doch die „gerechte" Strafe, nicht eine solche, die ausgerichtet an Vorgängen weit außerhalb der Tat ihn zum Objekt einer Behandlung durch die Gesellschaft macht. Dementsprechend rückt auch die neuere spezialpräventiv orientierte Literatur die Tat und die Verantwortung des Täters für die Tat zunehmend in den Vordergrund. „Die Bahn des Verbrechens bestimmt sich nach der Bewältigung einer bestimmten Situation durch den Täter. Die spezialpräventive Maßnahme muß daran anknüpfen, muß die (objektive) Fehlerhaftigkeit dieser Bewältigung herausarbeiten und dem Täter bewußt machen." Es geht darum, „den Täter über eine bewußtere Verwertung seines angeborenen Verantwortlichkeitsgefühls auch zur Wertung seines Verhaltens"[596] zu bringen. Der Beziehung des Täters zu seiner Tat und damit auch dieser selbst ein-

[595] Anders ist nicht zu erklären, daß ein „innerer kriminologisch faßbarer Zusammenhang" zwischen den Taten bestehen muß; dieser ist u. a. dann gegeben, wenn „die neue Tat auf derselben charakterlichen Fehlhaltung beruht wie die vorausgegangene" (*Lackner-Maassen*, StGB, § 17 4). Vgl. dazu auch *Würtenberger*, Kriminologie und Strafrechtsreform, a. a. O., S. 60; siehe ferner neuerdings BGH in JZ 1972, S. 130: „Die erhöhte Tatschuld liegt in einem solchen Falle darin, daß der Täter ‚sich die früheren Verurteilungen nicht hat zur Warnung dienen lassen'."

[596] *Melzer*, Die Neue Sozialverteidigung und die deutsche Strafrechtsreformdiskussion, S. 72, 73. Vgl. ferner *A. Kaufmann*, Dogmatische und kriminalpolitische Aspekte des Schuldgedankens im Strafrecht, a. a. O., S. 66: „Es gibt keine bessere Gewähr für künftiges rechtstreues Verhalten von Rechtsbrechern ... als daß man ihnen dazu verhilft, den begangenen Fehler einzusehen und ihn aus dieser Einsicht heraus zu überwinden."

schließlich der mit ihr in Zusammenhang stehenden Faktoren kommt danach entscheidendes Gewicht zu. Von einer solchen Auffassung aus ist es gerechtfertigt, auch unter dem spezialpräventiven Gesichtspunkt nur solche Nachhandlungen in die Strafzumessung einzubeziehen, die in dem dargestellten materiellen Zusammenhang mit der Tat stehen. Dann aber beinhaltet die Formulierung: ... „das mit der Tat zusammenhängende spätere Verhalten des Täters" keinen inneren Widerspruch.

Diese an dem Rechtsgutsgedanken und dem materiellen Zusammenhang mit der Tat ausgerichtete Betrachtungsweise der Nachhandlungen — auf der einen Seite unter dem Aspekt der Tat-Täter-Schuld, auf der anderen Seite unter dem der Sozialisierungsfähigkeit und -bedürftigkeit — löst in diesem Punkt den Gegensatz zwischen den verschiedenen Auffassungen auf. Sie wird damit der Erkenntnis gerecht, daß einerseits die klassischen Straftheorien in einem entscheidenden Punkt der Spezialpräventionsidee entgegenkommen: „nicht die Tat, sondern den Täter zu bestrafen"[597], daß aber andererseits die Spezialprävention sich den gegnerischen Positionen nähert: das bedeutet, „daß der Täter nicht an seiner Tat vorbeigeführt, sondern durch sie hindurchgeführt werden muß, soll von echter und sinnvoller Erziehung oder Besserung die Rede sein können"[598, 599].

2. Ein Vorschlag für die Auslegung des Strafzumessungsgrundes „Verhalten nach der Tat"

Auch unabhängig von einer gesetzlichen Änderung ergibt sich aus den vorangegangenen Ausführungen der Vorschlag für die Auslegung des Strafzumessungsgrundes „Verhalten nach der Tat":

Entscheidend ist zum einen das Kriterium der Rechtsgutsbezogenheit, zum anderen das Kriterium des materiellen Zusammenhanges mit der Tat; das Nachtatverhalten ist in diesen Grenzen selbständige Erkenntnisquelle für die Schuld des Täters sowie für seine Sozialisierungsfähigkeit und -bedürftigkeit.

---

[597] *Lange,* Die Systematik der Strafdrohungen, a. a. O., S. 74.

[598] *Lange,* Die Systematik der Strafdrohungen, a. a. O., S. 74.

[599] Die Formulierung „das mit der Tat zusammenhängende spätere Verhalten des Täters" hat den weiteren Vorzug, daß sie hinreichenden Raum für weitere Entwicklungen läßt und damit nicht eine Auslegung unabänderlich fixiert. Sie erfaßt ferner auch die generalpräventive Seite der Strafzumessung, weil dort ebenfalls ein Zusammenhang mit der Tat erforderlich ist.

ZWEITER TEIL

Das Verhalten des Täters nach der Tat als Strafschärfungs- und Strafmilderungsgrund

VIERTES KAPITEL

Die Bedeutung des Nachtatverhaltens für die Strafrahmenbestimmung

Die Frage nach dem Wesen und der inhaltlichen Ausformung der Strafänderungsgründe führt „in den Grenzbereich zwischen gesetzlicher und richterlicher Strafbestimmung" und „in die Arbeitsteilung zwischen Legislative und Judikatur"[600] bei der Festsetzung der Straffolgen.

Dem Gesetzgeber stehen — will er die Abstufung innerhalb eines sehr weiten Strafrahmens[601] nicht oder nicht allein der richterlichen Wertung überlassen — zur Differenzierung mehrere Möglichkeiten zur Verfügung[602]:

Er kann bereits im Bereich des Tatbestandes differenzieren und dem Grunddelikt qualifizierende und privilegierende Tatbestände gegenüberstellen. Diese finden immer, aber auch nur, Anwendung, wenn deren normierte Voraussetzungen gegeben sind.

Er trägt der Abstufung dadurch Rechnung, daß er den Richter ermächtigt, in besonders schweren, schweren, minder schweren Fällen und beim Vorliegen von mildernden Umständen auf eine Strafe zu erkennen, die einem gegenüber dem „Normalfall" erhöhten oder ermäßigten Strafrahmen zu entnehmen ist[603]. Er kann in diesem Zusammenhang auf eine eigene Wertung verzichten oder die Abstufung durch eine Begriffsbestimmung näher bezeichnen[604].

Als weitere Möglichkeit, die zwischen der — häufig unbefriedigenden — Kasuistik und dem weitgehenden Verzicht auf eigene Wertung

---

[600] *Zipf*, Die Strafmaßrevision, S. 24.

[601] Bei zu weiten Strafrahmen könnte man jedoch erwägen, ob einem weitgehenden Verzicht des Gesetzgebers auf eigene Wertungen nicht rechtsstaatliche Bedenken entgegenstehen, vgl. *Sax*, Grundsätze der Strafrechtspflege, in: Die Grundrechte, Bd. III, 2. Halbbd., S. 909 ff., 1014 einerseits, *Peters*, Gutachten, S. 22 ff. andererseits.

[602] Zum folgenden vgl. insbesondere *Dreher*, Die erschwerenden Umstände, a. a. O., S. 220 ff.; *Peters*, Gutachten, S. 11 ff.; *Schröder*, Gutachten, S. 81 f.; *Schröder*, Gesetz und Richter im Strafrecht, S. 23 ff.

[603] Zur Kritik dieser Gesetzgebungsmethode vgl. neuerdings *Zipf*, Die Strafmaßrevision, S. 27 ff.

[604] Vgl. etwa §§ 62 und 63 Entwurf 1962.

des Gesetzgebers liegt, bietet sich die Methode der Exemplifikation[605] an: Das Gesetz zählt beispielhaft Gründe für die Strafänderung auf, ohne daß der Richter auf diese Fälle beschränkt ist. Dabei kann das Gesetz eine stärkere Bindung erreichen, wenn ein Zwang zur Anwendung des Sonderstrafrahmens bei Vorliegen eines der gesetzlich genannten Beispiele besteht[606], der Richter jedoch daneben weitere, nicht genannte Fälle zu erfassen befugt ist[607]; freier ist der Richter dagegen dann, wenn er auch bei Vorliegen eines Beispielsfalles von der Anwendung des Sonderstrafrahmens absehen kann. Zusätzlich besteht auch hier die Möglichkeit, die Voraussetzungen der Strafänderung allgemein zu definieren[608].

Der Gesetzgeber hat sich dieser Möglichkeiten bedient. Lediglich die — im Entwurf 1962 vorgesehene — Definition des „besonders schweren Falles" und des „minder schweren Falles" im Allgemeinen Teil ist unterblieben, weil es dem Gesetzgeber nicht sinnvoll erschien, nur für einen Teil der Differenzierungen eine allgemeine Definition zu geben, die übrigen Gruppen — „schwere Fälle", „mildernde Umstände" — aber nicht näher zu umschreiben[609].

Die erstgenannte Möglichkeit, die Bildung qualifizierender und privilegierender Tatbestände[610], ist für diese Untersuchung nicht von Bedeutung; die jeweiligen Voraussetzungen sind abschließend normiert. Wesentlich ist daher in diesem Zusammenhang nur, ob und gegebenenfalls unter welchen Voraussetzungen das Verhalten des Täters nach der Tat die Annahme eines unbenannten[611] oder durch Regelbeispiele erläuterten Strafänderungsgrundes begründen kann.

---

[605] Diese geht zurück auf *Wach*, Legislative Technik, in: VDA, VI. Bd., S. 1 ff., 37 ff.

[606] Vgl. hierzu die Kontroverse zu § 292 Abs. 2 StGB, insbes. BGHSt. 5, 211, OLG Hamm, NJW 1962, S. 601 f. einerseits, OLG Koblenz, JZ 1953, S. 278 f., *Schönke-Schröder*, StGB, § 292, Rdn. 22 andererseits.

[607] Vgl. etwa § 129 Abs. 4 StGB.

[608] Vgl. die Kombination von Regelbeispielen im Besonderen und Begriffsbestimmung im Allgemeinen Teil des Entwurfs 1962.

[609] Vgl. den Zweiten Schriftlichen Bericht des Sonderausschusses für die Strafrechtsreform, BT-Drucksache V/4095, S. 23.

[610] Eine abgewogene Darstellung der Vor- und Nachteile der kasuistischen Methode findet sich bei *Fritz v. Hippel*, Richtlinie und Kasuistik im Aufbau von Rechtsordnungen, in: Rechtstheorie und Rechtsdogmatik, S. 184 ff.; vgl. ferner *Dreher*, Die erschwerenden Umstände, a. a. O., S. 220 ff., und *Kohlmann*, Der Begriff des Staatsgeheimnisses und das verfassungsrechtliche Gebot der Bestimmtheit von Strafvorschriften, S. 230 ff.

[611] Häufig werden die Begriffe „unbenannter" und „benannter" Strafänderungsgrund verwendet, um die qualifizierenden und privilegierenden Tatbestände von den übrigen Strafänderungsgründen abzugrenzen, vgl. etwa *Bruns*, Strafzumessungsrecht, S. 27. Hier soll jedoch von unbenannten Gründen nur dann gesprochen werden, wenn keine Regelbeispiele angeführt sind.

Über die Einordnung dieser Strafschärfungs- und Strafmilderungsgründe sowie über die Anforderungen, die an ihre Bejahung durch den Richter zu stellen sind, besteht in Rechtsprechung und Schrifttum keine Einigkeit. So sehen etwa *Mittermaier* und neuerdings insbesondere *Wahle* in den den Strafschärfungsgrund des „besonders schweren Falles" begründenden Umständen Tatbestandsmerkmale[612]. Die Rechtsprechung und als Vertreter der Lehre vor allem *Schröder* meinen, es handele sich um einen Strafzumessungsgrund[613], während *Lange,* dem sich die Begründung des Entwurfs 1962 angeschlossen hat[614], eine Mittelmeinung vertritt und die „besonders schweren Fälle" als „Neues, Drittes" zwischen abschließender Tatbestandsbildung einerseits und richterlicher Strafzumessung andererseits einordnet[615].

Dieser Meinungsstreit beeinflußt auch die Frage, welche Kriterien für die Annahme eines Strafänderungsgrundes maßgebend sind. Sieht man in ihnen Strafzumessungsgründe, so erschöpft sich konsequenterweise der materielle Gehalt „in einer allgemeinen Verweisung auf die gesamte Skala" der Strafzumessungsgründe, „die sich allerdings bis zu einem bestimmten Grad gesteigert haben müssen"[616]. Gegen eine Anwendung des § 13 StGB bestehen dann, auch soweit es das Nachtatverhalten betrifft, keine Bedenken.

Im folgenden Teil der Untersuchung müssen die jeweiligen Strafschärfungs- und Strafmilderungsgründe gesondert untersucht werden, weil nach Entstehungsgeschichte und Auslegung durch Rechtsprechung und Schrifttum keine einheitliche sachliche Umschreibung besteht.

---

[612] *Mittermaier,* Gutachten, S. 255 f.; *Wahle,* Die Rechtsnatur der „besonders schweren Fälle" im Strafrecht, S. 26 ff.; *Wahle,* Zur strafrechtlichen Problematik „besonders schwerer Fälle", erläutert am Beispiel der Verkehrsunfallflucht, in: GA 1969, S. 161 ff., 163 ff.; ferner auch *Krämer,* Die Regelung des schweren Diebstahls durch das 1. StrRG unter besonderer Berücksichtigung der sogenannten Regelbeispieltechnik, S. 74 ff. Vgl. auch *Maurach,* AT, S. 830, der bei gesetzlich genannten Begehungsmodalitäten von „unverbindlich-indiziellen" Tatbestandsmerkmalen spricht.

[613] Vgl. u. a. BGHSt. 2, 181 ff., 183; 12, 253 ff., 256; BGH, NJW 1952, S. 234; 1953, S. 1480 f., 1481; vgl. aber auch die Kontroverse zwischen dem 3. und dem 5. Senat zu § 241 a StGB, BGHSt. 20, 140 ff. und 184 f.; siehe ferner *Schröder,* Gesetzliche und richterliche Strafzumessung, in: Festschrift für Mezger, S. 415 ff., 420 ff.; *Schönke-Schröder,* Vorbem. § 13, Rdn. 42, 43. Zustimmend u. a. *Bruns,* Strafzumessungsrecht, S. 81; *Milletat,* Die „besonders schweren Fälle" im Entwurf eines Strafgesetzbuches (StGB) E 1962, S. 45.

[614] Amtliche Begründung, S. 180.

[615] *Lange,* Die Systematik der Strafdrohungen, a. a. O., S. 83; *Kohlrausch-Lange,* Vorbem. § 13 IV 2 d. Vgl. dazu *Bruns,* Strafzumessungsrecht, S. 75, der von einer „bestechenden Ansicht" spricht.

[616] So *Bruns,* Strafzumessungsrecht, S. 79.

A. Die besonders schweren und die schweren Fälle

I. Die Auslegung durch die Rechtsprechung

Nach der Rechtsprechung soll ein besonders schwerer Fall anzunehmen sein, „wenn die Tat bei Berücksichtigung aller Umstände die erfahrungsgemäß gewöhnlich vorkommenden und deshalb vom Gesetzgeber für den Spielraum des ordentlichen Strafrahmens schon bedachten Fälle an Strafwürdigkeit so übertrifft, daß der ordentliche Strafrahmen zur Sühne nicht ausreicht“[617]. Es heißt, die Frage, ob ein Fall besonders schwer zu werten sei, könne nur aus der Gesamtheit der äußeren und inneren Tatseite beurteilt werden[618]. Auf der einen Seite wird der Tatrichter angewiesen, sorgfältig die Persönlichkeit des Täters zu werten, weil auch das „Tätersein“ zur Annahme eines besonders schweren Falles nötigen könne[619]; auf der anderen Seite meint der Bundesgerichtshof, die wesentlichen Strafzumessungsgründe seien der Tat selbst zu entnehmen, den Begleitumständen sei geringeres Gewicht beizulegen[620]. Zu § 243 StGB n. F., also zu einem durch Regelbeispiele exemplifizierten schweren Fall, hat eine neuere Entscheidung des Bundesgerichtshofes ausgeführt, es müsse eine Abwägung aller Zumessungstatsachen aufgrund einer Gesamtbewertung der wesentlichen tat- und täterbezogenen Umstände vorgenommen werden[621].

II. Die Notwendigkeit der Auslegung aus den Gründen für die Strafschärfung

Mit dem Abstellen auf die Strafwürdigkeit — darauf, daß der ordentliche Strafrahmen zur Sühne nicht ausreiche — macht der Bundesgerichtshof die begrifflichen Voraussetzungen der besonders schweren und schweren Fälle von ihren Folgen abhängig[622]. Das ist dann weitgehend unbedenklich, wenn die Gesetzgebungsmethode der unbenannten Strafänderungsgründe nichts anders bedeutet als eine getarnte generelle Strafrahmenerweiterung[623], wenn man also in den besonders schweren und schweren Fällen allein ein Strafzumessungs-

---

617 Vgl. BGHSt. 5, 124 ff., 130; 12, 253 ff., 256.

618 BGHSt. 4, 8 ff., 10.

619 BGHSt. 2, 181 ff., 182; vgl. auch BGHSt. 4, 8 ff., 10.

620 BGHSt. 5, 124 ff., 130.

621 BGHSt. 23, 254 ff., 257.

622 Vgl. *Warda*, Dogmatische Grundlagen des richterlichen Ermessens im Strafrecht, S. 108 f.; *Bruns*, Strafzumessungsrecht, S. 77. *Lange*, Die Systematik der Strafdrohungen, a. a. O., S. 79, spricht in diesem Zusammenhang von „begrifflicher Wechselreiterei“, vgl. auch die Nachweise bei *Warda*, Dogmatische Grundlagen, S. 109.

623 So *Zipf*, Die Strafmaßrevision, S. 28.

problem sieht. Wie aber läßt sich dann erklären, daß sich Regel- und Ausnahmestrafrahmen in der Regel erheblich überschneiden — Strafrahmen des einfachen Diebstahls Freiheitsstrafe bis zu fünf Jahren, Strafrahmen des schweren Diebstahls Freiheitsstrafe von drei Monaten bis zu zehn Jahren —? Diesem durchgreifenden Einwand *Wardas*[624] kann auch *Bruns*, der im übrigen auf Strafzumessungsgesichtspunkte abstellt, nur dadurch begegnen, daß er den Strafrahmen die Bedeutung einer „relativen Strafenschichtung und ungefähren Wertskala"[625] zukommen läßt. Die Voraussetzungen der besonders schweren und schweren Fälle lassen sich daher nicht danach bestimmen, ob der ordentliche Strafrahmen zur angemessenen Beurteilung ausreicht oder nicht.

Damit ergibt sich die Forderung, die besonders schweren und schweren Fälle an anderen Kriterien zu messen, nicht von den Folgen her zu bestimmen[626]. Es gilt, die Gründe für die Strafschärfung aufzufinden.

Die erschwerenden Umstände können unter Schuldgesichtspunkten an die objektive und subjektive Seite der Tat sowie an der Persönlichkeit des Täters, unter spezialpräventiven Erwägungen an die Gefährlichkeit des Täters, seine Sozialisierungsfähigkeit und -bedürftigkeit anknüpfen[627].

1. Die besonders schweren und schweren Fälle mit Regelbeispielen

Über die Frage, welche Kriterien das Gesetz zugrunde legt, kann eine Analyse der durch Regelbeispiele erläuterten besonders schweren und schweren Fälle Aufschluß geben.

a) In den §§ 94 Abs. 2, 95 Abs. 3, 98 Abs. 1 StGB sind Regelbeispiele für besonders schwere Fälle der Mißbrauch einer verantwortlichen Stellung, die den Täter zur Wahrung von Staatsgeheimnissen besonders verpflichtet, und die Herbeiführung eines besonders schweren Nachteils für die äußere Sicherheit der Bundesrepublik Deutschland. In den §§ 100 Abs. 2, 100 a Abs. 4 StGB stellt das Gesetz auf die schwere Gefahr für den Bestand der Bundesrepublik beziehungsweise auf die Gefahr eines schweren Nachteils für die äußere Sicherheit oder die Beziehungen der Bundesrepublik Deutschland zu einer fremden Macht ab.

---

[624] *Warda*, Dogmatische Grundlagen, S. 109 f.

[625] *Bruns*, Strafzumessungsrecht, S. 78.

[626] So auch *Warda*, Dogmatische Grundlagen, S. 110; *Koffka*, Leipziger Kommentar, Vorbem. § 13, Rdn. 44.

[627] Vgl. dazu auch *Dreher*, Die erschwerenden Umstände, a. a. O., S. 221 f.

Als Erschwerungsgründe treten hier objektive Faktoren auf, die an die Tat selbst anknüpfen. Es handelt sich einerseits um Tatumstände im eigentlichen Sinne, andererseits um die objektiven Auswirkungen der Tat.

b) § 113 Abs. 2 StGB nennt als Regelbeispiele die Führung einer Waffe, um sie bei der Tat zu verwenden, sowie die Gefahr des Todes oder einer schweren Körperverletzung. Wiederum sind es objektive Faktoren der Tat, die den Grund für die Strafschärfung bilden: die besonders gefährliche Ausführung und die Tatauswirkungen.

c) Gleiches gilt für § 125 a StGB. Es erscheinen als Erschwerungsgründe im wesentlichen die besondere Art der Tatausführung und die Folgen der Tat.

d) § 129 Abs. 4 StGB erwähnt die Rädelsführer und Hintermänner einer kriminellen Vereinigung. Hier ist zunächst die Gefährlichkeit der Täter der Grund für die Strafschärfung; die „Drahtzieher" sollen erfaßt werden[628]. Aber es geht nicht um eine Gefährlichkeit, die weitere Verstöße gegen die Rechtsordnung nahelegt[629], sondern um eine auf die Tat hin konkretisierte Gefährlichkeit, die diese objektiv und subjektiv als schwerer erscheinen läßt[630].

e) Nach § 235 Abs. 2 StGB liegt in der Regel ein besonders schwerer Fall vor, wenn der Täter aus Gewinnsucht oder in der Absicht handelt, den Minderjährigen zur Unzucht zu bringen. Der Akzent bei der Erschwerung verlagert sich in diesen Fällen auf die subjektive Seite, die Einstellung und das Ziel des Täters. Aber auch hier knüpft die Strafschärfung an der Tat selber an.

f) Die Regelbeispiele des § 243 StGB sind überwiegend den vorher in der kasuistischen Fassung enthaltenen Strafschärfungsgründen angeglichen. Diese waren teilweise durch die besondere Schutzwürdigkeit der Sache, teilweise durch die besondere verbrecherische Energie und teilweise durch die besonders gefährliche Ausführung gekennzeichnet[631]. Der Bundesgerichtshof hat den Grund für die verschärfte Bestrafung des Einbruchsdiebstahls in dem doppelten Gedanken des „erhöhten Rechtsfriedens des Ortes, aus dem gestohlen wird, und der erhöhten Energie und Gefährlichkeit des angewandten Mittels"[632] und damit sowohl in einer Unrechts- als auch in einer Schuldsteigerung gesehen.

---

[628] Vgl. BGHSt. 19, 109 ff., 110 zu § 90 a; BGHSt. 20, 121 ff., 122 zu § 90 a StGB a. F.

[629] Und die Anlaß für spezialpräventive Erwägungen wäre.

[630] Auch der Rädelsführer und Hintermann muß verschärft bestraft werden, der im Zeitpunkt der Aburteilung nicht mehr gefährlich ist.

[631] Vgl. *Kohlrausch-Lange*, § 243 I.

[632] BGHSt. (GrSen.) 1, 158 ff., 164.

Zu § 243 StGB n. F. wird eine Gesamtwürdigung des Falles gefordert, der dann schwer sei, wenn er sich bei Abwägung aller Zumessungstatsachen nach dem Gewicht von Unrecht und Schuld vom Durchschnitt der praktisch vorkommenden Fälle soweit abhebe, daß er ihnen gegenüber als schwer erscheine[633]; ein schwerer Fall des Diebstahls dürfe nur bejaht werden, wenn Unrecht und Schuld gegenüber dem Durchschnittsfall wesentlich erhöht seien[634].

Entscheidend sind also auch hier objektive und subjektive Faktoren, die an die Tat anknüpfen, nicht außerhalb der Tat liegende Umstände in der Persönlichkeit des Täters.

g) Die in den §§ 292 Abs. 2, 293 Abs. 2 StGB genannten Erschwerungsgründe betreffen ebenfalls Tatumstände, so die Anwendung von Schlingen, die gemeinsame Begehung durch mit Schußwaffen ausgerüstete Täter, die Anwendung von Sprengstoffen etc.

2. Die Folgerungen für die die Strafschärfung bestimmenden Kriterien

Die Konkretisierung der besonders schweren und schweren Fälle durch das Gesetz hat damit insgesamt eine Ausrichtung auf die Tat. Es hat sich bei der Durchsicht kein Erschwerungsgrund ergeben, der — losgelöst von der Tat — an in der Persönlichkeit des Täters liegende Umstände anknüpft. Die Gefährlichkeit des Täters, soweit sie auf die Begehung weiterer Straftaten schließen läßt, seine Sozialisierungsfähigkeit und -bedürftigkeit fallen nach der gesetzgeberischen Vorwertung offenbar nicht ins Gewicht. Soweit persönlichkeitsbezogene Faktoren eine Rolle spielen, sind sie auf die Tat hin konkretisiert.

Da die Regelbeispiele als allgemeiner Bewertungsmaßstab dienen[635], tritt eine verstärkte Bindung des Richters bei der Festsetzung der Strafe ein. Der Richter ist gezwungen, den Grundgedanken für die Strafschärfung zu erfassen, um dann den Einzelfall an diesem Grundgedanken zu messen[636]. Dieser Grundgedanke ist — das haben die Erörterungen der gesetzlich normierten Anwendungsfälle gezeigt — ausgerichtet auf die Schwere der Tat, nicht auf persönlichkeitsbezogene Faktoren, die keinen Zusammenhang mit der Tat haben. Wenn diese ausscheiden, bleiben als wesentliche Kriterien Unrecht und Schuld[637].

---

[633] *Dreher*, StGB, § 243 1).

[634] *Lackner-Maassen*, StGB, § 143 3 a bb.

[635] Vgl. u. a. *Lackner-Maassen*, § 243 3 a bb.

[636] Vgl. dazu auch *Krämer*, Die Regelung des schweren Diebstahls durch das 1. StrRG unter besonderer Berücksichtigung der sogenannten Regelbeispieltechnik, S. 102.

[637] Dabei kann hier noch dahinstehen, ob eine kumulative Steigerung von Unrecht und Schuld erforderlich ist.

§ 13 Abs. 1 StGB nennt neben der Schuld als Grundlage für die Strafzumessung die Wirkungen, die von der Strafe für das künftige Leben des Täters in der Gesellschaft zu erwarten sind. Es hat sich gezeigt, daß Unrecht und Schuld den entscheidenden Maßstab für die durch Regelbeispiele erläuterten besonders schweren und schweren Fälle darstellen. Damit scheiden ganz offenbar spezialpräventive Gesichtspunkte bei der Prüfung der Frage, ob die Voraussetzungen eines solchen besonders schweren oder schweren Falles gegeben sind, aus der Betrachtung aus.

Daher steht dem Richter insoweit nicht die gesamte Skala der finalen Strafzumessungsgründe und damit auch nicht die Gesamtheit der Strafzumessungstatsachen[638] zur Verfügung. Hieraus folgt, daß es sich bei der Entscheidung über das Vorliegen eines derartigen Strafänderungsgrundes nicht um Strafzumessung im eigentlichen Sinne handelt. Es ergibt sich von einer solchen Betrachtungsweise her die Richtigkeit der Auffassung, die den durch Regelbeispiele erläuterten besonders schweren und schweren Fälle den Charakter eines Strafzumessungsgrundes abspricht. Sie als Tatbestandsmerkmale zu bezeichnen bedeutete, dem Begriff des Tatbestandsmerkmals „die Ausschließlichkeit, das Erschöpfende und Verbindliche der Unrechtstypisierung“[639] zu nehmen und damit auf das bisher wesentliche Kriterium zu verzichten. Hierfür aber besteht kein Anlaß.

Die durch Regelbeispiele erläuterten besonders schweren und schweren Fälle erweisen sich damit als besondere Wertgruppen[640], die zwischen der Tatbestandsbildung auf der einen Seite und der bloßen Strafzumessung auf der anderen Seite einzuordnen sind[641]. Der Gesetzgeber wertet generalisierend vor und gibt allgemeine Bewertungsmaßstäbe. Der Richter ist an diese Bewertungsmaßstäbe gebunden und damit in seiner Ermessensfreiheit beschränkt[642]; er hat sich an die

---

[638] Es scheiden diejenigen Strafzumessungstatsachen aus, die nur unter spezialpräventiven Gesichtspunkten erheblich sind.

[639] *Lange,* Die Systematik der Strafdrohungen, a. a. O., S. 82, siehe auch *Lange,* Probleme des § 1 StGB, in: MDR 1948, S. 310 ff., 313; vgl. ferner *Koffka,* Leipziger Kommentar, Vorbem. § 13, Rdn. 47, und *Milletat,* Die „besonders schweren Fälle“ im Entwurf eines Strafgesetzbuches (StGB) E 1962, S. 39 f.

[640] So auch *Dreher,* StGB, § 13 9); *Jescheck,* AT, S. 557. Siehe ferner den Zweiten Schriftlichen Bericht des Sonderausschusses für die Strafrechtsreform, BT-Drucksache V/4095, S. 23. Auch *Maurach,* AT, S. 830, spricht vom „Wertprinzip“.

[641] Vgl. *Lange,* Die Systematik der Strafdrohungen, a. a. O., S. 83: „Zwischen der festen Substanz geschlossener Tatbestände und dem flüssigen Element der richterlichen Strafzumessung aus der unendlichen Fülle der Umstände heraus liegt eine Zone plastischer Substanz, die es als solche zu erkennen und methodisch zu erfassen gilt.“

[642] Vgl. auch *Warda,* Dogmatische Grundlagen, S. 110.

Vorwertung des Gesetzgebers zu halten und diese auf den Einzelfall hin zu konkretisieren. In den von dem Gesetz bereits normierten Fällen ist er auf Umstände verwiesen, die das Unrecht der Tat und die Schuld des Täters betreffen.

3. Die unbenannten besonders schweren und schweren Fälle

Für die unbenannten besonders schweren und schweren Fälle ergibt sich die Besonderheit, daß dem Richter nicht ausdrücklich allgemeine Bewertungsmaßstäbe an die Hand gegeben sind. Da aber auch sie nicht von den Folgen her bestimmt werden können, wie das die Rechtsprechung teilweise angenommen hat, muß die inhaltliche Ausfüllung „durch Angabe objektiver, von den gesetzlichen Folgen losgelöster Merkmale soweit wie möglich näher“[643] bestimmt werden.

Als Erschwerungsgründe kommen wiederum das Unrecht der Tat, die Schuld des Täters, seine Gefährlichkeit sowie Sozialisierungsfähigkeit und -bedürftigkeit in Betracht.

Einen Hinweis darauf, daß allein in der Persönlichkeit des Täters liegende Faktoren, die keinen materiellen Zusammenhang mit Unrecht und Schuld haben, außer Betracht zu bleiben haben, gibt die Verwendung des Wortes „Fall“[644]. Die Formulierung erweist sich nur dann als sinnvoll, wenn es bei der Annahme eines besonders schweren oder schweren Falles auf die objektiven und subjektiven Tatumstände ankommt.

Aus der Entstehungsgeschichte der besonders schweren Fälle[645] kann entnommen werden, daß sie dazu gedacht waren und sind, die häufig als unbefriedigend angesehene kasuistische Regelung zu ersetzen. So hat auch der Entwurf 1962 ausgeführt, ein besonders schwerer Fall werde nur dann vorliegen, „wenn die Tat gegenüber dem Regelfall einen herausgehobenen Typus bildet, für den der Gesetzgeber einen erschwerten Tatbestand schaffen könnte, wenn dem nicht das Bedenken gegen eine allzu kasuistische Ausgestaltung der Strafvorschriften entgegenstände“[646]. Der Gesetzgeber will also mit dem Ausnahmestrafrahmen eine gerechtere Bewertung deliktischen Verhaltens ermöglichen[647], nicht aber von dem deliktischen Verhalten losgelöst die Persönlichkeit des Täters erfassen.

---

[643] *Warda*, Dogmatische Grundlagen, S. 110.

[644] So auch BGHSt. 4, 8 ff., 10, soweit es die minder schweren Fälle betrifft.

[645] Vgl. dazu *Wahle*, Die Rechtsnatur der „besonders schweren Fälle“ im Strafrecht, S. 9 ff.; *Milletat*, Die „besonders schweren Fälle“ im Entwurf eines Strafgesetzbuches (StGB) E 1962, S. 4 ff.

[646] Amtliche Begründung, S. 184.

[647] *Wahle*, Die Rechtsnatur der „besonders schweren Fälle“ im Strafrecht, S. 14.

Gegen eine auf spezialpräventive Gesichtspunkte bei der Prüfung der besonders schweren und schweren Fälle abstellende Betrachtungsweise spricht eine weitere Erwägung. Umstände, die einen Zusammenhang mit der Tat und damit mit dem „Fall“ haben, können allenfalls eine bereits bestehende Gefährlichkeit, Sozialisierungsfähigkeit und -bedürftigkeit des Täters sichtbar machen, aber nicht eine vor der Tat vorhandene Neigung des Täters zur Begehung strafbarer Handlungen steigern[648]: „In der Regel werden die Umstände, welche die Gefährlichkeit des Täters steigern, weit vor seiner Tat liegen und von innen und außen kommende Anstöße darstellen, welche die psychische Verfassung des späteren Täters wandeln, aber noch in keiner äußeren Beziehung zu seiner künftigen Tat stehen“[649]. Auf derartige in der Vergangenheit liegende Umstände aber kommt es für spezialpräventive Erwägungen nicht entscheidend an, weil diese eine Zukunftsprognose erfordern, die sich nach dem gegenwärtigen Ausmaß der Gefährlichkeit, Sozialisierungsfähigkeit und -bedürftigkeit richtet.

Ein letzter Gesichtspunkt ist zu nennen: Wenn bei der Annahme eines besonders schweren oder schweren Falles die Wirkungen der Strafe auf den Täter berücksichtigt werden, wird wiederum die Voraussetzung für die Annahme des „Falles“ von seinen Folgen abhängig gemacht.

Erweist sich also, daß für die unbenannten besonders schweren und schweren Fälle Faktoren, die losgelöst von der Tat allein in der Persönlichkeit des Täters liegen, nicht von Bedeutung sind[650], bleiben als erschwerende Umstände solche, die Unrecht der Tat und Schuld des Täters betreffen[651].

Damit ergibt sich auch für die unbenannten besonders schweren und schweren Fälle[652], daß dem Richter nicht die gesamte Skala der Strafzumessungserwägungen bei der Strafrahmenbildung zur Verfügung steht. § 13 StGB kann nicht uneingeschränkt Anwendung finden. Der Richter hat Faktoren, die Unrecht der Tat und Schuld des Täters als erschwert erscheinen lassen, zu berücksichtigen. Die „Wirkungen, die von der Strafe für das künftige Leben des Täters in der Gesellschaft zu erwarten sind“, bleiben außer Betracht[653]. Spezialpräventive Erwägungen können nur nach der Feststellung des Vorliegens eines die-

---

648 Vgl. *Dreher,* Die erschwerenden Umstände, a. a. O., S. 222.

649 *Dreher,* Die erschwerenden Umstände, a. a. O., S. 222.

650 So etwa auch BGHSt. 4, 8 ff., 11.

651 So auch *Dreher,* Die erschwerenden Umstände, a. a. O., S. 223; vgl. ferner *Dreher,* StGB, § 13 9); *Koffka,* Leipziger Kommentar, Vorbem. § 13, Rdn. 44; *Lackner-Maassen,* StGB, § 13 3 a; *Jescheck,* AT, S. 557.

652 Vor deren Verwendung im Gesetz insgesamt nicht genug gewarnt werden kann, vgl. dazu auch *Lange,* Die Systematik der Strafdrohungen, a. a. O., S. 80 ff.

653 So auch *Koffka,* Leipziger Kommentar, Vorbem. § 13, Rdn. 43.

ser Strafänderungsgründe innerhalb des dann anzuwendenden Strafrahmens und insoweit dann bei der Strafzumessung ins Gewicht fallen.

4. Die kumulative Steigerung von Unrecht und Schuld

Nachdem als erschwerende Umstände solche erkannt worden sind, die das Unrecht der Tat und die Schuld des Täters betreffen, muß erörtert werden, ob die Annahme eines besonders schweren oder schweren Falles eine kumulative Steigerung von Unrecht und Schuld erfordert oder ob es ausreicht, wenn entweder Unrecht oder Schuld erhöht sind.

Der Entwurf 1962 hatte auf eine kumulative Steigerung abgestellt: „Ein besonders schwerer Fall liegt vor, wenn Umstände, die zur Tat gehören oder ihr vorausgehen, oder das Verhalten des Täters nach der Tat das Unrecht und die Schuld wesentlich erhöhen"[654].

Keine Einwände lassen sich insoweit erheben, als eine Steigerung des Unrechts allein die Annahme eines besonders schweren oder schweren Falles nicht begründen kann. Im Gesamtbereich des Strafrechts herrscht der Schuldgrundsatz. Die Erhöhung des Unrechts durch erschwerende Umstände muß daher immer auch von der Schuld umfaßt sein[655].

Die Frage kann nur sein, ob nicht eine wesentliche Erhöhung der Schuld gegenüber dem Durchschnittsfall als ausreichend erachtet werden muß oder sollte. Hierfür könnte sprechen, daß insgesamt im Bereich der Festsetzung der Strafe eine Hinwendung zum Täter festzustellen ist[656]. Ferner ist es sonst ausgeschlossen, eine besonders zu mißbilligende Einstellung des Täters bei der Tat zu erfassen, wenn sie das Unrecht der Tat unberührt läßt. Diese Konsequenz hatte der Entwurf 1962 gezogen: „Ein besonders schwerer Schuldvorwurf, der etwa durch beharrliche Wiederholung oder durch ungewöhnlich verwerfliche Gesinnung begründet sein kann, reicht für sich allein nicht aus"[657]. Zweifellos haben aber Umstände, die allein die Schuld des Täters betreffen, den Gesetzgeber veranlaßt, qualifizierende Tatbestände zu schaffen. Das gilt beispielsweise für den Mord, wenn man die Auffassung vertritt, dieser beinhalte gegenüber dem Tatbestand der vorsätzlichen Tötung nicht gesteigertes Unrecht, sondern allein gesteigerte Schuld[658], ferner für Erschwerungen wie die der gewinn-

---

[654] § 62 Entwurf 1962.

[655] Vgl. auch *Dreher*, Die erschwerenden Umstände, a. a. O., S. 223.

[656] Siehe oben S. 128.

[657] Amtliche Begründung, S. 184.

[658] So u. a. *Kohlrausch-Lange*, §§ 211, 212 VII, differenzierend *Schmidhäuser*, AT, 8/104.

süchtigen Absicht beim Verwahrungsbruch[659]. Löst nun das Gesetz die Tatbestände wegen des Unbehagens über die starre Kasuistik auf und wandelt sie um in besonders schwere und schwere Fälle mit Regelbeispielen, so müssen derartige allein die Schuld des Täters erhöhende Umstände außer Betracht bleiben, wenn eine kumulative Steigerung von Unrecht und Schuld erforderlich ist; sie können nur dann zur Annahme eines besonders schweren oder schweren Falles führen, wenn andere Umstände und Begleiterscheinungen der Tat auch das Unrecht erhöhen. Als Regelbeispiele dürften sie im Gesetz nicht genannt werden[660].

Doch ist dem folgendes entgegenzuhalten: Den Vergleichsmaßstab für die Frage, ob ein besonders schwerer oder schwerer Fall gegeben ist, kann nur der Durchschnittsfall, der „Normalfall" geben. Es kommt darauf an, daß das gesamte Bild der Tat starke Besonderheiten gegenüber den erfahrungsgemäß gewöhnlich vorkommenden Fällen aufweist[661]. Hieraus folgt, daß die erschwerenden Umstände nicht isoliert betrachtet werden dürfen: „Sie müssen gemeinsam mit allen anderen Umständen des Falles, vor allem auch den mildernden Umständen gewertet werden. Erst dann können Unrecht und Schuld im konkreten Fall insgesamt bestimmt und mit Unrecht und Schuld im gedachten Durchschnittsfall verglichen werden"[662]. Wenn aber nur auf einen Faktor, beispielsweise auf die gewinnsüchtige Absicht, abgestellt wird, die das Unrecht der Tat unberührt läßt, würde gerade eine solche isolierte Betrachtungsweise eintreten. Ein weiterer Gesichtspunkt kommt hinzu: Die besonders schweren und schweren Fälle stellen besondere Wertgruppen dar, bei denen gerade im Bereich der Strafschärfung der Richter einer klaren Bindung und Führung bedarf, weil er die typisierende Arbeit des Gesetzgebers fortzuführen hat. Wird nun bei der Annahme der besonders schweren und schweren Fälle allein die Erhöhung der Schuld als ausreichend erachtet, so besteht die Gefahr, daß der Richter individualisierend auf allgemeine Strafzumessungsgrundsätze zurückgreift. Das ist jedenfalls im Bereich der Strafschärfung bedenklich, weil damit einerseits „die Angabe objektiver, von den gesetzlichen Folgen losgelöster Merkmale"[663] auf einen Hinweis auf die Schuld des Täters beschränkt wird, andererseits

---

659 Vgl. *Schmidhäuser*, AT, 10/129.

660 Deshalb begegnet das Regelbeispiel der Gewinnsucht in § 235 Abs. 2 StGB Bedenken. *Milletat*, Die „besonders schweren Fälle" im Entwurf eines Strafgesetzbuches (StGB) E 1962, S. 91 ff., hat nachgewiesen, daß der Entwurf in zahlreichen Fällen bei den Regelbeispielen den von ihm selbst aufgestellten Grundsatz, Unrecht und Schuld müßten erhöht sein, verletzt hat.

661 Vgl. *Koffka*, Leipziger Kommentar, Vorbem. § 13, Rdn. 44; *Dreher*, StGB, § 13 9).

662 So *Dreher*, Die erschwerenden Umstände, a. a. O., S. 229.

663 *Warda*, Dogmatische Grundlagen, S. 110.

auf diese Weise wiederum die Strafwürdigkeit und damit die Bestimmung der Voraussetzungen der Strafänderungsgründe nach den Folgen entscheidend werden dürfte.

Fraglich ist nur, ob durch die Forderung nach einer kumulativen Steigerung von Unrecht und Schuld Verhaltensweisen und subjektive Einstellungen des Täters nicht erfaßt werden können, die nach Ansicht des Gesetzgebers zu einer Strafschärfung führen müssen. Der wiederholt genannte Fall des Rückfalltäters, der sich die früheren Verurteilungen nicht hat zur Warnung dienen lassen[664], ist durch die allgemeine Rückfallvorschrift des § 17 StGB erfaßt. Tateinstellungen, die einen erhöhten Schuldvorwurf begründen, können bei der Annahme besonders schwerer und schwerer Fälle berücksichtigt werden, wenn andere Umstände gleichzeitig das Unrecht der Tat wesentlich steigern. Will der Gesetzgeber erreichen, daß ein einzelnes Merkmal — etwa die Gewinnsucht — im Rahmen eines Deliktstypus in jedem Fall zu einer Strafschärfung führt, so steht ihm weiterhin die Möglichkeit der Bildung eines gesonderten Tatbestandes zur Verfügung.

Nach alledem ist die Auffassung zu billigen, nach der die Annahme eines besonders schweren oder schweren Falles — sei es eines durch Regelbeispiele erläuterten, sei es eines unbenannten — eine Erhöhung von Unrecht und Schuld erfordert[665].

III. Die Folgerungen für das Verhalten des Täters nach der Tat

Nach der Erörterung der für die Annahme besonders schwerer und schwerer Fälle maßgebenden Kriterien kann der Frage nachgegangen werden, ob und unter welchen Voraussetzungen Nachhandlungen des Täters allein oder im Zusammenhang mit anderen Umständen die Strafrahmenbildung beeinflussen können.

1. Die Möglichkeit der Einbeziehung von Nachhandlungen

Der Gesetzgeber hat in den normierten Fällen kein Regelbeispiel aufgeführt, das ein Verhalten des Täters nach der Tat erfaßt. Doch können zweifellos nur solche Nachhandlungen für die Annahme eines besonders schweren oder schweren Falles maßgebend sein, die das Unrecht der Tat und die Schuld des Täters betreffen[666]; denn nur die Erhöhung von Unrecht und Schuld können zu der Bejahung eines solchen Strafänderungsgrundes führen. Da aber Nachhandlungen

[664] Vgl. u. a. die Amtliche Begründung zum Entwurf 1962, S. 184.

[665] So auch *Dreher*, StGB, § 243 1); *Lackner-Maassen*, § 243 3 a; Lange, Die Systematik der Strafdrohungen, a. a. O., S. 81 ff.

[666] So auch *Dreher*, StGB, § 13 9); *Dreher*, Die erschwerenden Umstände, a. a. O., S. 226; *Koffka*, Leipziger Kommentar, Vorbem. § 13, Rdn. 43.

unter den bereits dargestellten Voraussetzungen mit Unrecht und Schuld in Einklang zu bringen sind, bestehen insoweit gegen eine Einbeziehung des Nachtatverhaltens bei der Bestimmung des Strafrahmens keine Bedenken.

Gegen die Verwertung von Nachhandlungen des Täters bei der Strafrahmenbestimmung könnte geltend gemacht werden, es komme allein auf die objektiven und subjektiven Tatumstände im engeren Sinne an. So hat der Bundesgerichtshof — wenn auch vereinzelt — ausgeführt, die wesentlichen Zumessungsgründe seien der Tat selbst zu entnehmen, den Begleiterscheinungen sei geringeres Gewicht beizulegen[667]. Ebenso hat die Erörterung der im Gesetz normierten Regelfälle gezeigt, daß diese sämtlich an die äußere und innere Seite der Tat sowie an deren Auswirkungen anknüpfen. Doch entziehen sich gerade die Faktoren, die der Tat vorausgehen oder ihr nachfolgen, in aller Regel einer Typisierung bei den einzelnen Delikten, weil sie zu zahlreich und damit zu wenig typisch sind. Auch bei der Strafrahmenbestimmung geht es — und in diesem Punkt ist sie der Strafzumessung vergleichbar — nicht um die Frage, ob der Täter überhaupt zu bestrafen ist, sondern um die nach der Höhe der Strafe. Für das Ob der Strafe „schneidet der Gesetzgeber in seiner Beschreibung der Tat aus dem gleichsam historischen Gesamtgeschehen, das mit der Vorbereitung der Tat beginnt und mit ihren letzten Folgen endet, nur das Haupt- und Zwischenstück der Tathandlung mit ihrem unmittelbaren Erfolg heraus“[668]. Bei der Frage nach der Schwere der Tat und der Schuld des Täters, insgesamt nach der Bedeutung des „Falles“, geht es dem Gesetzgeber, der noch generalisiert, und dem Richter, der konkretisiert und individualisiert, um gerade dieses historische Gesamtgeschehen; es gilt, den vollen Unrechts- und Schuldgehalt eines Verhaltens in seinem vollen Ausmaß zu erfassen. Daß insoweit die Nachhandlungen aufschlußreich sein können, ist nachgewiesen worden[669]. Aus dieser Forderung nach einer Gesamtbetrachtung des Falles hinsichtlich der objektiven und subjektiven Seite folgt demnach die Möglichkeit, das Verhalten des Täters nach der Tat in die Bewertung einzubeziehen. Das hat auch die Rechtsprechung mehrfach anerkannt[670] und von eben einem solchen Standpunkt ist der Entwurf 1962 ausgegangen: „Ein besonders schwerer Fall liegt vor, wenn Umstände, die zur Tat gehören oder ihr vorausgehen, oder das Verhalten des Täters nach der Tat das Unrecht und die Schuld wesentlich erhöhen“[671].

---

[667] BGHSt. 5, 124 ff., 130; vgl. auch BGHSt. 4, 8 ff., 10 f.

[668] So *Dreher,* Die erschwerenden Umstände, a. a. O., S. 225.

[669] Vgl. oben S. 90 ff.

[670] Vgl. RGSt. 73, 172 ff., 176; BGHSt. 2, 181 ff., 182.

[671] § 62 Entwurf 1962.

Ein weiterer Gesichtspunkt stützt diese Auffassung: Das Gesetz führt in § 13 Abs. 2 StGB die wesentlichen Zumessungstatsachen auf. Diese für die Tat und für den Täter bedeutsamen Faktoren stellen die Merkmale dar, die nach der Vorwertung des Gesetzes den Grad des Unrechts und das Ausmaß der Schuld entscheidend beeinflussen[672]. Wenn es dort auch um die Strafzumessung geht, so bestehen doch keine Bedenken, die Tatsachen als solche bei der Strafrahmenbestimmung durch den Richter heranzuziehen; denn auch hier geht es um die Bewertung des Ausmaßes von Unrecht und Schuld. Soweit es also die Zumessungstatsachen betrifft, kann § 13 Abs. 2 StGB analoge Anwendung finden[673].

Hinzu kommt, daß die Aufnahme der Definition der besonders schweren Fälle in das 2. Strafrechtsreformgesetz nur deshalb unterblieben ist, weil der Besondere Teil noch nicht reformiert ist: „Eine Bereinigung des Besonderen Teils war aus Zeitgründen nicht möglich. Dem Sonderausschuß erschien es aber nicht zweckmäßig, allein für einen Teil der bestehenden Wertgruppen, eben der ‚besonders schweren' und ‚minder schweren' Fälle, eine allgemeine Definition in das Gesetz aufzunehmen, die anderen Wertgruppen aber nicht zu umschreiben"[674]. Das Unterbleiben der Aufnahme in das Gesetz beruht also nicht auf sachlichen Einwänden gegen die Definition, sondern auf gesetzestechnischen Gründen. Nachdem sich der Gesetzgeber zunehmend der auf den Entwurf 1962 zurückgehenden Gesetzestechnik[675] der besonders schweren und schweren Fälle mit Regelbeispielen bedient, kann zunächst für diese Fälle die Definition — gleichsam als vor die Klammer gezogene Formel[676] — bei der Annahme eines besonders schweren und schweren Falles berücksichtigt werden. Aber auch für die unbenannten besonders schweren und schweren Fälle ist dann im Hinblick auf die Notwendigkeit, Begriffe möglichst einheitlich auszulegen, von einer Einbeziehung der Definition des § 62 Entwurf 1962 in die Bewertung auszugehen.

Nach alledem ist eine Verwertung von Nachhandlungen bei der Prüfung der Voraussetzungen eines besonders schweren und schweren Falles im Einzelfall nicht nur möglich, sondern erforderlich.

2. Die Art und Weise der Verwertung des Nachtatverhaltens

Die vorangegangenen Erörterungen haben ergeben, daß nur solche Nachhandlungen für die Strafrahmenbestimmung relevant sein kön-

---

[672] Daß sie daneben jedenfalls teilweise auch für spezialpräventive Überlegungen maßgebend sind, ist hier nicht von Bedeutung.

[673] So auch *Dreher*, StGB, § 13 9).

[674] Zweiter Schriftlicher Bericht des Sonderausschusses für die Strafrechtsreform, BT-Drucksache V/4095, S. 23.

nen, die Aufschluß über den Grad des Unrechts und das Ausmaß der Schuld geben.

a) Auch in diesem Zusammenhang kann man erwägen, die Nachhandlungen nur insoweit in die Bewertung einzubeziehen, als sie Rückschlüsse auf das Unrecht und die Schuld im Zeitpunkt der Tatbegehung zulassen, also der sogenannten Indiztheorie zu folgen. Das liegt hier nahe, weil es um die Bedeutung des „Falles" geht.

Bei der Erörterung der Indiztheorie ist festgestellt worden, daß Nachhandlungen nur dann Aufschluß über den Grad des Tatunrechts zu geben vermögen, wenn der Gesinnungsunwert maßgebend oder jedenfalls mitzuberücksichtigen ist. Dieser Gesinnungsunwert soll einerseits „den Ausdruck der konkreten und aktuellen inneren Einstellung des Täters zu seiner Straftat" erfassen, andererseits „die Gesamteinstellung des Täters zu den Grundwerten des Rechts und der Gemeinschaft"[677]. Hinsichtlich der Gesamteinstellung des Täters besteht kein Zweifel, daß hier nicht ein Urteil über die Tat, sondern — wenn auch aus Anlaß der Tat — über den Täter gefällt wird. Aber auch die konkrete Einstellung des Täters zu gerade dieser Tat betrifft nicht den Sinn der Verbotsnorm[678], sondern die Frage nach dem Ausmaß der Vorwerfbarkeit des Verhaltens. Die Folge ist, daß Unrecht und Schuld nicht mehr voneinander getrennt werden können[679]. Damit aber wird „ein in langer geschichtlicher Entwicklung gebildeter, echter systematischer Grundgedanke der Strafrechtstheorie ohne zureichenden Grund preisgegeben"[680].

Selbst wenn man von diesen durchgreifenden Bedenken absieht, bleiben weitere Gesichtspunkte, die zu einer Ablehnung der Indizkonstruktion bei der Annahme besonders schwerer und schwerer Fälle führen. Es handelt sich zum einen um die erheblichen Schwierigkeiten, die die Anwendung dieser Auffassung in der Praxis macht und die die Gefahr schematischer Verwertungen von Nachhandlungen mit sich bringt, was gerade im Bereich der Strafschärfung aufs größte Bedenken stößt. Zum anderen zeigen die in der Großen Strafrechtskommis-

---

[675] Vgl. auch *Dreher*, StGB, § 13 9).

[676] Siehe dazu *Lange*, Probleme des § 1 StGB, a. a. O., S. 311, zu den besonders schweren Fällen und der Formulierung in § 77 Abs. 2 Entwurf 1930.

[677] So in einer Darstellung der Lehre vom „personalen Unrecht" *Würtenberger*, Die geistige Situation der deutschen Strafrechtswissenschaft, S. 56.

[678] Vgl. *Gallas*, Zum gegenwärtigen Stand der Lehre vom Verbrechen, in: ZStW Bd. 69, S. 1 ff., 46.

[679] So auch *Kohlrausch-Lange*, System. Vorbem. III 1; *Gallas*, Zum gegenwärtigen Stand der Lehre vom Verbrechen, a. a. O., S. 46.

[680] *Würtenberger*, Die geistige Situation der deutschen Strafrechtswissenschaft, S. 57.

sion angeführten Beispiele[681], die die Kommission zur Einbeziehung des Nachtatverhaltens in die Definition der besonders schweren Fälle veranlaßt haben, daß auch Nachhandlungen berücksichtigt werden sollen, die auf einem neuen Entschluß beruhen; das aber läßt sich mit der Indiztheorie nicht vereinbaren. Hinzu kommt, daß sich im Bereich der Strafzumessung — in den dargestellten Grenzen — die Möglichkeit einer selbständigen Einbeziehung von Nachhandlungen zur Erfassung des vollen Unrechts- und Schuldgehalts erwiesen hat[682]; ein Grund dafür, bei der Annahme von besonders schweren und schweren Fällen, für die das Ausmaß des Unrechts und der Schuld entscheidend ist, diese selbständige Bewertung auszuschließen, ist nicht ersichtlich.

Die Einbeziehung von Nachhandlungen des Täters in die Strafrahmenbestimmung bedarf aus diesen Gründen nicht eines Rückschlusses auf den Zeitpunkt der Tatbeendigung.

b) Von einem erweiterten Begriff der „Tat" auszugehen, begegnet den gleichen Bedenken wie im Bereich der Strafzumessung. Eine solche Auffassung ist mit dem Wortlaut von § 62 Entwurf 1962 nicht vereinbar. Und auch hier ist zweifelhaft, ob der Hinweis auf den materialen Wertzusammenhang ausreicht, um der Gefahr schematischer Verwertungen von Nachhandlungen vorzubeugen.

c) Allein auf die Tat-Täter-Schuld abzustellen verbietet sich hier deshalb, weil der besonders schwere und der schwere Fall neben der Erhöhung der Schuld eine Erhöhung des Unrechts erfordern.

d) Damit ergibt sich als Vorschlag für die näheren Voraussetzungen, unter denen die Nachhandlungen in die Bewertung des Unrechts und der Schuld bei der Prüfung der Voraussetzungen von besonders schweren und schweren Fällen einbezogen werden können, der Bezugspunkt des konkreten Tatunrechts und der spezifischen Tatschuld, die durch die Nachhandlungen in der oben dargestellten Weise und in den umschriebenen Grenzen[683] nachträglich erhöht werden können. Durch eine solche Betrachtungsweise wird der Richter auch im Bereich der Strafrahmenbestimmung gezwungen, das Unrecht und die Schuld zu ermitteln und bei der Einbeziehung von Nachhandlungen zu belegen, ob und inwieweit gerade dieses Unrecht und diese Schuld durch das Nachtatverhalten erhöht werden

Das Ausgehen von dem Tatunrecht und der Tatschuld wird der Bedeutung des „Falles" und damit der Tatsache gerecht, daß es sich bei den besonders schweren und schweren Fällen um Modifikationen des Tatunrechts und der tatbestandsgebundenen Schuld handelt[684].

---

[681] Siehe oben S. 93.

[682] Vgl. oben S. 90 ff.

[683] Siehe oben S. 90 ff.

[684] Vgl. auch *Lange*, Die Systematik der Strafdrohungen, a. a. O., S. 79, zu den minder schweren Fällen.

Dem Gedanken der Wertgruppen wird Rechnung getragen, weil der Richter das ihm zur Verfügung stehende „Halbfabrikat"[685] auf das Verhalten des Täters hin konkretisiert. Und die selbständige Einbeziehung der Nachhandlungen führt zu der Erfassung des vollen Unrechts- und Schuldgehalts des Verhaltens, die im Bereich der Strafrahmenbestimmung erforderlich ist.

Hieraus folgt, daß Nachhandlungen des Täters die Annahme eines besonders schweren oder schweren Falles begründen können, wenn allein durch sie das Unrecht und die Schuld gegenüber dem Normalfall wesentlich erhöht sind[686].

Fraglich ist, ob auch Nachhandlungen einbezogen werden können, die allein die Schuld erhöhen. Eine Verwertung solcher Nachhandlungen scheint zunächst im Widerspruch zu dem Grundsatz zu stehen, daß eine Steigerung von Unrecht und Schuld erforderlich ist. Doch ist dem entgegenzuhalten, daß ein besonders schwerer oder schwerer Fall eine Gesamtbetrachtung erfordert, nicht isoliert auf einzelne Faktoren abzustellen ist. Es kommt nicht darauf an, ob durch einen einzelnen Umstand Unrecht und Schuld erhöht sind, sondern ob der Fall in seiner Gesamtheit gegenüber einem Durchschnittsfall als besonders schwer oder schwer erscheint. Wenn daher durch andere Umstände der Tat das verschuldete Unrecht erhöht ist, kann die Einbeziehung von Nachhandlungen, die die Bewertung der Schuld als schwerer erscheinen lassen, zu der Annahme eines besonders schweren oder schweren Falles führen. Die Besonderheit besteht hier nur darin, daß das Nachtatverhalten allein nicht ausreicht; es müssen weitere Besonderheiten des Falles gegeben sein.

IV. Zusammenfassung

Das Verhalten des Täters nach der Tat kann bei der Frage, ob die Voraussetzungen eines besonders schweren oder schweren Falles gegeben sind, in die Bewertung einbezogen werden. Zu berücksichtigen sind Nachhandlungen, die das Unrecht der Tat und die Schuld des Täters erhöhen; ist in einem Einzelfall dadurch Unrecht und Schuld gegenüber einem Durchschnittsfall wesentlich gesteigert, können diese Nachhandlungen allein einen besonders schweren oder schweren Fall begründen. Einzubeziehen sind ferner Nachhandlungen, die die Schuld erhöhen, wenn durch andere Umstände der Tat gleichzeitig das verschuldete Unrecht gesteigert ist.

---

685 *Lange*, Die Systematik der Strafdrohungen, a. a. O., S. 83.

686 Für die Frage, wann Unrecht und Schuld erhöht sind, kann auf das oben Gesagte verwiesen werden, vgl. S. 95 ff., 104 ff.

B. Die minder schweren Fälle und die mildernden Umstände

I. Die Abgrenzung

Die Abgrenzung zwischen den minder schweren Fällen und den mildernden Umständen bereitet Schwierigkeiten, zumal die Unterscheidung im Laufe der Entwicklung zunehmend verwischt worden ist. Das Reichsgericht hatte noch erklärt, nach der Entstehungsgeschichte sollten in den minder schweren Fällen solche von objektiv geringerer Bedeutung getroffen werden, während für die mildernden Umstände eine Würdigung der Straftat in allen ihren Beziehungen, also auch nach der subjektiven Seite hin, in Betracht komme[687]. Der Bundesgerichtshof hat ausgeführt, ob ein Fall minder schwer zu werten sei, könne nur aus der Gesamtheit der äußeren und inneren Tatseite beurteilt werden; die Persönlichkeit des Täters müsse berücksichtigt werden, auszuscheiden hätten nur Umstände, die der Tat selbst nicht innewohnten und keinen Zusammenhang mit ihr hätten[688]. Noch stärker hat der Bundesgerichtshof die Persönlichkeit des Täters in einer Entscheidung zu den Voraussetzungen des besonders schweren Falles einbezogen — der nach dem vorgenannten Urteil das Gegenstück zu dem minder schweren Fall bildet[689] —; er hat erklärt, ob „die Tat oder das ‚Tätersein' oder ob beides zusammen zum Überschreiten des ordentlichen Strafrahmens" nötige, gelte gleichviel[690].

Der Unterschied zwischen den minder schweren Fällen und den mildernden Umständen besteht daher nach der Rechtsprechung nur noch darin, daß bei den minder schweren Fällen Vorgänge nicht berücksichtigt werden dürfen, die mit der Tat nicht in Zusammenhang stehen, während bei der Annahme mildernder Umstände auch Faktoren zu bewerten sind, die mit der Tat, mit Unrecht und Schuld keinen Zusammenhang haben[691]. Die Literatur folgt überwiegend dieser Auffassung[692].

Der Entwurf 1962 hatte bei den minder schweren Fällen ebenfalls auf unrechts- und schuldrelevante Faktoren abgestellt: „Ein minder

---

[687] RGSt. 59, 237 ff., 238; ebenso heute noch *Maurach*, AT, S. 832, der meint, bei den minder schweren Fällen komme es auf die Begehungsart an.

[688] BGHSt. 4, 8 ff., 9 f.; vgl. aber auch BGHSt. 4, 230 ff., 231.

[689] Vgl. dazu auch *Lange*, Die Systematik der Strafdrohungen, a. a. O., S. 76.

[690] BGHSt. 2, 181 ff., 182.

[691] Vgl. BGHSt. 4, 8 ff., 9 m. w. N.; siehe auch BGH in NJW 1960, S. 1480 ff., 1481, wo die gleiche Unterscheidung hinsichtlich der besonders leichten Fälle getroffen wird.

[692] *Bruns*, Strafzumessungsrecht, S. 83; *Dreher*, StGB, § 13, 9); *Jescheck*, AT, S. 557; *Koffka*, Leipziger Kommentar, Vorbem. § 13, Rdn. 43; a. A. *Schönke-Schröder*, StGB, Vorbem. § 13, Rdn. 44; zweifelnd *Schmidhäuser*, AT, 20/32.

schwerer Fall liegt vor, wenn Umstände, die zur Tat gehören oder ihr vorausgehen, oder das Verhalten des Täters nach der Tat das Unrecht oder die Schuld wesentlich mindern"[693]. Rein in der Persönlichkeit des Täters liegende Umstände, die das Unrecht der Tat und die Schuld des Täters unberührt lassen, haben nach dieser Definition bei der Annahme eines minder schweren Falles außer Betracht zu bleiben. Es handelt sich um Modifikationen des Tatunrechts und der tatbestandsgebundenen Schuld; nur insoweit haben die minder schweren Fälle neben den mildernden Umständen einen Sinn[694].

Ein weiterer Gesichtspunkt spricht für diese Auslegung: Die minder schweren Fälle stellen nach der auf den Entwurf 1962 zurückgehenden Gesetzestechnik das Gegenstück zu den besonders schweren Fällen dar; damit aber sind sie wie diese auf unrechts- und schuldrelevante Umstände beschränkt.

II. Die minder schweren Fälle

Durch diese Erörterungen ist deutlich geworden, daß für die Frage, ob die Voraussetzungen für die Annahme eines minder schweren Falles gegeben sind, dem Richter nicht die Gesamtheit der Strafzumessungserwägungen zur Verfügung steht. So scheiden spezialpräventive Gesichtspunkte bei der Strafrahmenermittlung aus[695]. § 13 StGB ist nur eingeschränkt anwendbar.

1. Die Minderung von Unrecht oder Schuld

Nach der Fassung des Entwurfs 1962 soll eine wesentliche Minderung von Unrecht oder Schuld ausreichen, damit ein minder schwerer Fall angenommen werden kann. Es fragt sich, ob das für die nunmehr im Gesetz normierten Anwendungsfälle gerechtfertigt ist. Nach der Amtlichen Begründung war diese Abweichung in der Ausgestaltung im Gegensatz zu den besonders schweren Fällen geboten, „weil die Rechtsfigur der minder schweren Fälle weitaus überwiegend bei Verbrechenstatbeständen verwendet wird und dort den Übergang von der Zuchthausstrafe zu Gefängnis ermöglicht. Da die Zuchthausdrohung ... für Taten der Hochkriminalität vorbehalten bleiben soll ..., muß

---

[693] § 63 E 1962.

[694] Vgl. *Lange*, Die Systematik der Strafdrohungen, a. a. O., S. 79. Daß allerdings im Besonderen Teil keine Regelbeispiele angegeben sind, ist zu bedauern, weil die Identifizierung mit den mildernden Umständen zu nahe liegt.

[695] So auch *Dreher*, StGB, § 13, 9); *Koffka*, Leipziger Kommentar, Vorbem. § 13, Rdn. 43.

es für den Übergang zur Gefängnisstrafe genügen, wenn im Einzelfall die Größe des Unrechts oder die Schwere der Schuld wesentlich herabgesetzt ist“[696].

Dieser Grund für den Verzicht auf eine kumulative Minderung von Unrecht und Schuld ist mit der Einführung der Einheitsstrafe entfallen. Es bleibt das kriminalpolitische Argument, es bestehe in zahlreichen Fällen ein unabweisbares Bedürfnis nach Strafmilderung allein aus Schuldgesichtspunkten; daher müsse die Möglichkeit einer Milderung der Strafe beweglicher gehalten werden als bei der Strafschärfung[697]. Die Richtigkeit dieses Arguments wird bestätigt durch die Tendenz des Gesetzgebers, in neugefaßten Vorschriften — beispielsweise im Staatsschutzrecht — auf den Begriff der mildernden Umstände überhaupt zu verzichten und nur noch die Wertgruppe der minder schweren Fälle zu verwenden. Minder schwere Fälle auch allein in Fällen geringer Schuld anzunehmen, entspricht im übrigen der Abwendung vom Erfolgsstrafrecht und der Hinwendung zum Schuldstrafrecht[698].

Für die Annahme eines minder schweren Falles reicht daher entweder die Minderung des Unrechts oder die Minderung der Schuld aus.

2. Die Folgerungen für das Verhalten des Täters nach der Tat

Bei der Darstellung der Rechtsprechung zu den minder schweren Fällen hat sich gezeigt, daß auch Faktoren außerhalb des Tatherganges die Bewertung von Unrecht und Schuld beeinflussen können. Nicht der Gesichtspunkt „außerhalb der Tat“ ist für die Abgrenzung zwischen den minder schweren Fällen und den mildernden Umständen maßgebend, sondern der Zusammenhang der Faktoren außerhalb des Tatherganges mit Unrecht und Schuld[699]. Gegen die Einbeziehung von Nachhandlungen bestehen insoweit ebenso wie bei den besonders schweren Fällen keine Bedenken.

Für die Frage, unter welchen Voraussetzungen das Nachtatverhalten zu berücksichtigen ist, ist entscheidend, daß es sich um Modifikationen des Unrechts und der tatbestandsgebundenen Schuld handelt[700]. Es bietet sich die Betrachtungsweise an, nach der — ausgehend von Tatunrecht und Tatschuld — die Nachhandlungen des Täters das Unrecht und die Schuld unmittelbar zu mindern vermögen. Relevant

[696] Amtl. Begründung, S. 185.

[697] Amtl. Begründung, S. 185.

[698] Vgl. dazu auch *Lange*, Die Systematik der Strafdrohungen, a. a. O., S. 77 ff.

[699] Vgl. BGHSt. 4, 8 ff., 11; *Bruns*, Strafzumessungsrecht, S. 83.

[700] Vgl. dazu auch *Jescheck*, AT, S. 557; *Maurach*, AT, S. 832.

für die Strafrahmenermittlung sind dann die Minderung der Tatauswirkungen, aber auch die Änderung der Einstellung des Täters zu der konkreten Tat, die einen verminderten Schuldvorwurf begründen. Hinsichtlich der näheren Einzelheiten kann auf die oben angeführten Fallgruppen verwiesen werden[701].

III. Die mildernden Umstände

Nach ständiger Rechtsprechung sind für die Annahme mildernder Umstände sämtliche Faktoren, „die für die Wertung der Tat und des Täters in Betracht kommen, heranzuziehen und zu würdigen, gleichgültig, ob sie der Tat selbst innewohnen und sie begleiten oder ihr vorausgehen oder nachfolgen ... Es dürfen demnach auch Umstände, die mit der Tat und der Schuld keinen Zusammenhang haben, berücksichtigt werden, wenn hieraus der Richter die Überzeugung gewinnt, daß der Strafzweck auch durch eine mildere Strafe erreicht werden kann"[702].

Die Erörterung des § 13 StGB hat gezeigt, daß die Absicht des Gesetzgebers dahin geht, neben der Schuld spezialpräventive Überlegungen in die Strafzumessung einzubeziehen. Nach der Formulierung des Bundesgerichtshofes sind damit auch rein in der Persönlichkeit des Täters liegende Gründe unter spezialpräventiven Gesichtspunkten für die Zubilligung mildernder Umstände maßgebend[703].

Die Frage der mildernden Umstände gehört also zur Strafzumessung im eigentlichen Sinne[704]. § 13 StGB findet uneingeschränkt Anwendung. Daher ist für die mildernden Umstände auch der Katalog der Strafzumessungstatsachen in § 13 Abs. 2 StGB entscheidend. Für das Verhalten des Täters nach der Tat ergeben sich keine Besonderheiten; es gilt das zu der Auslegung des Strafzumessungsgrundes bei der Strafzumessung Gesagte[705].

---

[701] Vgl. oben S. 101 f., 107 f.

[702] Vgl. BGHSt. 4, 8 ff., 9 m. w. N.; vgl. ferner u. a. *Jescheck,* AT, S. 557; *Koffka,* Leipziger Kommentar, Vorbem. § 13, Rdn. 43.

[703] So auch *Koffka,* Leipziger Kommentar, Vorbem. § 13, Rdn. 43.

[704] Vgl. auch *Kohlrausch-Lange,* Vorbem. § 13 A IV 2 f.

[705] Vgl. oben S. 129 f.

SCHLUSSWORT

Die Erörterungen über das Verhalten des Täters nach der Tat zeigen, welche Schwierigkeiten im Bereich der Festsetzung der Strafe selbst bei einem so „unwesentlich" erscheinenden[706] Strafzumessungsgrund auftreten[707]. Es erweist sich, vor welch einer Aufgabe der Richter bei der Festsetzung der Tatfolgen steht: er muß nicht nur Menschenkunde, kriminologische Schulung und psychologisches Einfühlungsvermögen besitzen, sondern auch ein festes dogmatisches Fundament haben, auf dem er aufbauen kann[708]. Und es tritt zutage, wie im Bereich der Strafbemessung die jeweilige Auffassung davon abhängt, welchen Standpunkt man in der Frage nach Wesen und Zweck staatlichen Strafens vertritt. Ein Wandel in diesem Standpunkt führt zu einer Veränderung auch der Meinung über Einzelfragen. Zunehmend wächst jedoch das Verständnis der verschiedenen Standpunkte füreinander aus der Erkenntnis heraus, daß „die eigene kriminalpolitische Position, gerade wenn man sie zu Ende denkt, auch Elemente der gegnerischen in sich aufnehmen muß"[709]. Wenn das auch nicht zu einer Aufgabe der Grundpositionen führt, so wird doch durch die Annäherung der Standpunkte eine — allen Auffassungen gerecht werdende — Lösung eines Einzelproblems der Strafbemessung gefördert.

---

[706] *Maurach*, AT, S. 842, nennt den Strafzumessungsgrund des Verhaltens nach der Tat „drittrangig".

[707] Dabei mußte in dieser Untersuchung noch die prozessuale Seite des Verhaltens des Angeklagten im Prozeß außer Betracht bleiben, weil sie gesonderter und umfassender Erörterung bedarf, vgl. dazu u. a. *Schleutker*, Das prozessuale Verhalten des Angeklagten als Strafzumessungsgrund; *Glück*, Das Prozeßverhalten des Angeklagten als Strafzumessungsgrund.

[708] Vgl. dazu *Bruns*, Strafzumessungsrecht, S. 7.

[709] *Lange*, Die Systematik der Strafdrohungen, a. a. O., S. 72.

Printed and bound by CPI Group (UK) Ltd, Croydon, CR0 4YY
13/10/2026
14981388-0003